KB074456

중국어 상용성어사전

모든 인간은 하나님의 형상을 닮은 존엄한 존재입니다. 전 세계의 모든 사람들은 인종, 민족, 피부색, 문화, 언어에 관계없이 존귀합니다. 예영커뮤니케이션은 이러한 정신에 근거해 모든 인간이 존귀한 삶을 사는 데 필요한 지식과 문화를 예수 그리스도의 사랑으로 보급함으로써 우리가 속한 사회에 기여하고자 합니다.

중국어 상용성어사전

초판 1쇄 펴낸 날 · 2011년 1월 20일 | 초판 1쇄 찍은 날 · 2011년 1월 15일
지은이 · 조현식 | 펴낸이 · 김승태
등록번호 · 제2-1349호(1992. 3. 31) | 펴낸 곳 · 예영커뮤니케이션
주소 · (136-825) 서울시 성북구 성북1동 179-56 | 홈페이지 www.jeyoung.com
출판사업부 · T. (02)766-8931 F. (02)766-8934 e-mail: edit1@jeyoung.com
출판유통사업부 · T. (02)766-7912 F. (02)766-8934 e-mail: sales@jeyoung.com

ISBN 978-89-8350-747-1 (03720)

값 13,000원

중국어 상용성어사전

中国语 常用成语辞典

조현식 지음

예영커뮤니케이션

추천사

早在2002年夏季，我和赵贤植先生就相识了。2003年9月，赵贤植正式就读于上海外国语大学，在此期间我曾教过他汉语听说课。就读期间他就是个求知欲很强的学生，尤其对中国文化和中国历史有着浓厚的兴趣。

成语是学习汉语的外国人无法绕过的课题，因为无论是在书面语还是口语中，中国人使用成语的频率都是非常高的。从今年9月份开始，赵贤植先生经常跟我讨论他所编纂的辞典中有关汉语例子的问题，此后我也通读了其中的汉语词条和例子。我觉得，这本《常用成语辞典》收集了很多中国人常用的成语，每个词条都配以鲜活的例子，有助于辞典使用者的实践操作，也能帮助韩国人了解中国的文化习俗。

希望这本辞典能够为韩国朋友学习汉语提供一些帮助。

2002년 여름에 나는 조현식 씨와 처음 알게 되었습니다. 그리고 2003년 9월 정식으로 그는 상하이외국어대학에서 공부를 시작했고 이 시기에 나는 중국어 듣기와 회화 과목을 그에게 가르쳤습니다. 공부하는 시간 동안 그는 지식에 대한 욕구가 매우 강한 학생이었고 특히 중국의 문화와 역사에 깊은 흥미를 가지고 있었습니다.

성어는 중국어를 공부하는 외국인들이 간과할 수 없는 과제입니다. 그것은 서면 형식의 말이나 일상 회화를 막론하고 중국인이 성어를 사용하는 비율이 매우 높기 때문입니다. 2010년 9월부터 조현식 씨는 자주 나와 그가 집필하는 사전과 관련이 있는 중국어예문 문제에 대해 토의했습니다. 그 후 나 역시 그 가운데 수록된 성어들과 그 예문을 읽게 되었습니다.

『중국어 상용성어사전』에는 많은 중국인이 자주 쓰는 성어가 포함되어 있고 각각의 문구에는 생동감 있는 예문이 함께 수록되어 있습니다. 이 사전을 사용하는 사람들이 공부한 것을 적용하고 실행시키는 데 도움을 주고 한국인이 중국의 문화와 습관, 풍속을 이해하는 것에도 도움이 될 것입니다. 이 사전이 한국 친구들의 중국어 공부에 도움을 줄 수 있기를 희망합니다.

鄭敏宇
중국 상하이외국어대학(上海外國語大學)
국제문화교류학원(國際文化交流學院) 부교수,
외국어편집부(外國語編輯部)

저자 서문

『중국어 상용성어사전』은 제가 중국 유학 생활의 초창기인 2003년부터 나름대로 구상하기 시작한 책이었습니다. 본격적인 유학 생활이 어느 정도 지나자 저는 정독(精讀), 회화(會話) 등의 중국어 수업과 일상생활을 통해 성어(成語)라는 것을 접하기 시작했습니다. 우리 한국인은 사자성어라는 것을 한문을 다소 아는 유식한 사람들이 즐겨 사용하는 것으로 생각하지만 제가 중국 생활에서 느낀 것은 전혀 다른 것이었습니다. 중국 대학이 외국인에게 언어를 교육하는 어학 교재를 비롯해 일상회화, TV를 비롯한 방송, 신문, 도서, 각종 광고, 경제, 스포츠, 예술, 정치 등 성어를 사용하지 않는 영역은 없었고 그 사용빈도도 매우 높은 것을 경험했습니다. 또한 대부분 네 자로 이루어진 이 성어 사용자들은 학력이 높은 지식인이나 전문직 종사자가 아닌 저학력의 사람들까지 포함된 일반 서민이었습니다. 이것은 성어가 학력, 문화 수준, 직업, 경제력, 지역 등의 구분을 뛰어넘어 중국인의 공통된 생활 방식과 정서, 가치관을 표현하는 언어적 매개인 반증일 것입니다.

저는 중국에서 이 책의 준비 작업을 마음먹고 먼저 두 가지 일을 하였습니다. 그 첫 번째는 한국에서 출판된 중국어 교재를 검토하는 부분이었습니다. 중국어에서 차지하는 성어의 중요성에 비해 우리나라에서는 그에 대한 충실한 해설서가 거의 없는 것을 보았습니다. 두 번째 선행 작업은 제가 상하이에서 공부하고 알았던 수업 교재와 몇몇 중국인친구의 의견을 통해 가장 기초적인 상용성어를 선택하는 일이었습니다. 이렇게 정리된 몇 백 개의 성어 외에 중국인들과의 일상 대화, TV시청이나 영화, 신문, 출판된 도서나 잡지 등을 통해 알게 된 것 등이 더해지고 다듬어져 여기에 포함된 것입니다.

이 책에 수록된 성어들의 순서는 다른 중국어 사전, 어학 교재와는 달리 한자의 획순에 의해 배열되었습니다. 모든 책들이 중국어가 차용하는 영문병음의 알파벳을 순서의 기준으로 삼고 있습니다. 그러나 저는 중국어 공부를 처음 시작하거나 어학 수준이 낮은 독자들이 이 책에 수록된 성어를 찾을 때 어떤 한자의 영문 병음은 모를 수 있는 점을 고려했습니다. 그래서 성어의 첫 자부터 네 번째 글자까지의 획순 순서를 대조해 독자가 원하는 부분을 찾게 했습니다. 그리고 비슷하거나 같은 뜻의 성어도 바로 옆에 함께 실었고 (같은 뜻의 성어 색인표도 참조하시기 바랍니다.) 표면적인 말뜻과 그 이면에 숨겨진 의미도 함께 소개해 독자들의 이해를 도왔습니다. 또한 성어의 가장 아래 부분에는 구체적이고 실제적인 예문을 삽입, 학습과 실생활에서의 응용을 돕도록 했습니다.

중국어는 다른 언어들에 비해 역사, 문학, 전통사상 등과 연관성이 깊은 언어라 할 수 있습니다. 이 책에는 수록된 성어들과 관련이 있는 역사적 사건, 문학, 사상, 생활풍습 등도 소개해 중국을 이해하는 인문 고양 부분도 함께 다루었습니다.

많은 시간, 여러 단계의 작업을 거쳐 이 책이 출판되기까지 아래에 소개한 분들이 없었다면 더 많은 어려움과 시행착오가 있었을 것입니다.

먼저 상하이외국어대학의 鄭敏宇 교수님께 감사한 마음을 전하고 싶습니다. 鄭敏宇 교수님을 알게 된 것은 2002년, 제가 상하이재경대학(財經大學)에서 한 달 동안 여름 단기 어학 연수를 받을 때였습니다. 그때 우리 옆 반을 지도하셨는데 다음해 제가 상하이외국어대학에 편입학을 하게 되자 그분과 다시 만나게 되었고 제게 중국어 듣기와 회화를 가르쳐주셨습니다. 그때부터 지금까지 따뜻한 마음으로 저를 대해주셨고 상용성어의 예문 표현과 어법에 대해 아낌없는 조언을 해 주셨습니다. 어느 기간에는 거의 매일 국제전화를 걸어 귀찮게 자문을 구했는데도 친절하고 세심하게 도움을 주셨습니다. 특히 가장 마지막에는 전체 원고를 검토해 주시고 예문의 문법, 각종 부호에 대한 수정도 도와 주셨습니다. 교수님과 어린 따님의 건강과 행복을 기원합니다. 난징대학에서 중국 고대사를 공부한 제 중국인 선배이자 현재 상하이화동사범대학(華東師範大學)에서 중국 현대사를 전공하고 있는 姜超 선배에게 고마움을 전합니다. 박사 논문 준비로 바쁜 중에도 기꺼이 누락되고 오기된 부분의 (병음이 함께 포함된) 중국어 간체자 워드 작업을 해 주었고 일부 예문의 용법에 대해 조언까지 해주었습니다. 마지막으로 항상 옆에서 이 원고에 대해 관심을 가지고 격려와 도움을 주었던 사랑하는 아내 王芳에게 제 마음을 전합니다.

유학 생활 초기부터 중국어를 강의하고 있는 지금까지 최선을 다해 이 교재의 출판을 준비했습니다. 부족한 부분이 있겠지만 이 사전이 중국어를 공부하는 분들에게 실질적인 도움이 되고 중국을 이해하는 데에도 유익한 책이 되기를 기대합니다.

◇일러두기◇

본문에 소개된 상용성어와 그 예문은 현재 중국대륙에서 쓰는 간체자로 표기하였고, 상용성어의 유래 부분에 삽입된 한자는 한국, 타이완, 홍콩, 일본 등에서 쓰고 있는 번체자로 표기하였다.

차례

一画

1. **一刀两断**(yìdāoliǎngduàn)
   단 칼에 두 동강이를 내다. - 단호히 매듭을 짓다, 단호히 관계를 정리하다.
   例句：从今以后我和你一刀两断，断绝所有关系。
   지금부터 나는 당신과의 모든 관계를 끊어 버리겠습니다.

2. **一心一意**(yìxīnyíyì)
   전심으로, 일념으로
   例句：家长一心一意为了孩子的健康而操心。
   가장은 온 마음으로 아이들의 건강을 염려한다.

3. **一日三秋**(yírìsānqiū)
   (보고 싶은 마음이 너무 간절해) 하루가 삼 년 같다.
   例句：（1）好不容易熬过了一天，古人说的“一日三秋”，真是不错。
   겨우 하루 기다리기가 힘이 드니 “옛사람이 하루가 삼 년 같다”라고 한말이 정말 맞아요!
   （2）一日不见，如隔三秋。
   하루를 못 본 것이 삼 년을 떨어져 있던 것과도 같다.

4. **一毛不拔**(yìmáobùbá)
   털 하나도 뽑으려 하지 않다. - 아주 인색하다.
   例句：他是一个一毛不拔的铁公鸡，不会捐钱出来的。
   그는 절대 돈을 내지 않는 아주 인색한 사람이다.
   铁公鸡: 철로 만든 수탉 - 아주 인색한 사람.

5. **一文不值**(yìwénbùzhí)

한 푼의 가치도 없다.

例句：（1）这篇文章写得一文不值。

이 문장에 쓰여진 내용은 하나도 가치가 없다.

（2）瓷器一旦有了裂痕就一文不值了.

도자기는 일단 금이 가면 하나도 가치가 없다.

6. **一见如故**(yíjiànrúgù)

첫 만남에서 옛 친구와 같이 친숙해지다. - 만나자마자 친해지다.

例句：我们两个人一见如故，马上就成了好朋友。

우리 두 사람은 처음 만나자마자 친숙해져 곧 좋은 친구가 되었다.

7. **一无所求**(yìwúsuǒqiú)

하나도 구할 수가 없다, 하나도 바라는 것이 없다.

例句：我除了想身体健康之外，一无所求。

나는 몸이 건강한 것 외에는 바라는 것이 없다.

8. **一见钟情**(yíjiànzhōngqíng) / **一见倾心**(yījiànqīngxīn)

한 번 보자마자 마음이 반하다(남녀 간의 관계에서 사용됨).

例句：他对这个女孩一见钟情，第一眼就爱上她了。

그는 이 아가씨를 한 번 보자마자 반해 첫눈에 그녀를 사랑하게 되었다.

9. **一反常态**(yìfǎnchángtài)

평소의 태도와 완전히 다르다.

例句：他今天一反常态，主动跑来问我问题。

그는 오늘 평소와는 다르게 스스로 내게 와서 문제를 물었다.

10. **一手遮天**(yìshǒuzhētiān)

한 손으로 하늘을 가리다. - 권력을 이용해 일반 대중을 기만하다, 혼자 권력을 쥐고 농단하다, 어떤 권력을 믿어 윗사람은 기만하고 아랫사람을 업신여긴다.

例句：王市长，你不要妄想一手遮天，绝对办不到!

왕(王)시장! 당신 혼자 권력을 쥐고 흔들겠다는 망상을 하지 말아요, 절대로 그렇게 할 수 없어요!

11. **一目了然**(yímùliǎorán)

일목요연하다. - 한눈에 알아볼 수 있다.

例句：这么简单的问题的答案当然是一目了然。

이런 간단한 문제의 답안은 당연히 한눈에 알아볼 수 있다.

12. **一丘之貉**(yìqiūzhīhé)

한 언덕에 살고 있는 너구리 - 모두 한통속이다, 모두가 같은 부류이다.

例句：你不要相信他们，本来他们就是一丘之貉。

당신은 그들을 믿지 말아요! 그들은 원래 모두 한 통속입니다.

13. **一帆风顺**(yìfānfēngshùn)

일이나 상황들이 순조롭게 진행되다.

例句：（1）祝你旅途一帆风顺。

당신의 여정이 순조롭기를 기원합니다.

（2）一帆风顺只是人们的一种美好祝愿，现实中总会遇到挫折的。

"순조롭다"라는 말은 단지 사람들의 바람에 불과하다. 현실에서는 좌절을 만나기 마련이다.

14. **一网打尽**(yìwǎngdǎjìn)

일망타진하다.

例句：我们要把这个犯罪集团一网打尽。

우리는 이 범죄 집단을 일망타진해야 합니다.

15. **一言不发**(yì yánbùfā)

일언반구도 없다. - 침묵을 지키다.

例句：你平时都很健谈，今天怎么一言不发了？

너는 평소에 말을 잘하는데 오늘따라 왜 한마디도 안 하지?

16. **一声不吭**(yī shēngbúkēng)

말 한마디가 없다.

例句：他一声不吭地埋头做他的作业。

그는 말 한마디도 없이 머리를 숙인 채 숙제를 하고 있다.

♧ 일망타진(一網打盡)의 유래

한 그물로 한 번에 모조리 잡는다는 뜻의 이 말은『송사(宋史)』인종본기(仁宗本紀) 동헌필록(東軒筆錄)에 기록되어 있다.

북송(北宋) 4대 황제인 인종 시기 북방에서는 거란(契丹)이 그 세력을 확장하고 있었고 남쪽에서는 안남(安南 - 지금의 베트남)이 독립을 선언하는 등 국제 정세는 불안했지만 내치(內治)에 있어서는 괄목할 만한 치적(治績)도 적지 않았다. 전한(前漢) 5대 황제인 문제(文帝) 등과 더불어 어진 군주로 이름난 인종은 백성을 사랑하고 학문을 장려했으며 인재를 널리 등용하는 정책 등으로 이른바 '경력(慶曆)의 치(治)'로 불리는 태평성대를 이룩했다.

당시 청렴, 강직하기로 이름난 두연(杜衍)이라는 인물이 재상이 되었다. 그 때의 관행으로는 황제가 상신(相臣)들과 상의하지 않고 독단으로 조서를 내리는 일이 있었는데 이것을 내강(內降)이라 하였다. 그러나 두연은 이 같은 것은 정도(正道)를 어지럽히는 것이라 하여 내강이 있어도 이를 묵살, 보류했다가 조서가 십여 통 정도 쌓이면 그대로 황제에게 되돌려 보내곤 했다. 그래서 그의 이런 행동은 성지(聖旨)를 함부로 굽히는 짓이라 하여 비난의 대상이 되었다. 또한 공교롭게도 그때 관직에 있었던 그의 사위 소순흠(蘇舜欽)이 공금을 유용한 부정을 저지르게 되었다. 평소 두연에 대한 감정이 좋지 않던 어사(御史) 왕공진(王拱辰)은 소순흠을 엄히 문초했고 그와 가까이 지내는 사람들을 모두 공범으로 몰아 구금한 뒤 재상 두연에게 이렇게 보고했다. "범인들을 일망타진(一網打盡)했습니다." 이 사건으로 말미암아 그 유명한 두연도 재임 70일 만에 재상 직에서 물러나고 말았다.

17. **一言为定**(yìyánwéidìng)

말 한마디로 정하다.

例句：好！我们就一言为定，两年后在这里见面。

좋아요! 우리 그럼 한마디로 약속합시다. 2년 후 여기서 다시 만납시다.

18. **一言难尽**(yìyánnánjìn)

한마디 말로 설명할 수가 없다, 한마디로 말하기 어렵다.

例句：谈起我的经历真是一言难尽啊！

나의 경력을 말한다면 한마디로 설명하기는 정말 어렵습니다!

19. **一步登天**(yíbùdēngtiān)

한걸음에 하늘로 오르다. - 갑자기 벼락 출세를 하다. / 갑자기 부자가 되다.

例句：学习不可能一步登天的，我们要在平时注意点滴的积累。

공부는 한번에(혹은 갑자기) 잘 할 수 있게 되는 것이 아닙니다. 우리는 평소에 조금씩 지식을 쌓아 나가는 것에 유의해야 합니다.

20. **一表人才**(yìbiǎoréncái)

(풍채나 태도가) 훌륭하다, 훌륭한 인물

例句：她男朋友长得一表人才。

그녀의 남자 친구는 멋있고 훌륭한 사람이다.

21. **一视同仁**(yíshìtóngrén)

누구에게나 차별 없이 대하다.

例句：老师应该对学习好的学生和学习差的学生一视同仁，不能抱有偏见。

교사는 당연히 공부 잘하는 학생과 못하는 학생을 동등하게 대해야지 편견을 가지고 있어서는 안 된다.

22. **一面之交**(yímiànzhī jiāo)

한 번 만난 교분과 안면

例句：我和他只是一面之交，不是什么好朋友。

나와 그는 단지 한 두번 안면이 있는 정도지 좋은 친구 사이는 아니다.

23. **一举成名**(yì jǔchéngmíng)

단번에 명성을 얻다. - 성공에 일약 유명하게 되다.

例句：他写了这个剧本以后就一举成名。

그는 이 대본을 쓴 후 단번에 유명해졌다(명성을 얻게 되었다).

24. **一举两得**(yì jǔliǎngdé) / **一箭双雕**(yí jiànshuāngdiāo)

일거양득 - 한 번에 두 가지 효과를 얻다. / 일석이조 - 한 화살로 (돌 하나로) 두 마리의 새를 잡다.

例句：（1）在玩游戏的同时又能练习听力，真是一举两得。

게임을 즐기는 동시에 듣기 연습을 할 수 있으니 정말 일거양득이다.

（2）这个方法既能满足他们的要求，我们又能赢利，真是一箭双雕。

이 방법은 그들의 요구를 만족시킬 수 있고 우리도 돈을 벌 수 있으니 정말 일석이조입니다.

25. **一盘散沙**(yìpánsǎnshā)

쟁반 위에 흩어진 모래 - 산만하고 단결력 없는 오합지졸

例句：这个班级一点都不团结，像一盘散沙。

이 반은 하나도 단결되지 않아 마치 쟁반 위에 흩어진 모래와 같다.

♧ 일거양득(一擧兩得)의 유래

한 가지 일을 하여 두 가지 이익을 거둔다는 이 말은 『춘추후어(春秋後語』, 『전국책(戰國策)』 등에 그 내용이 기록되어 있다.

진(秦)나라 혜문왕(惠文王) 때의 일이다. 중신 사마조는 어전에서 '중원으로의 진출이야말로 조명시리(朝名市利)에 부합하는 패업(霸業)'이라며 출병을 주장하는 재상 장의(張儀)와는 달리 왕에게 다음과 같이 진언했다. "신이 듣기로는 부국(富國)을 원하는 군주는 먼저 국토를 넓히는 데 힘써야 하고, 강병(强兵)을 원하는 군주는 먼저 백성의 부(富)에 힘써야 하며, 패자(霸者)가 되기 원하는 군주는 먼저 덕을 쌓는 데 힘써야 한다고 합니다. 이 세 가지 요건이 갖춰진다면 패업은 자연히 이루어지는 법입니다. 하오나 지금 진나라는 국토는 협소하고 백성들도 빈곤합니다. 그래서 이 두 가지를 한꺼번에 해결하려면 먼저 막강한 진나라의 군사로 촉(蜀)땅의 오랑캐를 정벌하는 길밖에는 달리 좋은 방법이 없는 줄 압니다. 그러면 국토는 넓어지고 백성들의 재물은 쌓일 것입니다. 이야말로 일거양득(一擧兩得)이 아니고 무엇이겠습니까! 그러나 지금 천하를 호령하기 위해 천하의 종실(宗室) 주(周)나라와 동맹을 맺고 있는 한(韓)나라를 침범하면 한나라는 제(齊)나라에 구원을 청할 게 분명하며 더욱이 주나라의 구정(九鼎)은 초나라로 옮겨질 것입니다. 그때는 우리 진나라가 공연히 천자를 위협한다는 악명(惡名)만 얻을 뿐입니다."

이에 혜문왕은 사마조의 진언에 따라 먼저 촉 땅의 오랑캐를 정벌하고 영토를 넓혔다.

二画

1. **七上八下**(qīshàngbāxià)
마음이 혼란스럽다, 가슴이 두근거리다, 안절부절못하다.
例句：老师在讲台上报成绩，我的心里七上八下的。
선생님이 교단 위에서 성적을 말할 때 내 마음은 두근두근 했다.

2. **人山人海**(rénshānrénhǎi)
인산인해 - 사람이 많고 번화하다.
例句：南京路步行街上人山人海，非常热闹。
남경로 보행하는 사람이 많아 굉장히 요란스럽고 번화하다.

3. **入乡随俗**(rùxiāngsuísú)
그 고장에 가면 그 고장의 풍습을 따라야 한다. - 로마에 가면 로마의 법을 따라야 한다.
例句：俗话说"入乡随俗"，我们按照中国人的习俗，过一个快快乐乐的春节吧!
속말에 그 고장에 가면 그 고장 풍습을 따르라고 했는데 우리는 중국인의 풍속에 따라 즐거운 설날을 보냅시다!

4. **九牛一毛**(jiǔniúyìmáo)
아홉 마리 소 중에 있는 작은 털 하나 - 매우 크거나 많은 것 가운데 지극히 작은(적은)부분
例句： 我爷爷很有钱，这点钱对他来说，只不过是九牛一毛。
우리 할아버지는 아주 돈이 많습니다. 이 돈은 그에게 지극히 적은 것에 지나지 않아요.

♧ 구우일모(九牛一毛)의 유래

구우일모는 전한(前漢-중국에서는 西漢이라고 한다)시대 사람인 사마천(司馬遷)의 고사에서 유래하였다. 사마천의 아버지는 사마담(司馬談)이었는데 한무제(武帝) 시대 태사령(太史令)이란 벼슬을 지낸 사람으로 사마천 역시 아버지의 직책을 이어 한무제를 섬긴 인물이었다. 그 시기 한나라는 흉노(匈奴)와 많은 전쟁을 치르고 있었는데 당시 이릉(李陵)이란 장군이 싸움에서 패해 흉노에 투항하는 일이 발생하였다. 한무제는 그와 관련된 자들을 처벌하려 했지만 오직 사마천만이 흉노로 투항한 이릉을 변호하였다. 이에 한무제는 크게 진노하여 사마천에게 궁형(宮刑-남자의 생식기를 제거하는 형벌)이란 형벌을 내리게 된다.

사마천은 형벌을 받은 후 스스로 목숨을 끊을 생각까지 하였지만 죽은 선친의 유언을 되새기며 집필 중인 역사서『사기(史記)』의 완성을 위해 더욱 매진하게 된다. 그때 많은 사람들이 궁형을 받은 사마천을 위로하였지만 정작 사마천 자신은 자신이 받은 형벌과 어려움을 '아홉 마리 소(九牛) 가운데의 한 가닥 털(一毛)'로 비유, 뭇사람들에게 자신의 의연함을 보여 주었다.

이후 사마천은 드디어 역사 기록의 교과서로 평가되는 역작『사기(史記)』를 완성하게 되는데 이 책은 기전체(紀傳體) 역사서의 전형으로 훗날의 많은 역사 기록에 영향을 주는 동양의 고전으로 손꼽힌다.

5. **九牛二虎之力**(jiǔniúèrhǔzhīlì)

아홉 마리 소와 두 마리 호랑이의 힘 - 굉장히 큰 힘, 엄청난 노력

例句：他费了九牛二虎之力才把东西抬了上来。

그는 아주 큰 힘을 써서야 겨우 물건을 들어 올릴 수 있었다.

6. **力不从心**(lìbùcóngxīn)

힘 또는 능력이 의지를 따르지 못한다.

例句：（1）知道你很困难，我也很想帮助你，但实在是力不从心啊！

네가 아주 곤란해져 나도 너를 돕고 싶지만 사실 내 힘이 미치지 못해!

(2) 年纪大了，现在干起重活来就有点力不从心了。
나이가 많아 지금 힘든 일을 하기에는 다소 힘에 부친다.

7. 人心难测(rénxīnnáncè)
사람의 마음 속은 측량하기 어렵다(알기 힘들다).
例句：人心难测，我们还是小心一点吧！
사람의 마음은 알 수가 없으니 우리는 역시 조심해야 합니다!

8. 人之常情(rénzhīchángqíng)
인지상정 – 사람이면 누구나 가질 수 있는 느낌과 감정
例句：他对好朋友的死感到很难过，这也是人之常情，没什么好奇怪的。
그는 좋은 친구의 죽음을 못 견뎌 하는데 이 역시 사람으로서 가지는 당연한 감정이지 이상한 것은 아니다.

9. 人心惶惶(rénxīnhuánghuáng)
사람들의 마음(민심)이 불안하다.
例句：地铁火灾发生后，大家人心惶惶，都不敢再乘坐地铁了。
지하철 화재 사고 발생 후 모든 사람의 마음은 불안해져 다들 다시 지하철 타기를 두려워한다.

10. 人生如梦(rénshēngrúmèng)
인생은 마치 꿈과 같다.
例句：许多作家都曾发出过人生如梦的感慨，感叹人生之短。
많은 작가들이 모두 '인생은 꿈과 같다' 표현했고 인생의 짧음을 한탄했다.

11. 九死一生(jiǔsǐyìshēng)
구사일생
例句：(1) 他从着火的地铁中爬了出来，真是九死一生啊。

그는 불이 나고 있는 지하철에서 기어 나왔으니 정말 구사일생입니다!

(2) 你现在去伊拉克旅游，那岂不是九死一生的旅途吗？
당신이 지금 이라크 여행을 가면 아주 위험한 여정이 되지 않을까요?

12. **十全十美**(shíquánshíměi)

완전무결하다, 완벽하다.

例句：世界上没有十全十美的人，人都会犯错的。
세상에 완벽한 사람은 없습니다. 사람은 모두 잘못을 할 수 있어요.

13. **人多手杂**(rénduōshǒuzá)

사람이 많고 손이 복잡하다. - 매우 복잡하고 혼란하다.

例句：人多手杂，还是我一个人来干这件事情吧。
사람이 많고 복잡하니 역시 나 혼자 이 일을 하겠어요.

14. **人地生疏**(réndìshēngshū)

사람과 땅이 모두 낯설다.

例句：来到人地生疏的上海，他一下子发现生活原来不像他想象的那样好。
낯선 상하이에 와서 그는 갑자기 상상했던 좋은 것과는 다른 생활을 발견케 되었다.

15. **了如指掌**(liǎorúzhǐzhǎng)

손바닥 보듯 모두 훤히 알고 있다.

例句：敌方的计划被我们了如指掌，因此我们打了个大胜仗。
우리가 적의 계획을 손바닥 보듯 모두 알고 있기에 큰 승리를 했다.

16. **十年寒窗**(shíniánhánchuāng)

십 년의 추운 창문 - 오랜 세월 고생스럽게 부지런히 학문에 힘쓰다.

例句：经过十年寒窗的苦读，他终于考上了一所理想的大学。

오랜 세월 힘들게 공부한 끝에 그는 마침내 원하는 대학에 합격했다.

17. **七步之才**(qībùzhīcái) / **七步成诗**(qībùchéngshī)

일곱 걸음 안에 시를 지을 수 있는 재주 - 시에 재능이 뛰어나다, 생각하는 것이 민첩하다.

例句：我朋友王英文思敏捷，在大学读书时，就被许多同学称为七步之才。

내 친구 王英은 문장의 구상이 민첩해 대학 재학 시절 많은 학우들에게 시에 재능이 뛰어나다는 소리를 들었다.

18. **人言可畏**(rényánkěwèi)

소문 혹은 여론은 무서운 것이다.

例句：好端端的一对夫妇就这么被流言给拆散了，真是人言可畏啊！

원래 금슬이 좋은 부부가 이런 근거 없는 소문 때문에 헤어졌으니 정말 소문이란 것은 무섭군요!

19. **人财两空**(réncáiliǎngkōng) / **人财两失**(réncáiliǎngshī)

사람도 재산도 모두 없어지다(모두 잃다). - 집안이 몰락하다.

例句：这可是十分危险的,搞不好会人财两空。

이것은 굉장히 위험한 일이라 잘못하면 사람도 잃고 돈도 잃는다.

20. **人穷志短**(rénqióngzhìduǎn)

사람이 가난하면 패기, 기개, 의기 등이 없어진다.

例句：你又不肯资助我，又怕我人穷志短，做出什么丢你脸的事来，叫我怎么办。

당신은 나를 도와주려고 하지 않고 또 내가 가난해져 당신

♧ 칠보지재(七步之才)의 유래

이 고사성어는 『세설신어(世說新語)』 내용 속의 이야기로 『삼국지연의』에 등장하는 조조(曹操)의 아들 조식(曹植)의 고사에서 유래되었다. 조조가 위왕(魏王)이 되면서 그의 사후에 뒤를 이을 후계자 문제가 대두되는데 조조는 내심 그의 맏아들 조비(曹丕)보다 시문에 비상한 재능을 보였던 셋째 조식을 후계자로 점찍고 있었다. 그러나 신하들의 조언과 맏아들 조비의 계책에 의해 결국 조조는 조비를 태자로 책봉하게 된다.

조조가 죽은 후 조비는 조조의 뒤를 이어 위 왕에 오르고 동한(東漢-後漢)의 마지막 황제 헌제(獻帝)마저 폐하며 황제에 즉위하는데 그가 바로 위문제(魏文帝 186-226)이다.

조비는 황제에 오른 후 자신과 후계 경쟁을 하였던 동생 조식을 경계하기 시작했고 그를 죽이기 위해 자신의 궁궐로 불러들인다. 조비는 궁으로 불려 온 조식에게 만일 일곱 발자국을 걷기 전 시를 짓는 다면 죄를 용서해 줄 것이라 말하고 그에게 일곱 걸음을 걷게 하였다. 이에 조식은 일곱 발자국을 걸으며 그 자리에서 시를 지었는데 이것이 유명한 칠보시(七步詩)이다.

煮豆燃豆萁 콩 대를 태워 콩을 삶으니
豆在釜中泣 가마솥 속의 콩이 우는구나.
本是同根生 본시 같은 뿌리에서 났지만
相煎何太急 어찌 이다지도 급히 삶아 대는가.(칠보시)

이에 조비는 자신을 부끄럽게 생각하고 조식의 목숨을 살려주게 되는데 '七步之才'라는 말은 이 이야기에서 유래된 것으로 지금은 어떠한 생각이 민첩하고 빠른 것을 지칭할 때 자주 사용된다. 칠보시의 구절 중에 있는 '煮豆燃豆萁'는 이후 동족, 형제간의 싸움을 일컫는 말이 되기도 하였다. 조식은 아버지인 조조, 형 조비와 함께 중국 문학사에서 삼조(三曹)라 칭해질 만큼 상당히 중요한 위치를 차지하고 있는 인물이다.

면목 없게 하는 어떤 일을 할까 두려워하니, 내가 어떻게 하길 원해요?

21. **人命关天**(rénmìngguāntiān)

사람의 목숨은 하늘에 달려 있다. - 사람의 목숨은 아주 귀중하다, 목숨에 관련된 일은 하늘같이 중요하다.

例句：这是一件人命关天的大事，你一定要处理好。

이는 사람 목숨이 관련된 중요한 일로 당신은 반드시 잘 처리해야 합니다.

22. **力所能及**(lìsuǒnéngjí)

가지고 있는 힘이 능히 미치다. - 스스로 할 만한 능력이나 힘이 있다.

例句：我们应该帮助父母干一些力所能及的家务活。

우리는 당연히 할 수 있는 대로 부모님 하시는 집안일을 도와 드려야 한다.

23. **十指连心**(shízhǐliánxīn)

열 손가락이 모두 마음과 연결되어 있다. - 사람, 일 따위 등과의 긴밀한 관계

例句：他不小心切到了手指，所谓十指连心，这种疼痛令他难以忍受。

그는 조심하지 않아 손을 베었습니다. "열 손가락이 마음과 연결되어 있다"고 해, 이런 아픔이 그를 견디기 힘들게 했지요.

24. **七拼八凑**(qīpīnbācòu)

이리저리 긁어 모으다.

例句：我们七拼八凑，好不容易才凑齐100元。

우리가 이리저리 긁어 모아 어렵사리 100위안을 만들었다.

25. **人面兽心**(rénmiànshòuxīn)

인면수심 - 사람의 탈을 쓰고 짐승같은 마음을 가지다.

例句：他是个人面兽心的家伙，千万不要接近他。
그는 사람 얼굴은 하고 있지만 짐승같은 놈이기 때문에 절대로 그를 가까이해서는 안돼요!

26. **十拿九稳**(shínájiǔwěn)
손에 넣은 것이나 마찬가지이다, 거의 가망이 있다.
例句：这么简单的数学题对我来说肯定是十拿九稳，绝对做得出来。
나에게 이런 간단한 수학 문제는 확실히 풀 수 있는 문제이다.

27. **七情六欲**(qīqíngliùyù)
인간의 모든 감정과 욕망
例句：即使是孔子这样的圣人，也是有七情六欲的。
설령 공자같은 성인이라 해도 인간의 모든 감정과 욕망이 있는 것이다.

28. **人情冷暖**(rénqínglěngnuǎn) / **人情世故**(rénqíngshìgù)
세상에 대한 처세술 - 세상 물정
例句：他的那番话里包含了多少人情世故啊！
그의 말 속에는 많은 세상의 처세술이 포함되어 있군요!

三画

1. **大刀阔斧**(dàdāokuòfǔ)

큰 칼이나 도끼를 휘두르다. - 일을 과감히 처리하다, 큰 것에 손대고 작은 것에는 관여하지 않는다.

例句：我国的检查体制急需大刀阔斧的改革。

우리나라의 검사 체계는 일을 과감하게 처리하는 개혁이 급하게 필요하다.

2. **大义灭亲**(dàyìmièqīn)

대의멸친 - 옳은 일, 나라를 위해서는 부모 형제(사사로운 정)라도 용납하지 않는다.

例句：总统的儿子犯了罪，但总统没有包庇他，还是决定大义灭亲。

대통령의 아들이 범죄했지만 대통령은 비호하지 않고 나라를 위해 처벌을 결정하였다.

3. **马马虎虎**(mǎmǎhūhū)

소홀히 대강대강 하다.

例句： （1）这次考试考得马马虎虎，不是很好，也不是很差。

이번 시험은 대강대강 봐서 아주 좋지도 않고, 또한 아주 떨어지지도 않는다.

（2）他做事总是马马虎虎的，一点不认真。

그는 일하는 것이 늘 소홀하고 대강대강 해서 조금도 성실치 않습니다.

♧ 대의멸친(大義滅親)의 유래

춘추시대 주(周)나라 환왕(桓王) 원년(기원전 719년), 위(衛)나라 장공(莊公)은 주우(州吁)를 경계했던 충신 석작(石碏)의 간언을 듣지 않고 환공(桓公)을 후계자로 세웠다. 장공이 죽고 환공이 즉위하자 석작은 은퇴하게 되었는데 그는 아들 석후(石厚)를 불러 가깝게 지내는 주우와의 관계를 끊으라 했지만 석후는 이를 듣지 않았다.

얼마 후 환공의 이복 형제 주우는 과연 석작의 염려대로 역심을 품고 환공을 시해한 후 그를 대신하였다. 반역에 성공한 주우는 민심을 얻기 위해 이웃나라와의 전쟁을 일으켜 영토를 확장했지만 백성들은 그를 따르지 않았다.

주우는 민심 이반의 해결을 석후에게 명했고 석후는 아버지 석작에게 이 문제에 대한 자문을 구하였다. 그러자 석작은 아들 석후에게 천하의 종실인 주나라 왕실을 방문해 주왕(周王)의 승인을 얻는 것이 좋겠다고 말했다. 주왕과 만날 방법을 묻는 아들의 말에 석작은 먼저 주나라와 사이가 좋은 진(陳)나라에 찾아가 도움을 청하면 진공(陳公)은 이를 도와줄 것이라고 했다.

석작의 말을 들은 주우와 석후는 진나라로 떠났는데 석작은 그보다 먼저 은밀히 사자를 진나라에 파견해 이렇게 말했다. "주우와 석후 두 사람은 우리 위나라의 군주를 살해한 놈들이니 이들이 진나라에 도착하는 즉시 처형해 주십시오!"

주우와 석후가 진나라에 도착하자 이미 석작의 요청을 받은 진나라 관리들은 두 사람을 묶어 처형시켰다.

군신 간의 신의, 나라를 위한 대의를 위해 충의지사 석작은 자기가 낳은 아들까지도 희생시켰고 『춘추좌씨전(春秋左氏傳)』 은공조(隱公條)에 소개된 그의 행동에서 大義滅親이란 말이 유래되었다.

4. **大义凛然** (dàyì lǐnrán)

정의롭고 늠름하다.

例句：在敌人的严刑拷打下，他坚强不屈，最后大义凛然地就义了。

적의 모진 고문 아래 그는 강한 의지로 뜻을 굽히지 않았고 최후에는 정의롭고 늠름하게 의를 위해 희생되었다.

5. **万无一失**(wànwúyìshī)

만에 하나 실수도 없다. - 아주 정확하다.

例句：（1）他想出了一个万无一失的好办法。

그는 아주 정확하고 실수 없는 좋은 방법을 생각해 냈다.

(2) 这件事非常重要，我们一定要做到万无一失。

이 일은 매우 중요해 우리는 반드시 정확하고 실수 없이 해야 합니다.

6. **三心二意**(sānxīnèryì)

마음 가운데 이리저리 망설이다. - 우유부단하다.

例句：无论做什么事情都不能三心二意。

어떤 일을 하는 것을 막론하고 우유부단하면 안돼요.

7. **下不为例**(xiàbùwéilì)

이후에는 이와 같이 하지 않는다. - 이것이 마지막이다.

例句：好吧，这次就原谅你，但下不为例，不能再这样了。

좋아요, 이번에는 당신을 이해하겠지만 이것이 마지막입니다, 다시는 이러면 안돼요.

8. **习以为常**(xíyǐwéicháng)

버릇이 되어 버리다, 습관이 되어 일상처럼 되다.

例句：伦敦的天气变化无常，不过一年过后，大家都习以为常了。

런던 날씨는 변화무쌍해도 불과 일 년이 지난 후에는 모두들 익숙해 집니다.

9. **千方百计**(qiānfāngbǎijì)

온갖 방법, 수단, 계략을 다하다.

例句：面对新世纪的到来，我们要千方百计地发展经济，增强综合国力。

새로운 세기를 맞이했습니다. 우리는 모든 방법을 다해 경제를 발전시켜 종합적인 국력을 강화해야 합니다.

10. **义不容辞**(yìbùróngcí)

도의상 거절할 수 없다.

例句： （1）为了祖国的安危，他义不容辞地奔赴战场。
조국의 안위를 위해 그는 거절할 수 없이 전장으로 급히 달려갔다.
（2）义不容辞的责任。
도의상 거절할 수 없는 책임

11. **万不得已**(wànbùdéyǐ)

만부득이 하다, 부득이하다.

例句：（1）我们承诺不到万不得已之时，我们不首先使用武力。
우리는 부득이하게 승낙할 때가 오지 않으면 먼저 무력을 사용하지 않는다.
（2）歹徒拿出了枪，民警万不得已，只好击毙了他。
악당이 총을 꺼내 들어 경찰은 부득이하게 그를 사살할 수밖에 없었다.

12. **马不停蹄**(mǎbùtíngtí)

말이 발굽을 한시도 멈추지 않고 계속 나아가다(달리다). - 길을 재촉하다.

例句：我们马不停蹄地从徐家汇赶到这里，竟然还是迟到了。
우리는 길을 재촉해 쉬자후이(상하이 남쪽 중심가)에서 여기까지 서둘러 왔지만, 의외로 늦게 왔습니다.

13. **女中豪杰**(nǚzhōngháojié) / **巾帼英雄**(jīnguóyīngxióng)

여자 가운데의 호걸 - 여장부

例句：花木兰是中国历史上的巾帼英雄。
화목란은 중국 역사상의 여장부이다.

14. **土生土长**(tǔshēngtǔzhǎng)

그 고장에서 태어나서 성장하다.

例句：（1）他是土生土长的上海人，当然会讲上海话。

그는 상하이에서 태어나고 성장한 상하이 사람으로 당연히 상하이 방언을 할 줄 안다.

（2）他是这里土生土长的农民。

그는 여기에서 태어나고 성장한 농민입니다.

15. **与世无争**(yǔshìwúzhēng)

세상과 싸우지 않고 타인과도 다투지 않는다. - 현실 사회를 도피하다.

例句：乡间老夫大多有一种与世无争的态度，他们不想卷入世俗和名利。

시골의 노인 대다수는 세상과 싸우지 않고 타인과도 다투지 않는 태도가 있어, 그들은 세속과 명예, 이익에 휩쓸리고 싶어하지 않는다.

16. **万古不变**(wàngǔbúbiàn)

만고 불변 - 영원토록(언제나) 변함없다.

例句：人民是国家的主人，这是万古不变的道理。

국민이 국가의 주인이라는 것은 만고불변의 법칙이다.

17. **小巧玲珑**(xiǎoqiǎolínglóng)

섬세하고 정교하며 작고 깜찍하다.

例句：昨天女儿买的洋娃娃小巧玲珑。

어제 딸이 산 인형은 섬세하고 정교하며 작고 깜찍하다.

18. **门可罗雀**(ménkěluóquè)

집의 대문 앞에서 그물을 가지고 참새를 잡을 정도이다. - 방문하는 사람이 거의 없어 문 앞이 쓸쓸하고 조용하다.

例句：自从王局长退休后，家里就变得门可罗雀了。

왕(王)국장이 퇴직한 후부터는 집에 방문하는 사람이 거의 없어 문 앞이 쓸쓸하고 조용할 정도로 변했다.

19. **万众一心**(wànzhòngyìxīn)

온 국민(많은 사람)이 하나가 되다.

例句：中国人民万众一心，终于战胜了特大洪水。

중국 국민이 하나가 되어 마침내 큰 홍수를 이겼다.

20. **门当户对**(méndānghùduì)

(결혼할 때) 남녀 간의 집안 환경이 비슷하다.

例句：父母最希望他们的子女能有门当户对的婚姻。

부모는 그들의 자녀가 집안 환경이 비슷한 사람과 혼인하기를 가장 희망한다.

21. **与众不同**(yǔzhòngbùtóng)

보통 사람(일반 사람)과 다르다. - 다른 사람들보다 뛰어나다.

例句：（1）他这个人总想与众不同，别人干这个他就不干。

그는 항상 보통 사람과 다르고 싶어해, 다른 사람이 이것을 하면 그는 하지 않습니다.

（2）在竞争中，只有自己的产品与众不同，才能吸引消费者。

경쟁에서, 자기 제품이 다른 것보다 뛰어나야만이 소비자를 끌어들일 수 있다.

22. **亡羊补牢**(wángyángbǔláo)

양을 잃고 우리를 수리한다. - 소 잃고 외양간 고친다.

例句：别灰心，现在抓紧学习还来得及，亡羊补牢，犹时未晚。

낙심하지 마세요, 지금 힘써 공부하면 아직 늦지 않았어요. 소 잃고 외양간 고칩니다. 시간은 아직 늦지 않았습니다.

23. **大名鼎鼎**(dàmíngdǐngdǐng)

명성이 높다, 이름이 높이 알려지다.

例句：汤姆•克鲁思(Tom Cruise)是一位大名鼎鼎的好莱坞明星。

톰 크루즈는 명성이 높은 할리우드 스타이다.

24. **大发雷霆**(dàfāléitíng)

크게 격노하다.

例句：父亲看到我不及格的试卷，顿时大发雷霆。

아버지께서 내가 불합격한 시험지를 보시고 갑자기 격노하셨다.

25. **大材小用**(dàcáixiǎoyòng) / **大器小用**(dàqìxiǎoyòng)

큰 재목(인재)을 작은 일에 사용하다. - 큰 인재를 묻어 두고 썩히다.

例句：让一位博士去小学任教，那不是大材小用吗?

한 분의 박사를 초등학교에 가서 가르치게 하면 그것이 큰 인재를 작은 일에 사용하는 것이 아닌가요?

26. **寸步不离**(cùnbùbùlí)

한 발자국도 떠나지 않다.

例句：（1）总统的保镖和总统寸步不离。

대통령 경호원과 대통령은 한 발자국도 떨어지지 않는다.

（2）小孩子总想寸步不离地跟着妈妈。

어린아이는 항상 엄마 곁에서 한 발자국도 떠나지 않으려 한다.

27. **千里迢迢**(qiānlǐtiáotiáo)

길이 아주 멀다.

例句：她千里迢迢地赶到英国，为的就是照顾她生病的儿子。

그녀는 길이 아주 먼 곳에서부터 서둘러 영국에 도착했는데 바로 그녀의 병난 아들을 돌보기 위해서이다.

28. **千变万化**(qiānbiànwànhuà)
변화무쌍하다, 변화가 많다.
例句：市场需求千变万化，我们一定要仔细观察。
시장 수요의 변화가 많아 우리는 반드시 자세하게 관찰해야 합니다.

29. **马到成功**(mădàochénggōng)
하고자 하는 일이 손쉽고 빠르게 이루어진다, 신속히 승리를 거둔다.
例句：祝你马到成功，旗开得胜。
당신이 하고자 하는 일이 쉽고 빨리 성취되어 속히 승리하시길 기원합니다.

30. **千奇百怪**(qiānqíbăiguài)
아주 괴상하다, 아주 괴이하고 기이하다.
例句：深海里有许多千奇百怪的鱼类。
심해에는 아주 괴상한 어류들이 매우 많이 있다.

31. **千秋万代**(qiānqiūwàndài) / **千秋万世**(qiānqiūwànshì)
오랜 세월 동안, 후대에 이르기까지의 긴 시간
例句：（1）环境保护问题事关千秋万代。
환경 보호 문제는 오랜 세월 후대까지의 긴 시간과 연관되어 있다.
（2）韩国人民经过千秋万代的努力创造了属于他们的历史。
한국 국민은 후대까지 이어진 아주 오랜 시간에 거쳐 그들 역사에 속하는 것들을 창조하였다.

32. **口是心非**(kǒushìxīnfēi)
말로는 인정하지만 마음으로는 인정하지 않는다. - 겉모습과 마음이 다르다.

例句：他是个口是心非的人，不要被他嘴边的好话给骗了。

그는 겉모습과 마음이 다른 사람으로 그 사람이 하는 좋은 말에 속지 마세요.

33. **三思而行**(sānsīérxíng)

여러 번 생각한 끝에 실행에 옮기다.

例句：此事事关全局，还望你三思而行。

이 일은 전체 국면과 관련되어 있어요. 역시 당신이 여러 번 생각한 후에 실행에 옮겼으면 합니다.

34. **千娇百媚**(qiānjiāobǎimèi)

여인의 외모(자태)가 매우 아름답다.

例句：那个女人千娇百媚，多迷人啊！

그 여인의 외모가 매우 아름다워 사람을 많이 매혹시켜요!

35. **万贯家财**(wànguànjiācái)

거액의 재물

例句：即使祖先留给了我们万贯家财，我们仍然要辛勤劳动。

설령 조상이 우리에게 거액의 재물을 물려주었더라도 우리는 변함없이 부지런히 일해야 합니다.

36. **山珍海味**(shānzhēnhǎiwèi)

산해진미 - 갖가지 진귀한 음식들

例句：他的结婚宴席上山珍海味应有尽有。

그의 결혼 연회석에는 있어야 할 산해진미가 다 있었습니다.

37. **千虑一失**(qiānlǜyìshī)

천려일실 - 현명한 사람의 생각 가운데에도 틀린 부분이 있을 수 있다, 생각을 깊고 치밀하게 해도 못 미치는 것이 있을 수 있다.

例句：他哥哥很聪明的人，这次也是千虑一失，偶尔失误。

그의 형같이 매우 똑똑한 사람도 이번에는 생각을 깊이 해도 틀린 것이 있듯 간혹 실수를 합니다.

38. 千虑一得(qiānlǜyìdé)

천 번을 생각해 하나를 얻는다. - 평범하거나 우둔한 사람의 생각 중에도 건질 만한 좋은 것이 있다.

例句：你不要忽略他的意见，千虑一得，虽然他看上去比较笨，但对这问题来说，他的想法还是有道理的。

당신은 그의 의견을 소홀히 하지 마세요. 우둔한 사람 생각 중에도 좋은 것이 있어요. 그가 다소 멍청해 보여도 이 문제에는 그의 생각이 역시 일리 있어요.

♧ 천려일실(千慮一失)의 유래

'지혜로운 사람이라도 많은 생각을 하다 보면 하나쯤은 실수가 있을 수 있다'는 뜻인 천려일실은 『사기(史記)』 회음후열전(淮陰侯列傳)에 그 유래가 실려 있다.

한고조(漢高祖) 유방의 명으로 대군을 인솔, 조(趙)나라를 공격한 장군 한신(韓信)은 지혜를 지닌 적장 이좌거(李左車)가 탐이나 결전을 앞두고 그를 사로잡는 자에게 천금을 상으로 주겠다고 말하였다. 전쟁 후 조나라는 괴멸되었고 이좌거는 포로가 되어 한신 앞에 끌려 나오게 되었다. 한신은 손수 이좌거의 결박을 풀어 준 뒤 상석에 앉히고 주연을 베풀어 그를 위로했다. 그리고 한나라의 천하통일에 마지막 걸림돌로 남아 있는 연(燕), 제(齊)에 대한 공략책을 물었다. 그러나 이좌거는 '싸움에서 패한 장수는 병법을 논하지 않는 법(敗軍將兵不語)'이라며 입을 굳게 다물었고 한신이 거듭 정중히 청하자 이렇게 말했다. "패장이 듣기에 '지혜로운 사람이라도 많은 생각을 하다 보면 반드시 하나쯤은 실책이 있고(智者千慮 必有一失) 어리석은 사람도 천 번을 생각해 한 번은 맞힐 수 있다(愚者千慮 必有一得)'라고 했습니다. 그러니 패장의 생각 가운데 하나라도 좋은 것이 있으면 이만한 다행이 없을까 합니다." 그 후 이좌거는 한신의 참모가 되어 크게 공을 세웠다고 전한다.

39. **千难万险**(qiānnánwànxiǎn) / **千辛万苦**(qiānxīnwànkǔ) / **千难万难**(qiānnánwànnán)

천신만고 - 많은 어려움

例句：我们历尽了千难万险，终于到达了山顶。

우리는 천신만고 끝에 마침내 산 정상에 도착하였다.

40. **千真万确**(qiānzhēnwànquè)

천 번의 진실과 만 번의 확실함 - 정말 확실하다, 아주 틀림없다.

例句：我讲的话千真万确，没有半点虚假。

내가 하는 말은 정말 확실해서 작은 허위도 없다.

41. **小恩小惠**(xiǎoēnxiǎohuì)

작고 값싼 은혜 - 사람을 구슬리기 위해 베푸는 조그만 선심

例句：（1）他很会笼络别人，平时总是给别人一点小恩小惠。

그는 (무척이나) 다른 사람을 농락할 줄 알아, 평소 다른 사람을 구슬리기 위한 조그만 선심을 베푼다.

（2）你的这点小恩小惠，他是不会放在眼里的。

당신의 이 조그만 선심을 그는 그의 눈 안에 두지는 않을 겁니다.

42. **川流不息**(chuānliúbùxī)

시냇물이 쉬지 않고 끊임없이 흐르다. - 사람들이 끊임없이 왕래하다.

例句：马路上车辆来来往往，川流不息。

거리에 차량들이 오가는 것이 끊임없다.

43. **三顾茅庐**(sāngùmáolú)

삼고초려 - 예를 다해 극진히 초빙하다.

例句：他已经退休了，你不三顾茅庐的话，他是不会出来帮你忙的。

그는 이미 퇴직했습니다, 당신이 예를 다해 극진히 초빙하지 않는다면 그는 와서 당신을 돕지 않을 겁니다.

♧ 삼고초려(三顧草廬 – 三顧茅廬)의 유래

이 성어는 『삼국지연의(三國志演義)』에서 유래된 말로 유비가 제갈공명(諸葛孔明)을 자신의 군사(軍師)로 얻기 위해 세 번씩이나 그의 집으로 찾아갔다는 고사에서 유래되었다.

44. **大海捞针**(dàhǎilāozhēn)
바다에서 바늘 찾기 – 찾기가 참으로 어렵다.
例句：在这么大的上海找一个人无异于是大海捞针，实在太难了！
이렇게 큰 상하이에서 한 사람을 찾는 다는 것은 바다에서 바늘 찾기와 다르지 않아요. 정말이지 너무 어려워요!

45. **千载难逢**(qiānzǎinánféng)
천재일우 – 천 년간 한 번 올까 말까 하는 기회
例句：这可是一个千载难逢的好机会，你一定要好好把握啊！
이것은 천 년에 한 번 올까 말까 하는 좋은 기회로 당신은 반드시 이 기회를 잘 잡아야 해요!

46. **小家碧玉**(xiǎojiābìyù)
가난한 집의 아름다운 구슬 – 가난한 집의 곱고 귀한 딸
例句：贵家公子爱上了她这个小家碧玉。
귀한 집 자제가 가난한 집의 곱고 귀한 딸인 그녀를 사랑합니다.

47. **山清水秀**(shānqīngshuǐxiù) / **山明水秀**(shānmíngshuǐxiù)
산 좋고 물 맑다. – 산수의 풍경이 빼어나다.
例句：（1）中国的桂林是一个山清水秀的旅游景点。
중국의 꾸이린(계림)은 산수의 경치가 빼어난 여행지이다.
（2）从世界范围来看，长寿老人一般都生活在那些山清水秀的地方。

♧ 천재일우(千載一遇)의 유래

천재일우는 '천 년에 한 번 올까 말까하는 좀처럼 만나기 어려운 기회'라는 뜻의 사자성어로 동진(東晉)의 학자이며 동양태수(東陽太守)를 지낸 원굉(袁宏)이 지은 문집『삼국명신서찬(三國名臣序贊)』에 그 내용이 포함되어 있다.

『삼국명신서찬』은 역사서인『삼국지(三國志)』에 언급되어 있는 건국명신 20인에 대한 행장기(行狀記)이다. 원굉은 그들 중 위(魏)나라의 순욱(荀郁 - 자는 文若)을 칭찬한 글에서 현군(賢君)과 명신(名臣)의 만남이 결코 쉽지 않음을 천리마가 말을 볼 줄 아는 명인 백락과 만나는 것에 비유한다.

千載一遇 賢智之嘉會

천 년에 한 번 좋은 기회를 만나는 것은 현인(賢人)과 지혜 있는 사람의 아름다운 만남이다.

遇之不能無欣 喪之何能無慨.

이와 같은 기회를 누구나 기뻐하지 않고는 견디지 못하니, 기회를 잃으면 누구나 어찌 개탄치 않을 수 있겠는가?

바로 그가 노래한 내용에서 '천재일우(千載一遇)'라는 말이 유래하였다.

세계의 범위에서 본다면 일반적으로 장수 노인들은 모두 산 좋고 물 맑은 그런 곳에서 생활한다.

48. 三脚两步(sānjiǎoliǎngbù)

빠른 걸음, 급한 걸음 / 몇 발자국, 두 걸음 정도로 갈 수 있는 가까운 거리

例句：学校离我家很近，三脚两步就到了。

학교는 우리 집에서 아주 가까워 몇 발자국이면 도착합니다.

49. 万紫千红(wànzǐqiānhóng)

만 가지의 자색과 천 가지의 붉은 색 - 갖가지 아름다운 빛깔

例句：春天到了，大地上盛开了万紫千红的美丽花朵。

봄이 와서 대지에는 갖가지 아름다운 빛깔의 꽃망울이 피었다.

50. **三番两次**(sānfānliǎngcì)

누누이, 몇 번씩 반복하다.

例句：妻子三番两次的劝说，终于说服他戒烟了。

아내가 몇 번씩 반복해서 권면, 마침내 그가 금연하도록 설득했다.

51. **飞蛾扑火**(fēiépūhuǒ) / **飞蛾投火**(fēiétóuhuǒ)

불나방이 불에 뛰어들다. - 스스로 화를 자청하다, 스스로 죽음을 선택하다.

例句：伊拉克想攻打周边国家，简直就是飞蛾扑火。

이라크가 주변 국가들을 공격하고 싶어 하는 것은 그야말로 스스로 화를 자청하는 것이다.

52. **山盟海誓**(shānménghǎishì)

산에 맹세하고 바다에 맹세하다. - (영원한 사랑을) 굳게 맹세하다.

例句：恋爱中的情侣互相许下山盟海誓的诺言，发誓永远都要和对方在一起。

연애 중인 애인들은 서로가 사랑의 굳은 언약을 해 영원히 상대방과 함께하기를 맹세한다.

53. **才貌双全**(cáimàoshuāngquán)

재색을 함께 갖추었다. - 아름다움과 재능을 함께 갖추었다.

例句：他已经博士毕业，长得又好，真是才貌双全。

그는 이미 박사 과정을 마친데다 준수하기까지 해 정말 재색을 겸비했다.

54. **千篇一律**(qiānpiānyílǜ)

천편일률적이다. - 문장이나 방식, 표현 등이 특징이나 특색이 없다.

例句：大家写的作文都千篇一律，没有一点新意。

모두가 쓴 작문이 천편일률이어서 조금도 참신한 생각이 없다.

55. **小题大做**(xiǎotídàzuò)

작은 제목으로 큰 문장을 만들다. - 조그만 일을 과장해 허풍을 떨다.

例句：用大炮来打小鸟，真是小题大做。

대포를 사용해 작은 새를 잡는 것은 정말이지 조그만 일을 과장해 허풍을 떠는 것이다.

56. **大器晚成**(dàqìwǎnchéng)

대기만성 - 큰 그릇은 늦게 만들어 진다.

例句：他是位大器晚成的作家，到了30多岁才小有名气。

그는 대기만성형의 작가로 서른 몇 살이 되어서야 비로소 조금 유명해졌다.

57. **飞檐走壁**(fēiyánzǒubì)

추녀와 벽을 나는 듯이 넘나들다. - 동작이 상당히 빠르고 날쌔다.

例句：十年苦练，好不容易才练成一身飞檐走壁的好功夫。

십 년을 열심히 수련해 아주 어렵게 (몸 동작이) 매우 빠르고 날쌘 솜씨를 이룰 수 있었다.

♧ 대기만성(大器晚成)의 유래

大器晚成은 삼국시대 위(魏)나라 최임(崔任)의 이야기에서 유래하였다. 그는 외모가 다른 사람들보다 못해서인지 출세를 하지 못하고 다른 사람들의 조롱을 받아야 했다. 그러나 그의 종형(從兄) 최염(崔琰)만은 그런 최임에 대하여 다음과 같은 평가를 하였다. "큰 종이나 솥은 쉽게 만들어지는 것이 아니듯 큰 인물도 마찬가지일 것이네. 내 종제 최임은 아마도 大器晚成의 사람일 것이니 두고 보게! 반드시 큰 인물이 될 것이네." 이후 과연 최염의 말대로 최임은 황제를 보좌하는 중책을 맡는 큰 인물이 되었고 큰 재능이나 능력은 늦게 이루어 진다는 의미로 大器晚成이라는 말이 널리 쓰이게 되었다.

四画

1. **从一而终**(cóngyīérzhōng)

   한 평생 한 남편을 섬기다. - 과부가 수절을 할 때 재혼하지 않는다.

   例句：日本职员是非常注重从一而终的，一般不会跳槽。

   일본의 직원은 여인이 평생 한 남편을 섬기듯 일반적으로 회사를 바꾸지 않는다.

2. **为人师表**(wéirénshībiǎo)

   다른 사람의 모범이 되다.

   例句：作为一名教师，你应该为人师表，给学生做好的榜样。

   한 명의 교사로서 당신은 마땅히 다른 사람의 모범이 되어야 하며 학생에게 좋은 본보기를 보여야 합니다.

3. **引人注目**(yǐnrénzhùmù)

   사람들에게 이목을 끌다.

   例句：（1）这篇报道的标题很引人注目。

   이 보도의 표제는 매우 많은 사람들에게 이목을 끌었다.

   （2）好莱坞明星到哪里都很引人注目。

   할리우드 스타는 도처에서 사람들에게 매우 이목을 끈다.

4. **风土人情**(fēngtǔrénqíng)

   풍토와 인정

   例句：这次来中国旅行，了解了不少中国的风土人情。

   이번에 중국에 여행을 와서 중국의 풍토와 인정을 적지 않게 이해하게 되었습니다.

5. **天下大乱**(tiānxiàdàluàn)

천하가 크게 어지럽다. - 세상이 많이 혼란하다.

例句：要是没有了水资源，那可真要天下大乱了。

만약 수자원이 없다면 세상은 정말 많이 혼란할 것이다.

6. **不义之财**(bùyìzhīcái)

의롭지 못한 방법과 수단으로 얻은 재물

例句：（1）我们不能收取不义之财。

우리는 의롭지 못한 방법과 수단으로 얻은 재물은 받을 수 없어요.

（2）他利用手中的职权，大肆攫取不义之财。

그는 수중에 있는 직권을 이용, 제멋대로 나쁜 수단으로 얻은 재물을 약탈했다.

7. **犬马之劳**(quǎnmǎzhīláo)

견마지로(개나 말의 노고) - 다른 사람(혹은 상전)을 위해 모든 헌신을 다하다.

例句：我愿为阁下效犬马之劳。

나는 각하를 위해 견마지로를 다하기 원합니다.

8. **开门见山**(kāiménjiànshān)

문을 열고 산을 본다. - 말이나 글이 단도직입적이다.

例句：（1）作者开门见山，一开始在第一段就提出自己的观点。

작가의 말이나 글이 단도직입적으로 시작하자마자 첫 대목에서 자기의 관점을 나타냈다.

（2）你有什么事就开门见山直接说好了。

(당신은) 무슨 일이 있다면 단도직입적으로 말하면 됩니다.

9. **不三不四**(bùsānbúsì) / **不伦不类**(bùlúnbúlèi)

이도 저도 아니다, (사람의 됨됨이 등이) 볼품없다.

例句：(1) 不要和一些不三不四的人交往。

됨됨이가 나쁜 사람과 교류하지 마세요.

(2) 世界杯期间，很多人模仿贝克汗姆的鸡冠发型，结果搞得不伦不类。

월드컵 기간에 아주 많은 사람이 베컴의 닭벼슬 헤어스타일을 모방했지만 결과는 볼품없었다.

10. **日久天长**(rìjiǔtiāncháng) / **日久情深**(rìjiǔqíngshēn)

오랜 세월이 흐르다. / 세월이 오래되어 감정도 깊어진다.

例句：他们这对恋人一起工作的时间已经有3年了，自然日久情深。

그들 연인이 함께 일한 지 이미 3년, 시간이 오래되어 자연히 감정도 깊어졌다.

11. **木已成舟**(mùyǐchéngzhōu)

나무가 이미 배가 되었다. - 이미 돌이킬 수 없다, 엎질러진 물이다.

例句：现在木已成舟，你就让他们结婚吧。

지금은 이미 돌이킬 수가 없으니 당신께서는 그들이 결혼하게 하세요.

12. **见义勇为**(jiànyìyǒngwéi)

의로움을 보고 용감히 뛰어들다.

例句：(1) 老师表扬了我见义勇为的行为。

선생님은 나의 '의로움을 보고 용감히 뛰어드는' 행동을 칭찬하셨다.

(2) 他为了人民的财产而与歹徒搏斗，这种见义勇为的精神值得我们学习。

그는 국민의 재산을 위해 악당들과 격투를 벌였다.

이런 의로움을 보고 용감히 뛰어드는 정신은 우리가 배울 가치가 있다.

13. **火上浇油**(huǒshàngjiāoyóu)

불이 난 곳에 기름을 끼얹다. - 불난 집에 부채질하다.

例句：他们已经吵得不可开交了，你怎么还火上浇油？

우리는 이미 형편없을 정도로 다투었는데 당신은 어떻게 아직도 불난 집에 부채질을 합니까?

14. **手下留情**(shǒuxiàliúqíng)

아랫사람을 잘 봐주다.

例句：我考了59分，老师！你就手下留情，算我及格吧。

저는 59점을 받았습니다. 선생님! 아랫사람을 잘 봐 주셔서 저를 합격으로 처리해 주세요.

15. **仁义道德**(rényìdàodé)

인의와 도덕

例句：孔孟之道最重视的就是仁义道德。

공맹의 도리(공자, 맹자의 사상)가 가장 중시하는 것은 바로 인의와 도덕이다.

16. **车水马龙**(chēshuǐmǎlóng)

수레와 말이 꼬리를 물고 많이 다니다. - 매우 혼잡하다.

例句：国庆节南京路上车水马龙，好不热闹。

국경절 난징로는 매우 복잡하고 아주 시끌벅적하다.

17. **手无寸铁**(shǒuwúcùntiě)

손에 어떤 무기도 들고 있지 않다. - 맨 손 맨 주먹이다.

例句：军人竟然向手无寸铁的游行学生们开枪。

군인들이 의외로 맨 손 맨 주먹인 시위 학생들을 향해 총을 쏘았다.

18. **无孔不入**(wúkǒngbúrù)

틈만 나면 뚫고 들어가다. - 틈만 나면 못된 행동을 하다, 모든 기회를 이용하다.

例句：现在小偷无孔不入，你一定要把门锁好。

지금 도둑이 틈만 나면 뚫고 들어가니 우리는 반드시 문을 잘 잠가야 합니다.

19. **从长计议**(cóngchángjìyì)

천천히 신중하게 의논하다.

例句：如果从长计议的话，我们应该买一台好的电脑，以免一年后又要买新的。

만약 천천히 신중하게 의논한다면 우리는 마땅히 좋은 컴퓨터 한 대를 사야 합니다. 1년 후 또 새로운 것을 구입하지 않도록 말입니다.

20. **勾心斗角**(gōuxīndòujiǎo)

궁전의 건축 구조가 정교하다. - 서로 아옹다옹 헐뜯다, 암투를 벌이다.

例句：（1）两个副科长为了转正而勾心斗角。

두 명의 부 과장이 정식으로 채용되기 위하여 암투를 벌였다.

（2）我们不要勾心斗角，要相互团结。

우리 아옹다옹하지 말고 서로 단결해야 합니다.

21. **不文不武**(bùwénbùwǔ)

문관도 아니고 무관도 아니다. - 이것도 아니고 저것도 아니다, 아무 것도 못하다.

例句：像你这样不文不武，将来怎么生存下去啊？

당신처럼 이렇게 이것도 아니고 저것도 아니면 장래에 어떻게 생존해 나갈 겁니까?

22. **斤斤计较**(jīnjīnjì jiào)

중요하지 않은 사소한 부분을 지나치게 따지다.

例句：（1）他这个人为人小气，总是斤斤计较。

그 사람은 쩨쩨해 항상 사소한 부분을 지나치게 따진다.

（2）在集体利益前，我们不应该斤斤计较个人得失。

단체의 이익 앞에 마땅히 우리는 개인의 이해득실을 사소하게 따져서는 안 된다.

23. **水火不容**(shuǐhuǒbùróng)

물과 불은 서로 용인치 않는다. - 서로 화합할 수 없다.

例句：他是我的杀父仇人，我和他水火不容。

그는 내 부모를 죽인 원수로 그와 나는 서로 화합할 수 없습니다.

24. **天长地久**(tiānchángdì jiǔ)

천장지구 - (사랑, 애정이) 하늘과 땅과 같이 영원하다.

例句：祝新婚夫妇的爱情天长地久。

신혼 부부의 애정이 하늘과 땅처럼 영원하길 기원합니다.

25. **井井有条**(jǐngjǐngyǒutiáo)

논리와 사리가 정연하다. / 질서나 체계가 잘 정돈되어 있다.

例句：他很有能力,把公司管理得井井有条。

그는 아주 능력이 있어 회사 체계가 잘 정돈되도록 관리한다.

26. **匹夫有责**(pǐfūyǒuzé)

나라의 대사 또는 나라의 흥망에는 모든 이에게 책임이 있다.

例句：中国有一句俗话，“天下兴亡，匹夫有责”。

중국에는 이런 속담이 하나 있는데 “천하의 흥망성쇠에는 모든 이에게 책임이 있다”라는 것이다.

27. **少见多怪**(shǎojiànduōguài)

견문이 좁아서 모든 것이 신기하게 보이다. - 세상 일에 어둡다.

例句：雨后天空本来就会出现彩虹，你们真是少见多怪。

비 온 뒤 하늘에는 본래 무지개가 나타납니다. 당신들은 정말 세상 일에 어두워요.

28. **心不在焉**(xīnbúzàiyān)

마음이 이곳에 있지 않다. - 정신을 다른 곳에 두다.

例句：他上课时总是心不在焉，脑子里不知在想些什么。

그는 수업 할 때 항상 정신을 다른 곳에 두어 머릿속에 생각하고 있는 것들이 무엇인지 모릅니다.

29. **心中有数**(xīnzhōngyǒushù)

자신이 있다, 승산이 있다. / 속셈이 있다.

例句：这件事怎么处理我自己心里有数，不用你担心。

이 일을 어떻게 처리 할 것인지 나 자신에게도 계산이 있으니 당신은 걱정할 필요 없어요.

30. **以牙还牙**(yǐyáhuányá)

눈에는 눈 이에는 이 - 폭력에는 폭력으로 대하다.

例句：以牙还牙，以眼还眼。我们就用一样的方法来对付他们。

이에는 이, 눈에는 눈, 우리는 같은 방법을 써서 그들에게 대응합니다.

31. **支支吾吾**(zhīzhīwúwú)

말을 얼버무리다, 말의 앞뒤가 맞지 않고 조리가 없다.

例句：问他一个问题，他支支吾吾了半天还没讲清楚。

그에게 문제를 물었는데 그는 한참 동안이나 말을 얼버무리며 분명하게 말하지 못했다.

32. 不分彼此(bùfēnbǐcǐ)

이쪽저쪽 가리지 않다, 피차의 구분이 없다. - 매우 밀접하다.

例句：（1）你不要算得很清楚！我们之间不分彼此。

당신은 너무 계산 따지지 마세요! 우리 사이에는 너와 나의 구분이 없잖아요.

（2）他们是不分彼此的好朋友

그들은 매우 가까운 좋은 친구이다.

33. 日日夜夜(rìrìyèyè)

밤낮으로, 계속해서

例句：远在他乡的留学生日日夜夜思念着祖国。

멀리 타향에 있는 유학생은 밤낮으로 조국을 생각한다.

34. 心心相印(xīnxīnxiāngyìn) / **心有灵犀**(xīnyǒulíngxī)

마음과 마음이 통하다, 서로의 마음을 속으로 이해하다.

例句：他俩心心相印，共同度过了难关。

그들 둘은 서로의 마음을 이해해 함께 난관을 겪었다.

35. 方方面面(fāngfāngmiànmiàn)

구석구석

例句：（1）我们要考虑到方方面面的因素。

우리는 구석구석의 조건, 원인, 요소를 고려해야 합니다.

（2）要照顾到家里的方方面面的确很难。

집안 구석구석을 돌보기 원하는 것은 확실히 매우 어렵다.

36. 引火烧身(yǐnhuǒshāoshēn)

자기가 지른 불에 타 죽는다. - 자기의 결점이나 잘못을 스스로 고백해 다른 이의 비판이나 조언을 구하다.

例句：你这么冒险，无异于引火烧身。

당신은 이렇게 모험을 하니 자기가 지른 불에 타 죽는 것과 다름이 없어요.

37. **心术不正**(xīnshùbùzhèng)

심보가 나쁘다.

例句：她是个心术不正的人，竟然把别人的工资放在她自己的口袋里。

그녀는 심보가 나쁜 사람으로 돌연, 다른 사람 임금을 자기 주머니 속에 넣었다.

38. **心平气和**(xīnpíngqìhé)

마음이 평온하고 태도가 온화하다.

例句：你要心平气和的和他讲道理，不要动不动就发脾气。

당신은 평온하고 온화하게 그에게 이치를 설명해야 합니다. 걸핏하면 성질 부리지 마세요.

39. **不白之冤**(bùbáizhīyuān)

억울한 누명

例句：自己蒙受的不白之冤终于昭雪了。

당신이 쓰고 있던 억울한 누명이 마침내 벗겨졌습니다.

40. **不可分割**(bùkěfēngē)

어떤 것을 분리하거나 나눌 수 없다.

例句：民权思想和市民精神不可分割。

민권사상과 시민정신은 분리될 수 없다.

41. **不务正业**(bùwùzhèngyè)

정당한 직업에 종사하지 않는다. - 마땅히 할 일을 하지 않는다.

例句：求职失败后，他整天呆在家里，游手好闲，不务正业。

구직에 실패한 후 그는 하루 종일 집에서 하릴없이 빈둥거리며 마땅히 해야 할 일을 하지 않는다.

42. **不打自招**(bùdǎzìzhāo)

때리지 않아도 스스로 말하다. - 자기 스스로 자신의 죄와 잘못을 말하다.

例句：你主动说我不知道你掉的笔在哪，那不等于是不打自招吗！

당신이 자발적으로 “나는 당신이 잃어버린 펜이 어디 있는지 몰라요.”라고 말했는데 그것이 때리지 않아도 스스로 말하는 것과 같지 않습니까!

43. **不可多得**(bùkěduōdé)

많이 얻을 수 없다. - 흔히 얻기 어렵다, 매우 진귀하다, 매우 드물다.

例句：三国时期的诸葛亮足智多谋，是个不可多得的人才。

삼국시기의 제갈량은 지혜가 많고 지략이 풍부해 흔히 얻기 어려운 인재였다.

44. **不可告人**(bùkěgàorén)

타인에게 말해서는 안 된다, 타인에게 말할 수가 없다. / 부끄러워 타인에게 말할 수가 없다.

例句：他一直在撒谎，难道他还有什么不可告人的秘密？

그는 계속 거짓말을 하는데 설마 그에게 다른 사람에게 말할 수 없는 어떤 비밀이 있는 것 아닙니까?

45. **之乎者也**(zhīhūzhěyě)

옛날의 어투로 써진 문장, 크게 지식이 있는 것처럼 어려운 문장들만 말하다.

例句：他讲起话来总是之乎者也，充满书生气。

그는 말을 시작하면 항상 옛날 어투의 문장들만 말해 선비 냄새가 가득하다.

46. 无可奈何(wúkěnàihé)

어찌할 방법이 없다.

例句：（1）没有带钱，他只好无可奈何地离开了商店。

돈을 가져오지 않아 그는 어찌할 방법이 없이 상점을 떠나야 했다.

（2）这是上级领导的决定，我也无可奈何呀。

이는 상급기관 지도자의 결정으로 나도 어찌할 방법이 없어요.

47. 不出所料(bùchūsuǒliào)

예측한 대로 이다.

例句：我考前没复习好，果然不出所料，这次考试没及格。

나는 시험 전 복습을 끝내지 못해 예측한 대로 이번 시험에 합격하지 못했다.

48. 不可思议(bùkěsīyì)

불가사의하다, 사람의 판단이나 생각으로는 이해할 수 없다.

例句：他前年得了胃癌，但他一直不去医院，现在癌症已经痊愈了，真是不可思议！

그는 재작년 위암에 걸렸지만 줄곧 병원에 가지 않았습니다. 지금은 이미 위암이 완쾌되었으니 정말 불가사의합니다!

49. 为民除害(wèimínchúhài)

백성(서민)들을 위해서 해로움을 없애다.

例句：警方为民除害，一举抓获了这伙犯罪分子。

경찰 쪽에서 서민을 위해 이 범죄자들을 단번에 붙잡아 해로움을 없앴다.

50. 不可胜数(bùkěshèngshǔ)

너무 많아 다 헤아릴 수가 없다.

例句：唐宋时期的著名诗人不可胜数，其中李白和杜甫是最出名的。
시대의 유명한 시인들은 너무 많아 다 헤아릴 수 없지만, 그 중 이백과 두보가 가장 유명하다.

51. **风平浪静**(fēngpínglàngjìng)
풍랑이 일지 않고 고요하다. - 아무 일 없이 평온하다.
例句：（1）皎洁的月光下，海面上风平浪静。
맑고 밝은 달빛 아래, 해면은 풍랑도 없이 고요하다.
（2）犯罪分子们打算等风平浪静后再出来。
범죄자들은 아무 일 없이 평온해 진 후 다시 나타날 계획이다.

52. **无可救药**(wúkějiùyào) / **不可救药**(bùkějiùyào)
약을 구할 수 없다. - 치료할 방법이 없다, 구할 도리가 없다, 고칠 도리가 없다.
例句：（1）他的病情很严重，已经无可救药了。
그의 병세는 매우 심각해 이미 고칠 도리가 없다.
（2）学中文都已经两年了，连“你好”都不会讲，你真是无可救药。
중국어를 공부 한 지가 이미 2년인데 “안녕하세요” 도 말하지 못한다면 당신은 정말 어찌할 도리가 없어요.

53. **不甘寂寞**(bùgānjìmò)
외로움을 이기려 하지 않다, 가만히 있으려 하지 않는다.
例句：虽然赋闲在家，但他不甘寂寞，通过互联网与远在韩国的朋友们交流。
비록 직업 없이 집에서 놀고 있지만 그는 가만히 있으려고 하지 않습니다. 그는 인터넷 네트워크를 통해 멀리 한국에 있는 친구와 교류합니다.

54. **心甘情愿**(xīngānqíngyuàn)
마음 속으로부터 기꺼이 원하다.
例句：我心甘情愿为祖国奉献一切。
나는 조국을 위해 모든 것을 바치기를 마음으로부터 기꺼이 원한다.

55. **不可避免**(bùkěbìmiǎn)
어떤 현상이 생기는 것을 피할 수 없다, 불가피하다.
例句：在战争中，人员伤亡是不可避免的。
전쟁 중에 사람들이 죽거나 다치는 것은 피할 수 없는 것이다.

56. **天各一方**(tiāngèyìfāng) / **天差地远**(tiānchādìyuǎn)
서로 간의 차이가 현저하다.
例句：由于工作的缘故，新婚夫妇却天各一方，分居两地。
일 때문에 신혼부부 사이에 차이가 많아 두 곳에서 떨어져 지낸다.

57. **心如刀割**(xīnrúdāogē) / **心如刀绞**(xīnrúdāojiǎo)
마음이 칼로 베이는 듯 아프다.
例句：当得知亲人在事故中丧生后，他心如刀割。
친한 사람이 교통사고로 목숨을 잃은 것을 알게 된 후 그의 마음은 마치 칼로 베이는 듯 아팠다.

58. **仁至义尽**(rénzhìyìjìn)
타인에게 인의를 다해 최대한으로 도움을 주다. - 모든 선의를 다해 돕다.
例句：做人要讲仁义道德，但我对他已经做到了仁至义尽，该帮的我都帮了。
사람답게 행하려면 인의와 도덕을 중시해야 합니다. 하지만 나는 이미 그에게 최대한 도움을 주었기 때문에 마땅히 도와야 할 것은 내가 이미 다 했습니다.

59. **天伦之乐**(tiānlúnzhīlè)

천륜의 즐거움 - 가정의 즐거움과 행복

例句：我特意赶回家，就是为了享受天伦之乐，能和家人们在一起。

내가 특히 서둘러 귀가하는 것은 바로 가정의 즐거움과 행복을 맛보고 가족과 함께 있을 수 있기 때문입니다.

60. **乌合之众**(wūhézhīzhòng)

오합지졸 - 임시로 급히 모여들어 규율과 기강이 없는 무질서한 무리들

例句：汉高祖刘邦在初起兵时，纠集了一群乌合之众。

한고조 유방은 처음 거병할 때 오합지졸을 규합했다.

61. **无价之宝**(wújiàzhībǎo)

돈을 주고도 사지 못하는 값지고 귀중한 보물 - 헤아릴 수 없는 귀한 가치

例句：这个秦朝历史文物可是无价之宝啊!

이것은 진나라 시대의 역사 문물로 헤아릴 수 없는 귀한 가치를 지녔습니다.

62. **见死不救**(jiànsǐbùjiù)

죽는 것을 보고도 구하지 않는다, 위급함을 보고도 구하지 않는다.

例句：朋友现在正处于危险中，难道我能见死不救吗?

친구가 지금 위험에 처해있는 데 설마 내가 위급함을 보고도 구하지 않겠습니까?

63. **天衣无缝**(tiānyīwúfèng)

신선이 입는 옷에는 바느질한 자국이 없다. - 아무 결함이 없다

(시문이 자연스럽고 아름다움을 나타냄).

例句：他自以为自己找的借口天衣无缝，实际上却漏洞百出。

그는 자기가 찾는 핑계가 아무 결함이 없다 여기지만 실제

♧ 오합지졸(烏合之卒)의 유래 ♧

전한(前漢) 말기 대사마(大司馬) 벼슬을 하고 있던 왕망(王莽)은 평제(平帝)를 시해(弑害)했고 3년 후 나이 어린 황제 영까지 폐하고 스스로 제위(帝位)에 올랐다. 그는 국호를 신(新)이라 일컬었지만 잦은 정변과 실정(失政)으로 나라 곳곳에는 도적 떼가 들끓게 되었다.

천하가 혼란에 빠지자 유수(劉秀 - 후일 후한을 건국하는 광무제)는 그 즉시 군사를 일으켜 왕망 일당을 공격하고 경제(景帝)의 후손인 유현(劉玄)을 황제로 세웠다. 다시 한(漢) 왕조가 세워진 것이다.

이듬해 대사마가 된 유수는 자신이 성제(成帝)의 아들 유자여(劉子輿)임을 자처, 황제를 사칭하는 왕랑(王郎)을 토벌하러 나섰다. 한편 상곡(上谷) 지방의 태수로 있던 경황(耿況)은 즉시 아들인 경감(耿龕)에게 군사를 내주어 평소 흠모하던 유수의 토벌군에 참가했다. 그러나 그때 손창(孫倉)과 위포(衛包)가 갑자기 행군을 거부해 잠시 동요가 생기게 되었다. 그때 손창과 위포 두 사람이 "유자여는 한 왕조(漢王朝)의 정통 성제의 아들이라고 하오. 그런 사람을 두고 대체 어디로 간단 말이오?"라고 말했다. 이에 노한 경감은 두 사람을 끌어낸 뒤 칼을 빼 들고 "왕랑은 한낱 도둑일 뿐이다. 그자가 황제의 아들을 사칭해 난을 일으키고 있지만 내가 장안(長安 - 陝西省 西安)의 정예군과 합세해 공격한다면 그까짓 오합지졸(烏合之卒)들은 마른 나뭇가지보다 쉽게 꺾일 것이다. 지금 너희가 사리(事理)를 모르고 도둑과 한패가 된다면 멸문지화(滅門之禍)를 면치 못하리라."라고 하며 두 사람을 꾸짖었다.

그날 밤 그들은 왕랑에게 도망치고 말았지만 경감(耿龕)은 뒤쫓지 않았다. 서둘러 유수의 토벌군에 합류한 그는 많은 공을 세워 마침내 건위대장군(建威大將軍)이 되었다.

『후한서(後漢書)』 경감전(耿龕傳)에서 유래한 '烏合之卒' 혹은 '烏合之衆'은 갑자기 훈련도 없이 모인 군사, 규율이 없는 군중 등을 말할 때 많이 사용된다.

로는 곳곳이 문제투성이 입니다.

64. **凶多吉少**(xiōngduōjíshǎo)

흉한 일은 많고 좋은 일은 적다. - 열에 아홉은 좋지 않다, 절망적이다.

例句：中国队遇上了巴西队，恐怕凶多吉少。

중국 대표팀이 브라질 대표팀을 만나 아마 절망적일 것이다.

65. **无地自容**(wúdìzìróng)

몹시 부끄러워 어찌할 바를 모르다.

例句：在全班同学面前受到老师批评，他羞得无地自容。

반 전체 학우들 앞에서 선생님의 꾸중을 받아 그는 몹시 부끄러워 어찌할 바를 몰랐다.

66. **丰衣足食**(fēngyīzúshí)

먹고 입을 것이 모두 풍족하다.

例句：在困难时期，我们通过自己的辛勤劳动，也能够丰衣足食。

곤란한 시기, 우리는 스스로 부지런히 일해 먹고 입을 것이 모두 풍족할 수 있었다.

67. **不成体统**(bùchéngtǐtǒng) / **成何体统**(chénghétǐtǒng)

체통이 서지 않는다, 모양새가 말이 아니다.

例句：这么小的年纪就学会了吸烟喝酒，成何体统！

이렇게 어린 나이에 음주와 흡연을 배우다니 이건 모양새가 말이 아니에요!

68. **心血来潮**(xīnxuèláicháo)

불현듯 어떤 생각이 떠오르다, 영감이 떠오르다.

例句：你怎么突然心血来潮想打羽毛球了？

당신은 어떻게 갑자기 배드민턴 치고 싶은 생각이 떠올랐나요?

69. **见异思迁**(jiànyìsīqiān)

다른 것만 보면 마음이 변하다. - 의지가 굳지 못하다.

例句：现在的年轻人看到稍微好一点的工作时，就见异思迁，不想继续干原先的工作。

지금의 젊은 사람들은 다소 좋은 일거리를 볼 때면 의지가 굳지 못해 이전 일을 계속하고 싶어하지 않는다.

70. **心灰意冷**(xīnhuīyìlěng)

실망하여 마음이 의기소침하다(위축되다).

例句：虽然这次失败了，但你也不要心灰意冷，再试一下。

비록 이번에는 실패했지만 당신은 실망해 위축되지 말고 다시 한번 해보세요.

71. **不近人情**(bújìnrénqíng)

인정과 가깝지 않다. - 인정에 어긋나다, 인정에 맞지 않다.

例句：他连自己的救命恩人都不帮，真是不近人情啊！

그는 자기 생명의 은인조차도 돕지 않는데 정말 인정에 어긋나요!

72. **天作之合**(tiānzuòzhīhé)

하늘이 맺어 준 결합 - 좋은 인연(연분)

例句：大家都认为他们俩是天作之合，再好不过了。

모두가 다 그들 두 사람은 하늘이 맺어준 인연으로 그보다 더 좋을 수 없다 여긴다.

73. **无穷无尽**(wúqióngwújìn)

무궁무진하다. - 한없이 많다.

例句：（1）人民的力量是无穷无尽的。

국민들의 힘은 무궁무진하다.

（2）我正处于无穷无尽的烦恼之中。
나는 지금 한없이 많은 고민(괴로움) 중에 있다.
（3）祖国给予我无穷无尽的力量。
조국은 나에게 한없이 많은 힘을 주었다.

74. **风言风语**(fēngyánfēngyǔ)
바람이 하는 말 - 근거 없는 뜬 소문 / 남을 중상모략 하다.
例句：尽管她不肯相信外面的一些风言风语，但是对丈夫还是不放心。
비록 그녀가 바깥의 뜬 소문들은 믿으려 하지 않지만 남편에 대해서는 아직도 안심하지 않습니다.

75. **无忧无虑**(wúyōuwúlǜ)
근심과 걱정이 없다. - 마음이 편하고 즐겁다.
例句：现在的小孩都过着无忧无虑的幸福生活。
지금의 어린 아이들 모두는 근심, 걱정이 없는 행복한 생활을 하고 있다.

76. **手足之情**(shǒuzúzhīqíng)
손과 발 사이의 정리 - 형제의 정
例句：他们兄弟间的手足之情感动了在场的人。
그들 형제의 정에 현장에 있던 사람들은 감동했다.

77. **以卵击石**(yǐluǎnjīshí)
달걀로 바위치기 - 힘이 미치지 못한다, 자기 힘이나 능력에 맞지 않는 일을 한다.
例句：北朝鲜去攻打美国，那不是以卵击石吗?
북한이 가서 미국을 공격하는 것, 그것이 달걀로 바위치기 아닌가요?

78. **心乱如麻**(xīnluànrúmá)
마음이 삼 가닥 같다. - 마음이 몹시 심란하다.
例句：他心乱如麻，根本没法集中精力想这个问题。
그 사람 마음이 몹시 심란합니다. 힘을 모아 이 문제를 생각하는 것은 근본적으로 불가능합니다.

79. **见利忘义**(jiànlìwàngyì)
사리사욕에 눈이 멀어 의리도 저버리다.
例句： 他是一个见利忘义的人，你不要和他一起经营商店。
그는 사리사욕에 눈이 멀어 의리도 저버리는 사람입니다. 당신은 그 사람과 함께 상점을 경영하지 마세요.

80. **公报私仇**(gōngbàosīchóu)
공적인 일로써 사적인 울분을 풀다.
例句：他想借用机会公报私仇，真看不出他竟然这么卑鄙。
그는 기회를 빌려 공적인 일로 사적인 울분을 풀고 싶어합니다. 그가 이렇게 의외로 졸렬하고 비열할 줄은 정말 생각지도 못했어요.

81. **以身作则**(yǐshēnzuòzé)
솔선수범하여 몸소 본을 보이다.
例句：作为领导干部，你应该以身作则，做一个好榜样。
간부들을 지도하는 사람으로 당신은 마땅히 솔선수범해 하나의 좋은 모범이 되세요.

82. **天花乱坠**(tiānhuāluànzhuì)
그럴듯이 말을 잘해 감동스러우나 실제와는 맞지 않는다.
例句：（1）推销员把自己的产品吹嘘得天花乱坠。
판촉 판매원이 자기의 상품에 대해 그럴듯하게 말하지만 실제로는 (이치에) 맞지 않을 정도로 허풍을 떤다.

（2）纵使他讲得天花乱坠，你也不要相信他。
설령 그가 하는 말이 그럴듯해 감동되어도 당신은 그를 믿지 마세요!

83. **风吹雨打**(fēngchuīyǔdǎ)
비바람을 맞다. - 온갖 풍상을 경험하다.
例句：任凭风吹雨打，我们依然向前迈进。
온갖 풍상을 경험한다 해도 우리는 의연히 앞을 향해 힘차게 나아갑니다.

84. **不识抬举**(bùshítáiju)
남이 추천한 것을 무시하다. - 호의를 무시하다, 은혜를 모르다.
例句：我有意让你一步，你可不要不识抬举。
나는 일부러 당신에게 한 발 양보했어요. 당신은 그 호의를 무시하지 말아요!

85. **风吹草动**(fēngchuīcǎodòng)
풀잎이 바람에 스치기만 해도 흔들리다. - 아주 작은 일에 영향을 받다. / 작은 변화와 변고 / 어떤 소문이 나다.
例句：一有什么风吹草动就马上通知我。
무슨 작은 변화가 있으면 내게 즉시 알려주세요.

86. **开花结果**(kāihuājiēguǒ)
꽃이 되어 결실을 맺다. - 순조롭게 좋은 결과를 맺다.
例句：十年寒窗终于开花结果了，我考上了理想的大学。
오랜 세월 힘들게 공부했더니 결국 좋은 결과를 맺어 나는 희망하는 대학에 합격했다.

87. **风花雪月**(fēnghuāxuěyuè)
(문학의 대상인) 대자연 / (규칙에 얽매어) 내용이 빈약하고 공허한 시문 / 봄, 여름, 가을, 겨울 네 계절의 풍경
例句：她一定是言情小说看多了，满脑子风花雪月的事。

분명히 그녀는 연애소설을 많이 보았어요. 내용이 빈약하고 공허한 시문이 머리에 가득해요.

88. **手忙脚乱**(shǒumángjiǎoluàn)

손과 발이 혼란스럽다. - 몸이 분주해 이리 뛰고 저리 뛰다, 다급해 갈피를 못 잡고 허둥대다.

例句：家里一下子来了这么多客人，搞的我一阵手忙脚乱。

갑자기 집에 이렇게 많은 손님이 와서 나는 어찌 할 줄 몰라 갈피를 못 잡고 허둥댔다.

89. **心直口快**(xīnzhíkǒuài)

성격이 시원시원하고 솔직해 바른 말을 잘 하다.

例句：我这个人一向心直口快，有话就说。

나는 예전부터 줄곧 성격이 시원시원하고 솔직해 바른 말을 잘 합니다. 할 말이 있으면 그대로 말하지요.

90. **公事公办**(gōngshìgōngbàn)

공적인 일을 원칙에 따라 공정히 처리하다.

例句：我们公事公办，不要和我谈个人交情。

우리는 공적인 일을 원칙에 따라 공정히 처리하니 나와 개인적인 친분은 이야기하지 마세요!

91. **无奇不有**(wúqíbùyǒu)

온갖 진귀하고 기묘한 것이 있다.

例句：世界上竟然还有两个头的蛇，真是无奇不有啊！

세계에는 놀랍게도 머리가 둘인 뱀도 있습니다. 정말 온갖 기묘하고 진귀한 것이 있어요!

92. **无拘无束**(wújūwúshù)

아무 구속 없이 자유롭다.

例句：大家在会议上无拘无束地发表着自己的意见。

모두가 회의 중 아무 구속 없이 자유롭게 자기 의견을 발표하고 있다.

93. **风雨无阻**(fēngyǔwúzǔ)

바람과 비가 장애가 되지 않는다. - 날씨가 어떠하든지 간에 진행하다.

例句：他和女朋友约定好："我们明天在这见面，风雨无阻。"

그와 여자 친구는 "우리는 내일 여기서 만나는데 날씨가 어떠하든지 꼭 만나요."라고 약속했다.

94. **风和日丽**(fēnghérìlì)

바람이 부드럽고 날씨가 따뜻하다.

例句：他出海打鱼的那一天刚好风和日丽。

그가 바다로 나가 고기를 잡은 그 날, 마침 바람은 부드럽고 날씨는 따뜻했다.

95. **不择手段**(bùzéshǒuduàn)

수단과 방법을 가리지 않다.

例句：他为了达到自己的目的，不择手段。

그는 자기 목적을 이루기 위해서라면 수단과 방법을 가리지 않는다.

96. **不知不觉**(bùzhībùjué)

부지불식간 - 자기도 모르는 사이에

例句：时间过得真快，不知不觉就到了冬天。

시간이 정말 빨리 지나가 부지불식간에 겨울이 왔습니다.

97. **无所不谈**(wúsuǒbùtán) / **无话不谈**(wúhuàbùtán)

무슨 말이든지 하지 않는 이야기가 없다.

例句：（1）他俩是无话不谈的好朋友。

그들 두 사람은 무슨 말이든지 다 이야기하는 좋은 친구이다.

(2) 这个班级的师生关系好，老师和学生们无所不谈。

이 반의 선생님과 학생들은 사이가 좋아서 못하는 이야기가 없다.

98. **井底之蛙**(jǐngdǐzhīwā)

우물 안 개구리 - 견문이 좁고 세상 물정을 모르는 사람

例句：我们不能够做井底之蛙，要到外面去了解了解。

우리는 우물 안 개구리가 되지 말고 밖으로 나아가 알기에 힘써야 합니다.

99. **无依无靠**(wúyīwúkào)

의지할 곳이 하나도 없다.

例句：自从他唯一的一个亲戚去世后，他就一个人过着无依无靠的生活。

그의 유일한 친척이 돌아가신 후부터 그는 혼자 의지할 곳 하나 없는 생활을 하고 있다.

100. **见所未见**(jiànsuǒwèijiàn)/ **闻所未闻**(wénsuǒwèiwén)

지금껏 본 적이 없는 새로운 것을 보다, 지금껏 들은 적이 없는 새로운 것을 듣다.

例句：世界上还有这种事情，这真是我见所未见，闻所未闻的。

세계에는 아직도 이런 일이 있으니 이건 정말 내가 지금껏 본 적도 들은 적도 없는 새로운 것이다.

101. **天经地义**(tiānjīngdìyì)

하늘과 땅의 대의 - 영원히 변할 수 없는 불변의 진리, 도리

例句：(1) 许多孩子都认为家长对他们好是天经地义的事情。

많은 아이들 모두가 가장이 그들에게 잘해 주는 것

은 영원히 변할 수 없는 도리라고 여깁니다.

(2) 学生就要努力学习，这是天经地义的事情。

학생이 열심히 공부하길 원하는 것, 이것이 영원히 변할 수 없는 불변의 도리입니다.

102. **不知好歹**(bùzhīhǎodǎi) / **不知好坏**(bùzhīhǎohuài)

좋고 나쁨을 가리지 못한다. - 사리를 분별하지 못한다.

例句：不要不知好歹，给你面子是看得起你。

사리를 분별하지 못해서는 안돼요. 당신 체면 세워주는 것은 당신을 존중하는 것입니다.

103. **丑态百出**(chǒutàibǎichū)

백 가지 추한 행동이 나오다. - 갖은 추태를 다 부리다.

例句：他演讲前没做好准备，结果在台上丑态百出。

그는 연설 전에 준비를 잘 하지 못한 결과, 무대 위에서 갖은 추태를 다 부렸다.

104. **天罗地网**(tiānluódìwǎng)

물샐틈없이 빈틈없는 수사망과 경계망을 치다. / 면할 수 없는 재앙

例句：警方已经撒下了天罗地网，犯罪分子已无处可逃。

경찰 쪽에서 이미 물샐틈없이 빈틈없는 수사망을 펼쳐 범죄자는 도망갈 곳이 없다.

105. **长命百岁**(chángmìngbǎisuì)

명이 길어 백 세까지 살다. - 오래오래 장수하다.

例句：祝爷爷身体健康，长命百岁。

할아버지께서 몸 건강히 오래오래 장수하시길 바랍니다.

106. **风雨同舟**(fēngyǔtóngzhōu)

비바람을 같은 배에서 맞다. - 고난을 함께 하다.

例句：韩中人民风雨同舟，共同度过了经济危机。

한국과 중국 국민들은 고난을 함께하여 공동으로 경제위기를 넘겼다.

107. **天昏地暗**(tiānhūndìàn)

하늘과 땅이 온통 어둡다. - 사회와 정치가 어둡고 부패하다.

例句：沙尘暴袭来，顿时一片天昏地暗，什么都看不见。

황사가 엄습해 와 별안간 하늘과 땅이 온통 어두워져 아무것도 볼 수 없었다.

108. **为非作歹**(wéifēizuòdǎi) / **为所欲为**(wéisuǒyùwéi)

온갖 악행을 저지르다. / 하고 싶은 욕심대로 다하다, 마음먹은 대로 하다.

例句：（1）歹徒在村子里为非作歹，做了很多坏事。

악당이 마을에서 자기 하고 싶은 대로 아주 많은 나쁜 짓을 했습니다.

（2）犯罪分子非常猖狂，在社会上为所欲为。

범죄자가 매우 난폭하게 사회에서 많은 악행을 저질렀습니다.

109. **气势汹汹**(qìshìxiōngxiōng)

화가 나서 기세가 사납다, 노기가 등등하다.

例句：（1） 敌人气势汹汹地朝我们的阵地扑来。

적은 사나운 기세로 우리의 진지를 향해 돌진해 왔다.

（2）看他一副气势汹汹的样子,就知道准没好事。

그가 노기등등한 모습을 보면 틀림없이 좋은 일이 없다는 것을 압니다.

110. **水性杨花**(shuǐxìngyánghuā)

물 흐르는 것이 일정치 않고, 버드나무가 바람이 부는 대로 움직인다. - 여자의 행동이 지조가 없다.

例句：她是一个水性杨花的女人，总是勾引男人。
그녀는 행동이 지조 없는 여자로 항상 남자를 유혹한다.

111. **牛郎织女**(niúlángzhīnǚ)
견우와 직녀 - (직장 관계 등의 이유로) 서로 떨어져 사는 부부를 비유함
例句：由于工作的关系，新婚夫妇分居两地，像牛郎织女般，一年都难得见面。
일 때문에 신혼부부는 두 곳에 떨어져 삽니다. 마치 견우와 직녀처럼 일 년에 몇 번 만나기가 어렵습니다.

112. **今非昔比**(jīnfēixībǐ)
지금은 옛날에 비할 바가 아니다. - 변화가 많았다.
例句：自从实行改革开放政策后，中国已经今非昔比。
개혁 개방 정책을 실행한 후 중국은 이미 옛날에 비할 바가 아니다.

113. **心事重重**(xīnshìchóngchóng)
마음의 걱정거리가 쌓여 있다.
例句：你怎么了？一副心事重重的样子。
당신은 어떻게 된 거에요? 마음의 걱정거리가 쌓여 있는 모습이에요.

114. **文质彬彬**(wénzhìbīnbīn)
우아하면서 질박하다. - 외관과 내용이 잘 조화를 이루다.
例句：他戴上眼镜后，显得文质彬彬。
그가 안경을 쓰니 우아하면서도 잘 어울려 보였다.

115. **不省人事**(bùxǐngrénshì)
인사불성이다, 의식불명이다. / 세상 물정을 모르다.
例句：他自从被车撞了后，就一直躺在病床上，不省人事。

그는 차에 부딪친 이후부터 줄곧 병상에 누워 의식불명이 다.

116. **火冒三丈**(huǒmàosānzhàng)

대단히 화가 나다.

例句：爸爸看到我不及格的试卷时，顿时火冒三丈，狠狠地批评了我。

아빠는 내가 불합격한 시험지를 보셨을 때 갑자기 크게 화를 내시며 호되게 나를 나무라셨다.

117. **六亲不认**(liùqīnbúrèn)

육친도 알아보지 못한다. /안면을 돌보지 않는다.

例句：他执法时非常严格，不论个人私情，有点六亲不认的味道。

그는 법을 집행할 때 매우 엄격해 사사로운 정을 막론하고 육친도 상관치 않는 느낌이 있다.

118. **六神无主**(liùshénwúzhǔ)

너무 놀라 어찌할 바를 모르다, 넋이 빠지다.

例句：正当他六神无主不知道怎么办时，妈妈到家了。

그가 너무 놀라 어찌할 바를 모를 때 엄마가 집에 도착했다.

119. **反复无常**(fǎnfùwúcháng)

이랬다저랬다 한다. - 변덕이 심하다.

例句：（1）伦敦的天气反复无常，你最好带把伞出去。

런던의 날씨는 변덕이 심해 당신이 우산을 가지고 나가는 것이 가장 좋습니다.

（2）他性格反复无常，叫人不知道怎么办。

그 사람 성격은 변덕이 심해 사람들이 어찌할 줄 모르게 합니다.

120. **心狠手辣**(xīnhěnshǒulà)

마음이 독하고 하는 행동이 악랄하다.

例句：歹徒心狠手辣，什么事都可能干得出来。

악당은 마음이 독하고 행동이 악랄해 그 어떤 일도 다 해낼 수 있다.

121. **分秒必争**(fēnmiǎobìzhēng) / **争分夺秒**(zhēngfēnduómiǎo)

분초를 다투다. - 짧은 시간을 소홀히 하지 않는다.

例句：快要期末考试了，同学们都分秒必争地复习着。

곧 기말고사 입니다. 학우들 모두 짧은 시간을 소홀히 하지 않고 복습을 하고 있습니다.

122. **天南地北**(tiānnándìběi)

아득히 멀리 떨어져 있다. / 이곳저곳 지역이 다르다. / 이것저것을 이야기하고 한담하다.

例句：我们俩天南地北，什么都聊。

우리 둘은 이것저것을 논하기 좋아해 그 어떤 것도 이야기 합니다.

123. **以毒攻毒**(yǐdúgōngdú)

독으로써 독을 물리치다. - 악인을 물리치는 데 다른 악인을 이용하다.

例句：用蜈蚣做中药，可以说是以毒攻毒。

지네를 이용해 한방약을 만드는 것은 독으로써 독을 물리치는 것이라 할 수 있다.

124. **天姿国色**(tiānzīguósè)

하늘의 자태를 지닌 나라의 미인 - 너무나 아름다운 여인

例句：杨贵妃有着倾国倾城的天姿国色。

양귀비에게는 나라를 기울게 할 정도의 아름다움이 있다.

125. **毛骨悚然**(máogǔsǒngrán)

모골이 송연하다. - 머리카락이 곤두서다, 소름이 끼치다.

例句：恐怖电影中的血腥镜头令人毛骨悚然。

공포 영화 중의 피비린내 나는 장면이 사람들에게 소름 끼치게 한다.

126. **引狼入室**(yǐnlángrùshì)

늑대를 자기 집에 불러들이다. - 적이나 도적을 집안에 불러들여 화를 자초하다.

例句：明知他是坏人还要带他回家，不是引狼入室吗?

그가 나쁜 사람인 줄 분명히 알면서도 그를 데리고 집에 돌아오기 원하니 늑대를 자기 집에 불러들이는 격 아닙니까?

127. **无能为力**(wúnéngwéilì)

무능해서 아무 일도 할 수 없다, 그 일을 할 수 있는 능력이 없다.

例句：你要是自己都不努力的话，我也就无能为力了。

만일 당신 자신도 노력하지 않는다면 나 역시 아무 일도 할 수 없어요.

128. **火烧火燎**(huǒshāohuǒliǎo)

햇빛이 강하게 내리 쬐다. / 날씨가 덥다. / 속이 몹시 초조하다. / 따끔따끔하다.

例句：你干吗这么火烧火燎地赶回家啊?

당신은 왜 이리 초조하게 서둘러서 집에 돌아갑니까?

129. **无家可归**(wújiākěguī)

돌아갈 집이 없다. - 정처 없이 떠돌다.

例句：大地震发生后，很多难民都无家可归。

대지진이 발생한 후 아주 많은 난민 모두가 정처 없이 떠돌고 있다.

130. **不能自拔**(bùnéngzìbá)

자기 스스로 탈피하지 못하다. - 스스로 관계를 끊지 못하다.

例句：他在毒品中越陷越深，现在已经不能自拔。

그는 (마약 등의) 환각제에 점점 깊게 빠져 들어 이미 지금은 스스로 끊지를 못한다.

131. **天高地厚**(tiāngāodìhòu)

(은혜와 정, 사랑 등이) 지극히 높고 두텁다. / 사물이 복잡함, 일의 복잡함

例句：你这个家伙！怎么不知道天高地厚。

너 이 녀석! 어떻게 은혜와 사랑이 지극히 높고 두터운 것을 몰라!

132. **风调雨顺**(fēngtiáoyǔshùn)

비바람이 순조롭다. - 날씨가 아주 좋다.

例句：今年风调雨顺，肯定会是个丰收年。

올해는 날씨가 아주 좋아서 틀림없이 풍년일 것입니다.

133. **火烧眉毛**(huǒshāoméimáo)

눈과 눈썹을 태우다. - 발등의 불, 매우 급박하고 절박한 상황

例句：在这火烧眉毛的时刻你还这么慢慢腾腾的，真是急死人了！

매우 급박한 이 시각에 당신은 아직도 이렇게 꾸물대니 정말이지 사람 급해 죽겠어요!

134. **天真烂漫**(tiānzhēnlànmàn)

천진난만하다.

例句：他真是个天真烂漫的孩子。

그는 정말 천진난만한 아이이다.

135. **水涨船高**(shuǐzhǎngchuángāo)

물이 불어나면 배는 위로 올라가게 된다. - 주위 환경에 따라 그 부수적인 상황도 변하게 된다.

例句：今年大家都考得很好，因此分数线也就水涨船高，随之上升了。

올해는 모두가 시험을 아주 잘 쳐서 점수선도 환경에 따라 변하듯 올라갔다.

136. **天随人愿**(tiānsuírényuàn)

하늘이 사람의 소원을 들어준다. - 바라는 대로 됨

例句：我们准备下午去郊游，果然天随人愿，中午雨就停了。

우리는 오후에 가는 소풍을 준비했는데 과연 바라는 대로 정오에 비가 그쳤어요.

137. **不谋而合**(bùmóuérhé)

약속한 듯 의견이나 견해가 일치하다.

例句：在这个问题上我的主意和他的不谋而合，都认为要加强社会实践。

이 문제 가운데 내 생각과 그의 것은 약속이나 한 듯 의견이 일치합니다. 우리 모두 사회적인 실천을 강화해야 한다고 생각합니다.

138. **夫唱妇随**(fūchàngfùsuí)

부창부수 - 부부 사이가 화목하다, 남편이 부르면 아내가 이에 따른다는 말로 부부사이의 도리를 가리킴

例句：他们俩都是教师，每天一起上下班，真是夫唱妇随。

그들 두 사람 모두 교사로 매일 함께 출퇴근을 하니 정말 부창부수입니다.

139. **以理服人**(yǐlǐfúrén)

이치에 맞게 사리를 밝혀 가며 다른 사람을 설득하다.

例句：光是打骂有什么用？要以理服人。

단지 때리고 욕하는 것이 무슨 소용이 있나요? 이치에 맞게 사리를 밝혀 가며 다른 사람을 설득해야 합니다.

140. **无理取闹**(wúlǐqǔnào)

무리한 트집을 잡고 말썽을 일으키다, 이유 없이 남과 다투다.

例句：上课时就要遵守课堂纪律，由不得你无理取闹。

수업 시간에는 교실의 규율을 준수해야 합니다. 무리한 트집을 잡고 말썽을 일으키는 당신 뜻대로는 되지 않아요.

141. **天涯海角**(tiānyáhǎijiǎo)

하늘가와 바다의 끝 - 아득하게 머나먼 지역

例句：他对他女朋友说："我愿意跟随你到天涯海角."

그는 그의 여자 친구에게 "나는 당신과 하늘가, 바다 끝까지 가기를 원해요."라고 말했다.

142. **天理难容**(tiānlǐnánróng) / **天理不容**(tiānlǐbùróng)

하늘의 도리상 용납하기 어렵다(용납할 수 없다). - 자연의 도리상 용납할 수 없다.

例句：他把自己的亲生父亲杀死了，犯下的罪实在是天理难容。

그는 자기를 낳아 준 친아버지를 죽였으니 그가 지은 죄는 정말이지 자연의 도리상 용납할 수 없어요.

143. **不堪一击**(bùkānyìjī)

일격(매 한 대)도 견뎌 내지 못하다.

例句：（1）他美好的梦想在现实面前不堪一击。

그의 아름다운 몽상은 현실 앞에서는 조금도 견뎌 내지 못합니다.

（2）伊拉克的军事力量在美军面前不堪一击。

이라크의 군사력은 미군 앞에서 일격도 견뎌 내지 못한다.

144. **不堪入目**(bùkānrùmù) / **不堪入耳**(bùkānrùěr)

차마 볼 수 없다. / 차마 들을 수 없다.

例句：（1）地震后的惨象简直不堪入目。

지진 후의 참상은 정말이지 차마 볼 수가 없다.

（2）两个人讲的脏话简直不堪入耳。

두 사람이 말하는 욕지거리는 차마 들을 수 없다.

145. **不慌不忙**(bùhuāngbùmáng)

당황하거나 서두르지 않다.

例句：他干什么事情总是不慌不忙，非常沉着。

그는 무슨 일을 하면 언제나 당황하거나 서두르지 않고 굉장히 침착하다.

146. **见惯不惊**(jiànguànbùjīng)/ **司空见惯**(sīkōngjiànguàn)

항상 보아서 신기하지 않다, 늘 흔히 있는 일이다.

例句：大家都对他的撒谎见惯不惊了，没人相信他的话。

모두가 다 그의 거짓말에 대해 늘 흔히 있는 일로 여겨 그의 말을 믿는 사람은 없다.

147. **五湖四海**(wǔhúsìhǎi)

다섯 군데 호수와 네 곳의 바다. - 전국 각지의 방방곡곡, 세계의 여러 지방

例句：（1）大家来自五湖四海，为了同一个目标而聚在了一起。

모두가 세계 각지에서 와서 동일한 목표를 위해 함께 모였다.

（2）这个班级的同学来自五湖四海，有从北京来的，有从上海来的，还有从广东来的。

이 학급의 학우들은 전국 각지에서 왔는데 베이징에서, 상하이에서 또한 광둥에서 온 사람도 있다.

148. **气喘吁吁**(qìchuǎnxūxū)

숨이 가빠서 씩씩거리다.

例句：我一口气爬上十楼，累得我气喘吁吁。

나는 단숨에 10층까지 기어 올라가자 숨이 차 씩씩거릴 정도로 피곤했다.

149. **不堪回首**(bùkānhuíshǒu)

차마 과거를 돌아보고 생각할 수 없다. - 기억하기도 싫다.

例句：现在想想当时努力准备考试，天天熬夜的那半个月真是不堪回首。

지금 생각하면 당시 시험 준비로 노력할 때, 매일같이 밤을 지샌 그 반년은 정말 기억하기도 싫은 시간이었다.

150. **毛遂自荐**(máosuìzìjiàn)

모수자천 - 스스로 자신을 천거하다.

例句：他毛遂自荐，要求担任科长一职。

그는 스스로 자신을 천거해 과장직을 맡겠다고 요청했다.

151. **丰富多彩**(fēngfùduōcǎi) / **丰富多采**(fēngfùduōcǎi)

풍부하고 다채롭다.

例句：为了迎接新年，我们准备的文娱节目丰富多彩(采)。

새해를 맞기 위해 우리가 준비한 문예 오락 프로그램은 풍부하고 다채롭다.

152. **不堪设想**(bùkānshèxiǎng)

도저히 있을 수가 없다. - 상상할 수조차도 없다.

例句：如果在树林茂密的地方发生了大火，那后果将不堪设想。

만일 나무가 빽빽하게 우거진 숲에서 큰 화재가 발생한다면 그 결과는 상상할 수조차 없다.

153. **分道扬镳**(fēndàoyángbiāo)

길을 나누어 가다. - 각자 제 갈 길을 가다, 각자 자기 일을 하다.

例句：大学毕业后，他们俩分道扬镳，很快就有了各自的家庭。

대학 졸업 후 그들 둘은 각자의 일을 하여 아주 빠르게 자기의 가정을 꾸리게 되었다.

154. **双喜临门**(shuāngxǐlínmén)

두 가지 기쁜 일이 잇따라 문 앞에 오다. - 경사가 겹치다.

例句：今天是国庆节，又是你的结婚纪念日，真是双喜临门啊!

오늘은 국경절(중국 정부 수립일)에다가 당신의 결혼 기념일이니 정말 경사가 겹쳤어요!

155. **以强凌弱**(yǐqiánglíngruò)

강한 것으로 약자를 업신여기다. - 강한 자임을 믿고 약자를 깔보다.

例句：二战的时候，德国以强凌弱，用武力攻打许多欧洲国家。

2차 대전 시기, 독일은 강자임을 믿고 약자를 얕봐 무력을 사용, 많은 유럽 국가를 공격했다.

156. **心照不宣**(xīnzhàobùxuān)

마음 속으로 이해하고 있어 굳이 말할 필요가 없다.

例句：大家彼此心照不宣，都知道谁将出任新总统，只是不说出来罢了。

모두들 서로 마음속으로 알고 있습니다. 누가 장차 새로운 대통령이 될지 다 알아서 단지 말하지 않을 뿐입니다.

157. **心满意足**(xīnmǎnyìzú)

매우 만족해 하다, 매우 흡족해 하다.

例句：他大吃大喝了一顿后，才心满意足地走了。

그는 한 끼를 진탕 먹고 마신 후에야 비로소 매우 만족해 하며 갔습니다.

♧ 모수자천(毛遂自薦)과 낭중지추(囊中之錐)의 유래

'毛遂自薦'과 '囊中之錐', 이 두 성어는 사마천이 지은『사기(史記)』평원군열전(平原君列傳)의 기록에서 유래되었다.

전국시대 말기, 진(秦)나라의 공격을 받은 조(趙)나라 혜문왕(惠文王)은 동생이자 재상인 평원군(平原君)을 초(楚)나라에 보내어 구원병을 청하기로 하였다. 스무 명의 수행원이 필요했던 평원군은 그의 집에 머물고 있던 삼천 여명의 식객(食客) 중 19명은 선발하였으나 한 사람을 뽑지 못해 고민하고 있었다. 이때 모수(毛遂)라는 식객이 스스로를 천거(自薦)하며 자신을 초나라로 데려가길 청하였다.

평원군은 모수에게 "그대는 내 집에 온 지 얼마나 되었소?"라고 묻자 모수는 3년이 되었다고 대답하였다. 그러자 평원군은 모수에게 "재능이 뛰어난 사람은 아무리 숨어 있다 해도 마치 주머니 안의 송곳(囊中之錐) 끝이 밖으로 삐져나오듯 다른 이의 눈에 드러나는 법이오. 내 집에 머문 지 3년이나 된다는 그대는 이제껏 단 한 번도 이름이 드러나지 않았소."라고 하며 모수의 청을 거절하였다. 그러자 모수는 평원군에게 "그것은 이제까지 저를 한 번도 주머니 속에 넣어주시지 않은 이유입니다. 하지만 이번에 저를 주머니 속에 넣어 주신다면 끝뿐만이 아니라 자루(柄)까지 드러내 보이겠습니다."라며 응수하였고 이런 모수의 답변에 평원군은 결국 그를 나머지 한 명의 수행원으로 뽑았다.

이후 초나라에 도착한 평원군은 모수의 장담처럼 그의 활약에 힘입어 초나라의 환대를 받으며 원군도 쉽게 얻을 수 있었다.

지금도 '毛遂自薦'은 자기 스스로 자신을 천거한다는 뜻으로, '囊中之錐'는 재능이 뛰어난 사람은 숨어 있어도 사람들의 눈에 띄기 마련이라는 의미로 사용된다.

158. 以貌取人(yǐmàoqǔrén)

외모로 사람을 평가하다(고르다).

例句：男女交往不可以以貌取人，心灵美更重要。

남녀가 교제할 때에는 외모로 사람을 평가해서는(골라서는) 안됩니다. 마음의 아름다움이 더 중요합니다.

159. **五颜六色**(wǔyánliùsè) / **五光十色**(wǔguāngshísè)

색깔이 다양하다, 색채가 화려하고 아름답다. / 종류가 다양하다.

例句：（1）节日的彩灯五光十色，夜景十分迷人。

명절의 색색의 조명등이 화려하고 아름다워 야경이 매우 사람들의 눈을 매혹시킨다.

（2）孩子们都喜欢五颜六色的许多气球。

아이들 모두는 색깔이 다양한 많은 풍선들을 좋아한다.

160. **手舞足蹈**(shǒuwǔzúdǎo)

손과 발이 춤추다. - 너무 기쁘고 즐거워 덩실덩실 춤을 추다.

例句：当知道自己买的彩票中了大奖时，他高兴得手舞足蹈起来。

자기가 산 복권이 대상에 당첨된 것을 알게 된 그 때, 그는 너무 기쁘고 즐거워 덩실덩실 춤을 추었다.

161. **比翼双飞**(bǐyìshuāngfēi)

날개를 나란히 하여 날다. - 함께 하다.

例句：夫妻俩比翼双飞。

부부 두 사람이 함께 하다.

162. **风靡一时**(fēngmǐyìshí)

한 시대(혹은 세대)를 풍미하다.

例句：这种款式的衣服曾经风靡一时，当时很多人抢着买，但现在已经没人要了。

이런 종류 스타일의 옷은 일찍이 한 시대를 풍미했습니다. 그 당시 아주 많은 사람이 앞 다투어 샀지만 지금은 더 이상 (구입하기를) 원하는 사람이 없어요.

163. **天壤之别**(tiānrǎngzhībié) / **天悬地隔**(tiānxuándìgé)

천양지차 - 대단히 현격한 차이, 크나큰 간격

例句：他们俩的性格有着天壤之别，但他们却相处得很好。

그들 둘의 성격에는 크나큰 차이가 있지만 오히려 그들은 서로 잘 지냅니다.

五画

1. **正人君子**(zhèngrénjūnzǐ)
인격이 높고 학식이 있는 어진 사람 – 행동이 단정한 사람(그러나 지금은 인격이 훌륭한 사람으로 가장한 위선자를 풍자하는 데 많이 사용되고 있다)
例句：他自诩为正人君子，但实际却是一个卑鄙小人。
그는 허풍을 떨며 자기가 인격이 훌륭하고 학식 있는 어진 사람이라 하지만 실제로는 비열하고 졸렬한 소인배이다.

2. **出人意料**(chūrényìliào)
예상 밖이다, 뜻밖이다, 의외이다.
例句：电影的结局出人意料，杀她的居然是警察局长。
영화의 결말은 의외여서 그녀를 죽인 것은 뜻밖에 경찰서장이었다.

3. **正大光明**(zhèngdàguāngmíng) / **光明正大**(guāngmíngzhèngdà)
광명정대하다, 떳떳하고 정당하다.
例句：（1）我们就正大光明地进去好了。
우리는 떳떳하고 당당하게 들어가면 됩니다.
（2）我又没有犯错，为什么不敢光明正大地走在大路上？
나는 잘못한 것도 없는데 왜 떳떳하게 큰 길로 못 다닙니까?

4. **东山再起**(dōngshānzàiqǐ)
동쪽 산에서 다시 일어나다. – 재기에 성공하다.
例句：这次输了不要紧，只要回去再努力，一定可以东山再起。

이번에 진 것은 괜찮아요. 돌아가 다시 노력하기만 한다면 반드시 재기에 성공할 수 있을 겁니다.

5. **出口成章**(chūkǒuchéngzhāng)

말하는 것이 문장이 되다. - 글을 쓰듯 말을 하다. / 말이 논리가 있고 아름답다.

例句：古人做诗出口成章，实在令人佩服不已。

옛 사람이 시를 지으면 아름다운 문장이 되어 정말로 사람들을 탄복해 마지않게 했다.

6. **正中下怀**(zhèngzhòngxiàhuái)

내가 생각하는 것과 바로 꼭 들어맞다.

例句：（1）这次考试主要考能力而不是单词，不是正中下怀吗？

이번 시험에서 주요한 것은 능력을 보는 것이지 단어를 보는 것이 아닙니다. 내가 생각하는 것과 바로 꼭 들어맞지 않습니까?

（2）美国要求俄罗斯削减核武器，这正中俄罗斯下怀，他们还正苦于没有钱维修保养呢。

미국이 러시아에게 요구한 핵무기 감축, 이는 러시아가 생각하는 것과 꼭 들어맞지만 그들은 아직 정비하고 수리할 돈이 없는 것이 괴롭다.

7. **目中无人**(mùzhōngwúrén)

안하무인이다. - 다른 사람은 안중에도 없는 것처럼 행동하다.

例句：取得一点成绩就变得目中无人，这样是不会进步的。

약간의 성적을 거두었다고 안하무인이 되는데 이러면 진보하지 못할 겁니다.

8. **归心似箭**(guīxīnsìjiàn)

돌아가고픈 마음이 화살과도 같다. - 집(고향)으로 돌아가고 싶은 마음이 간절하다.

例句：出外工作有1年了，虽然再过1个月才放假，我已经归心似箭了。

밖으로 나와 일한 지 1년이 되었습니다. 비록 한 달이 지나야 휴가지만 나는 이미 집(고향)으로 돌아가고 싶은 마음 간절합니다.

9. 目不识丁(mùbùshídīng)

아무 것도 모르는 일자무식이다. - 낫 놓고 기역자도 모른다.

例句：即使是农民也要懂知识，不能目不识丁。

설령 농민이라 해도 지식을 알아야지 아무것도 모르는 일자무식이 되어서는 안됩니다.

10. **目不转睛**(mùbùzhuǎnjīng)

눈 한 번도 깜박하지 않고 보다. - 집중해 보다, 주의를 집중해 뚫어지게 보다.

例句：她虽然漂亮，你也不能目不转睛地盯着看啊。

그녀가 비록 예쁘지만 당신은 (그녀를) 뚫어지게 주시하면 안 되는 거예요.

11. **白手起家**(báishǒuqǐjiā)

빈손으로 집안을 일으키다. - 자수성가를 하다, 아무 것도 없는 상태에서 성공하다.

例句：他白手起家，现在创建的公司已经小有名气了。

그는 자수성가를 해서 지금은 이미 창립한 회사가 조그만 명성이 나 있다.

12. **白日做梦**(báirìzuòmèng)

한 낮에 꿈을 꾸다. - 이룰 수 없는 일을 하다.

例句： 伊拉克想打败美国简直是白日做梦。

이라크가 미국을 공격해 패퇴시킬 희망은 정말 이룰 수 없는 꿈인 것이다.

13. **对牛弹琴**(duìniútánqín)

소 귀에 대고 거문고를 연주하다. - 쇠귀에 경 읽기

例句：他不懂电脑，你和他谈论电脑，简直是对牛弹琴。

그는 컴퓨터를 잘 모릅니다. 당신이 그와 컴퓨터 이야기를 하면 그야말로 쇠귀에 경 읽기입니다.

14. **出尔反尔**(chūěrfǎněr)

이랬다저랬다 하다. - 말과 행동이 맞지 않다.

例句：做人、要讲信义，怎么能够出尔反尔呢？

사람 노릇을 하려면 신의를 중시해야지 어떻게 이랬다저랬다 할 수 있나요?

15. **平白无故**(píngbáiwúgù)

아무런 이유 없이

例句：你平白无故打我干嘛？

당신은 아무 이유도 없이 나를 때려 무엇을 하려 합니까?

16. **左右为难**(zuǒyòuwéinán)

곳곳에서 어려운 일을 당하다. / 딱한 처지에 놓이다.

例句：一边是友情，一边是爱情，让我左右为难。

한쪽은 우정, 한쪽은 애정이니 나를 딱한 처지에 놓이게 하였다.

17. **节外生枝**(jiéwàishēngzhī)

가지가 생기지 않아야 하는 곳에 가장귀가 생기다. - 문제를 복잡하게 하다, 엉뚱한 문제를 야기시킨다, 긁어 부스럼을 만든다.

例句：这件事情本来马上就结束了，你偏偏节外生枝，又惹出事来。

이 일은 본래 곧 끝나게 되어 있는데 당신이 기어코 긁어 부스럼을 내어 문제를 복잡하게 만들었어요!

18. **世外桃源**(shìwàitáoyuán)

무릉도원 - 세상 밖의 별천지 / 은둔처, 은거하는 곳

例句：在现实中，到处碰壁的人想找到一个世外桃源，但这只是一个美好的愿望罢了。

현실 가운데 도처에서 거절당하는 사람들은 하나의 무릉도원을 찾고 싶어 하지만 이는 단지 아름다운 하나의 희망일 뿐이다.

19. **左右逢源**(zuǒyòuféngyuán)

곳곳에서 물의 근원을 얻다. - 가까이 존재하는 모든 사물이 학문 수양의 원천이 되다. / 일이 모두 순조롭다.

例句：我们班长在学生和老师中左右逢源。

우리 반 반장이 학생과 선생님 중간에 있어 일은 모두 순조롭습니다.

20. **白头偕老**(báitóuxiélǎo)

머리가 하얗게 변해 함께 늙는다. - 부부가 오래도록 화목하다, 백년해로하다.

例句：祝你们夫妻俩永结同心，白头偕老。

당신 부부가 영원히 같은 마음으로 결합, 백년해로하기를 바랍니다.

21. **生死之交**(shēngsǐzhī jiāo)

삶과 죽음을 함께 하는 친구(우정) - 친구를 위해 목숨도 버릴 수 있는 사이

例句：我和他是生死之交的好朋友。

나와 그 사람은 서로를 위해 목숨까지 버릴 수 있는 좋은 친구이다.

22. **用尽心机**(yòngjìnxīnjī)

마음을 쏟다.

例句：父母为了我能进入好大学，可谓是用尽心机，想了很多很多办法。
부모님은 나를 좋은 대학에 갈 수 있게 하려고 마음을 쏟는다고 말할 수 있습니다. 그들은 아주 많은 방법을 생각해 냈습니다.

23. **生死攸关**(shēngsǐyōuguān)
생사존망에 관계되다.
例句：在这生死攸关的紧要关头，他想出了一个好方法。
생사존망에 관계되는 이 중요한 고비에서 그는 좋은 방법 하나를 생각해 냈다.

24. **讨价还价**(tǎojiàhuánjià)
물건 값이나 일 따위를 흥정하다. / 시시콜콜 따지다.
例句：（1）菜市场里人们在和菜贩们讨价还价。
채소 시장에서 사람들이 야채 행상들과 물건 값을 흥정합니다.
（2）老师说 “这又不是商品，是作业。你们不要和我讨价还价了。”
“이것은 상품이 아니고 숙제야, 너희는 나와 흥정을 하지 말아라!”라고 선생님께서 말씀하셨다.

25. **议论纷纷**(yìlùnfēnfēn)
의견, 의론이 분분하다.
例句：人们对于联合国是否会对伊朗发动攻击而议论纷纷。
사람들은 유엔이 이란에 대한 공격을 시작할 것인가, 말 것인가에 대하여 의견이 분분하다.

26. **石沉大海**(shíchéndàhǎi)
돌이 큰 바다에 가라앉은 듯하다. - 소식이 없다, 깜깜무소식이다.

例句：信寄出后如同石沉大海，到现在还没有回音。
편지를 보낸 이후, 돌이 바다에 가라 앉은 듯 지금까지도 아직 답장이 없다.

27. **外冷内热**(wàilěngnèirè)
밖은 차갑지만 안은 따뜻하다. - 겉은 차갑게 보이나 따뜻한 마음을 가지고 있다.
例句：他是一个外冷内热的人，外表冷淡但内心却十分火热。
그는 밖은 차갑지만 안은 따뜻한 사람으로, 겉모습은 차가워도 오히려 속마음은 매우 친밀하다.

28. **乐极生悲**(lèjíshēngbēi)
기쁜 일(즐거운 일)이 다하면 슬픈 일이 생긴다.
例句：在人的一生中，经常会发生乐极生悲的事情，你别太难过。
사람의 인생 가운데에는 항상 기쁜 일이 다하면 슬픈 일이 생기니 당신은 너무 괴로워하지 마세요.

29. **生男育女**(shēngnányùnǚ) / **生儿育女**(shēngéryùnǚ)
아들을 낳고 딸을 기른다. - 자식을 낳다.
例句：人们认为女性的社会功能就只是生男育女，操持家务。
사람들은 여성의 사회적 기능은 단지 자식을 낳고 가정 일을 처리하는 것이라 여긴다.

30. **白纸黑字**(báizhǐhēizì)
흰 종이에 검은 글자를 쓰다. - 기정 사실이다, 증거가 명백하다.
例句：这白纸黑字写得清清楚楚，你还想抵赖。
이는 흰 종이에 검은 글자를 쓴 것처럼 증거가 명백한데 당신은 아직도 발뺌을 하려 합니다.

31. **半夜三更**(bànyèsāngēng)
한밤중, 심야의 시간

例句：你半夜三更都不回家，父母当然会非常着急。
한밤중인데도 너는 집에 돌아가지 않으니 당연히 부모님께서는 무척 조급해 하실 거야!

32. **东奔西走**(dōngbēnxīzǒu) / **东奔西跑**(dōngbēnxīpǎo)
동분서주하다. - 이리저리 뛰어다니다.
例句：父母为了儿子上大学的事东奔西走，耗尽心思。
부모님은 아들이 대학에 들어가는 일을 위해 동분서주하며 애를 다 쓰셨습니다.

33. **东张西望**(dōngzhāngxīwàng)
여기저기 바라보다, 이리저리 두리 거리다.
例句：上课就要集中注意力听讲，不要东张西望。
수업시간에는 주의를 집중해 말하는 것을 들어야지, 여기저기 두리번거리면 안됩니다.

34. **平易近人**(píngyìjìnrén)
태도가 겸손하고 부드러워 쉽게 다가갈 수 있다. / (문장 등이) 평이하여 이해하기 쉽다.
例句：李老师虽然是德高望重的老教授，对学生们却平易近人。
이(李)교수님은 덕성과 명망이 높은 노교수이지만 오히려 학생들에 대해서는 태도가 겸손하고 부드러워 쉽게 다가갈 수 있다.

35. **叫苦连天**(jiàokǔliántiān)
고통스러운 소리가 하늘까지 연결되다. - 고통스러워 끊임없이 아우성치다(괴로운 모습을 형용할 때 사용됨).
例句：军训如此艰苦，让学生们叫苦连天。
군사 훈련이 이와 같이 힘들고 어려워 학생들이 끊임없이 아우성치게 했다.

36. **本性难移**(běnxìngnányí)

타고난 천성, 본성은 변하기 어렵다.

例句：（1）俗话说：“江山易改，本性难移。”

속말에 “강산은 쉽게 변해도 타고난 본성은 변하기 어렵다.” 라고 했다.

（2）十年了，你这个急躁的性格还没改掉，真是本性难移啊！

십 년입니다! 조급하게 서두르는 당신의 이런 성격은 아직도 고치지 못했으니 정말 타고난 천성은 변하기 어렵군요!

37. **灭绝人性**(mièjuérénxìng)

인간성을 완전히 상실하다. - 잔인무도 하다.

例句：日本侵略者在南京进行大屠杀，简直灭绝人性。

일본 침략자가 난징에서 행한 대학살은 그야말로 잔인무도 한 것이었다.

38. **甘拜下风**(gānbàixiàfēng)

다른 이만 못함을 인정하고 시인하다, 진정으로 탄복하다, 진심으로 승복하다.

例句：他的围棋水平太高了，我甘拜下风。

그의 바둑 두는 수준이 너무도 높아 나는 진심으로 승복했습니다.

39. **鸟语花香**(niǎoyǔhuāxiāng)

새들이 지저귀고 꽃향기가 그윽하다(아름다운 봄 경치를 형용할 때 쓰임).

例句：春天来了，庭院里一片鸟语花香、生机盎然的景象。

봄이 왔습니다. 정원 안은 새들이 지저귀고 꽃향기가 그윽해 생기 넘쳐 흐르는 정경입니다.

40. **出类拔萃**(chūlèibácuì)

다른 무리(사람들)보다 뛰어나다.

例句：贤侄从小就这么聪明，将来一定是出类拔萃的人才。

조카는 어릴 때부터 이렇게 총명하니, 장래에는 반드시 다른 사람들보다 뛰어난 인재가 될 것입니다.

41. **打草惊蛇**(dǎcǎojīngshé)

풀을 베어내 뱀을 놀라게 하다. - 어떤 사람을 경계시켜 또 다른 사람을 깨우치게 하다. / 행동이 경솔해 세워 두었던 어떤 계획이나 계략이 미리 누설되어 상대로 하여금 경계하고 대비케 하다.

例句：我们先保守秘密，免得打草惊蛇。

우리는 먼저 비밀을 지켜야 합니다! 계획이 미리 누설되지 않도록 말입니다.

42. **头重脚轻**(tóuzhòngjiǎoqīng)

머리는 무겁고 다리는 가볍다. - 기초가 부실하다, 몸이 불편하다.

例句：如果一个句子的主语比宾语长很多的话，就有点头重脚轻的感觉。

만일 한 문장의 주어가 목적어보다 많이 길다면 머리는 다소 무겁고 다리는 가벼운 느낌이 있다.

43. **四面楚歌**(sìmiànchǔgē)

사면초가 - 곳곳에서 곤란한 일이 벌어지다.

例句：我们被包围了，死伤惨重，真是四面楚歌啊！

우리는 포위되었습니다. 죽고 부상당한 것이 비참해 정말 사면초가입니다.

44. **对症下药**(duìzhèngxiàyào)

병의 증세에 따라 약을 처방하다. - 실정에 맞는 방법을 사용하다.

例句：就像医生要对症下药一样，我们也要根据不同的情况采取不同的方法。

의사가 병의 증세에 따라 약을 처방하는 것과 같이 우리도 각 상황에 따라 다른 방법을 취해야 합니다.

45. **四海为家**(sìhǎiwéijiā)
제왕이 온 세상을 다스리다. / 온 천하를 자기 집으로 여기다. - 곳곳을 떠돌다, 일정한 거처가 없이 떠도는 방랑객
例句：她行踪不定，四海为家。
그녀는 소재가 일정치 않아 곳곳을 떠돌아다닌다.

46. **生离死别**(shēnglísǐbié)
생이별과 사별 - 한 번 헤어지면 다시 재회하기 어려운 이별
例句：这又不是什么生离死别，不用这么难过。
이것은 무슨 생이별이나 사별은 아니니 이렇게 슬퍼할 필요는 없어요.

47. **归根结底**(guīgēnjiédǐ)
결국, 끝내, 결국 근본으로 돌아가면
例句：考试不及格，归根结底是你平时不努力造成的。
시험에 불합격된 것은 결국 당신이 평소에 노력하지 않아서 일어난 것입니다.

48. **龙盘虎踞**(lóngpánhǔjù) / **虎踞龙盘**(hǔjùlóngpán)
호랑이가 웅크려 있고 용의 기운이 서려 있다. - 지형과 지세가 천혜의 환경이다, 지형이나 지세가 험준하고 웅장하다(주로 南京의 지세를 묘사할 때 사용됨).
例句：中国的黄山真是虎踞龙盘。
중국의 황산은 정말 지세가 험준하고 웅장하다.

49. **打情骂俏**(dǎqíngmàqiào)
남녀가 장난치며 시시덕거리다(시시덕거리다).
例句：自己的女朋友和别人打情骂俏，心里真不是滋味。

자기 여자 친구가 다른 사람과 장난치며 시시덕거리면, 기분이 정말 아닙니다.

50. **另眼相看**(lìngyǎnxiāngkàn) / **另眼相待**(lìngyǎnxiāngdài)
다른 시각으로 바라보다. / 새삼 높이 평가하다. / 눈여겨보다. / (어떤 사람이나 사물 등을)각별히 중시하다.
例句：三天不见，当另眼相看。
사흘을 보지 않으니 당연히 다른 특별한 눈으로 바라봅니다.

51. **叶落归根**(yèluòguīgēn)
잎이 떨어져 뿌리에게로 돌아가다. - 어떤 일도 결국은 근본(근원)으로 돌아간다.
例句：台湾侨胞王先生死后葬在故乡江西，也算是落叶归根啊。
타이완 교포 왕 선생이 사후에 고향 장시에 장사되었는데 이것은 잎이 떨어져 뿌리로 돌아가는 것으로 볼 수 있다.

52. **纠缠不清**(jiūchánbùqīng)
뒤얽히고 (치근거리고) 분쟁을 일으키는 것이 깨끗이 정리되지 않다.
例句：你已经和她离婚了，怎么还和她纠缠不清啊？
당신은 이미 그 여자와 이혼을 했습니다. 어떻게 아직까지 그 여자와 뒤얽혀 있는 것이 깨끗이 정리되지 않았죠?

53. **可想而知**(kěxiǎngérzhī)
(생각만 해도)미루어 짐작할 수 있다, 가히 짐작할 수 있다.
例句：我这次没复习好，这次的成绩就可想而知了。
나는 이번에 복습을 잘하지 못했으니 이번 성적은 미루어 짐작할 수 있어요.

54. **生搬硬套**(shēngbānyìngtào)
다른 사람의 것을 그대로 베끼다.
例句：我们不能生搬硬套别人的学习方法，要找到一种适合自己的。

우리는 다른 사람의 학습 방법을 그대로 베껴서는 안되고 자기에게 적합한 것을 찾아야 합니다.

55. **失魂落魄**(shīhúnluòpò)

넋을 잃고 혼비백산하다.

例句：他被恐怖片的一些镜头吓得失魂落魄。

그는 공포 영화의 일부 장면에 놀라 넋을 잃고 혼비백산했다.

56. **龙潭虎穴**(lóngtánhǔxué)

용이 사는 연못과 호랑이의 굴 - 몹시 위험한 지세, 매우 위험한 장소

例句：这座山地势险恶，真可谓是龙潭虎穴。

이 산의 지세는 험준해 정말 매우 위험한 장소라고 말할 수 있다.

57. **目瞪口呆**(mùdèngkǒudāi)

어안이 벙벙하다. - 아연실색하다.

例句：我们的英语老师居然和他手拉手逛街，让我们目瞪口呆。

우리 영어 선생님이 뜻밖에도 그와 손을 잡고 거리를 걸어서 우리를 아연실색하게 했다.

六画

1. **杀一儆百**(shāyījǐngbǎi) / **杀鸡儆猴**(shājījǐnghóu) / **杀鸡给猴子看**(shājīgěihóuzikàn) / **杀鸡吓猴**(shājīxiàhóu)
   한 사람을 죽여 여러 사람을 경계하다. / 닭을 죽여 원숭이를 놀라게 하다. - 일벌백계
   例句：这样的例子不能让人效仿，我们要杀一儆百，严格禁止。
   이런 예는 사람들이 모방하게 해서는 안 됩니다. 우리는 일벌백계로 엄격히 금지해야 합니다.

2. **全力以赴**(quánlìyǐfù)
   전력을 다해 달려가다. - 온 힘을 다해 최선을 다하다.
   例句：我一定会全力以赴，争取在比赛中夺取第一名。
   나는 반드시 온 힘을 다해 달려 시합에서 1등을 차지할 것입니다.

3. **杀人灭口**(shārénmièkǒu)
   사람을 죽여 입을 막다.
   例句：你知道他的犯罪经过，为了不被警方知道，他肯定会找你杀人灭口的。
   당신은 그의 범죄 과정을 알고 있습니다. 경찰이 모르게 하기 위해 그는 반드시 당신을 찾아내 (죽여서) 입을 막을 겁니다.

4. **尽力而为**(jìnlìérwéi)
   온 힘을 다해 하다.

例句：这件事我一定会尽力而为的。
이 일에 나는 반드시 온 힘을 다할 것입니다.

5. **自力更生**(zìlìgēngshēng)
자력갱생
例句：即使没有外国的帮助，我们也要自力更生，度过困难时期。
설령 외국의 도움이 없어도 우리는 자력갱생해 곤란한 시기를 보내야 한다.

6. **有口无心**(yǒukǒuwúxīn)
입은 거칠지만 악의는 없다. / 성격이 솔직하고 말을 직선적으로 한다.
例句：他母亲说话经常有口无心，你不要太介意。
그의 어머니는 말은 늘 거칠어도 악의는 없으니 당신은 너무 개의치 마세요.

7. **因小失大**(yīnxiǎoshīdà)
작은 일 때문에 큰 일을 망치다. - 작은 일로 인해 큰 손실을 입다.
例句：如果为了节约电而舍不得开灯，把眼睛搞坏了的话，那可就因小失大了。
만약 전기 절약을 위해 등 켜는 것을 아까워하여 눈을 나빠지게 한다면, 그것이 곧 작은 일 때문에 큰 손실을 입는 것이다.

8. **多才多艺**(duōcáiduōyì)
다재다능하다. - 여러 방면에 재주가 많다.
例句：你的女儿又会绘画，又会弹钢琴，真是多才多艺啊!
당신의 딸은 그림을 그릴 줄 알고 피아노도 칠 줄 아니 정말 다재다능하군요!

9. **再三再四**(zàisānzàisì)

몇 번이나, 여러 번, 거듭거듭

例句：妈妈再三再四叮嘱我上学的路上要小心车辆。

엄마는 여러 번 나에게 공부하러 갈 때 길에서 차 조심할 것을 당부하셨다.

10. **守口如瓶**(shǒukǒurúpíng)

입을 지키는 것이 병과 같다. – 입이 무겁다. / 비밀을 지키다.

例句：他守口如瓶，不会泄露我们秘密的。

그는 입이 무거우니 우리의 비밀을 누설하지 않을 겁니다.

11. **行尸走肉**(xíngshīzǒuròu)

살아 있는 송장과 걸어 다니는 고깃덩어리 – 아무 일도 안 하고 그날그날을 보내는 사람, 무용지물

例句：整天只知道吃喝玩乐而不思进取的人，无异于行尸走肉。

온종일 먹고 노는 것만을 알고 진취적인 것을 생각하지 않는 사람은 살아 있는 송장, 걸어 다니는 고깃덩어리와 다름이 없다.

12. **丢三拉四**(diūsānlāsì) / **丢三落四**(diūsānlàsì)

(할 일을) 이것저것 잊어버리다, 물건을 잘 잃어버리다, (일을) 대충대충하다.

例句：他总是丢三落四的，不是没带课本，就是没带作业。

그는 항상 이것저것 잘 잊어버리고 빠뜨립니다. 교과서를 빼놓고 온 것이 아니라면 숙제를 빼놓고 온 것입니다.

13. **安于现状**(ānyúxiànzhuàng)

현 상태로 편안해 한다. – 현 상태에 만족하다.

例句：我们不能安于现状，要大胆改革创新。

우리는 현 상태에 만족해서는 안되고 대담한 개혁으로 새로운 것을 만들어야 합니다.

14. **有口难言**(yǒukǒunányán)

입은 있으나 말하기 어렵다, 이루 형언할 수 없다, 말하기가 거북하다.

例句：自己揽下的任务，现在又不愿干了，真是有口难言啊！

자기가 떠맡은 임무를 지금은 하기 싫어하니 정말이지 입은 있어도 말하기 어렵군요!

15. **血口喷人**(xuèkǒupēnrén)

독설로 다른 이를 중상모략하며 악설을 퍼붓다.

例句：你又没有证据，可不要血口喷人啊。

증거가 없으니 당신은 다른 사람 헐뜯으며 독설을 퍼붓지 마세요!

16. **好为人师**(hàowéirénshī)

다른 사람 스승 노릇 하기 좋아하다. - 잘난 척 하고 아는 체하기 좋아해 걸핏하면 남을 가르치려 한다.

例句：我同事王先生非常喜欢好为人师，指点别人， 所以大家都不喜欢他。

내 직장동료 왕(王)씨는 아는 체하며 가르치기를 아주 좋아하고 다른 이를 비평해 모두가 다 그를 싫어합니다.

17. **光天化日**(guāngtiānhuàrì)

백주대낮

例句：他们竟然在光天化日之下，抢劫行人的钱包。

그들은 돌연 백주대낮에 행인의 돈지갑을 강탈했다.

18. **血气方刚**(xuèqìfānggāng)

혈기왕성하다.

例句：他们都是二十来岁，血气方刚的年轻人，有时难免会冲动。

그들 모두 28살, 혈기왕성한 젊은이들로 때로 충동이 있는 것은 피할 수 없다.

19. **自以为是**(zìyǐwéishì)

스스로 옳다고 여기다. - 독선적이다.

例句：他自从考了一次第一以来，就一直自以为是。

그는 시험에서 한번 1등한 이래로 줄곧 자신이 옳다고 여긴다.

20. **宅心仁厚**(zháixīnrénhòu)

마음이 넓고 인자하다.

例句：这位年轻人宅心仁厚，实在很难得。

이 젊은이는 마음이 넓고 인자해 (그 같은 사람은) 실제로 정말 얻기 어렵다.

21. **扪心无愧**(ménxīnwúkuì) / **问心无愧**(wènxīnwúkuì)

가슴에 손을 얹어 떳떳하다(반성할 것이 없다), 마음에 물어 부끄러운 부분이 없다, 양심에 가책받을 것이 없다.

例句：我做了我应该做的事情，我扪心无愧。

나는 마땅히 내가 해야 할 일을 해서 마음에 부끄러운 부분이 없습니다.

22. **同心协力**(tóngxīnxiélì) / **同心同德**(tóngxīntóngdé) / **齐心协力**(qíxīnxiélì)

하나된 생각과 행동으로 같은 목표를 향해 노력하다, 마음을 합해 협력하다.

例句：中国人民同心协力，战胜了98年的特大洪水。

중국 국민은 마음을 합해 협력, 98년 굉장한 대홍수와 싸워 승리했다.

23. **安分守己**(ānfènshǒujǐ)

분수에 만족하며 자기 본분을 지키다.

例句：他是一个安分守己的老实人，不会干出那种事的。

그는 분수에 만족하며 본분을 지킬 줄 아는 성실하고 거짓

없는 사람으로 그런 일은 하지 않을 것입니다.

24. 争分夺秒(zhēngfēnduómiǎo)

분초를 다투다. - 짧은 시각을 헛되이 쓰지 않는다.

例句：工人们为按时完成任务而争分夺秒地工作着。

노동자들이 제 시간에 임무를 완성키 위해 분초를 다투며 일을 하고 있습니다.

25. 全心全意(quánxīnquányì)

성심성의, 전심전력

例句：我们党的宗旨就是全心全意为人民服务。

우리 당의 종지는 바로 국민을 위해 전심전력으로 일하는 것이다.

26. 争风吃醋(zhēngfēngchīcù)

남녀 관계 때문에 서로 시기하고 질투하다.

例句：两个女人竟然为一个男人而争风吃醋。

두 여자가 갑자기 한 남자 때문에 서로를 시기한다.

27. 肌无完肤(jīwúwánfū) / 体无完肤(tǐwúwánfū)

온몸에 성한 곳이 없다 - 글이 많이 첨가되고 삭제되었다.

例句：他被打得肌无完肤。

그는 온몸에 성한 곳이 없을 정도로 맞았다.

28. 兴风作浪(xīngfēngzuòlàng)

평지풍파를 일으키다. - 말썽을 부리고 소동을 야기시키다.

例句：你在这里兴风作浪，把大家搞得不得安宁。

당신이 여기에서 평지풍파를 일으켜 모든 사람이 평온치 못합니다!

29. 回心转意(huíxīnzhuǎnyì)

마음을 돌리다, 태도를 바꾸다, 행실을 돌이키다.

例句：我不会放弃的，我一定会等到她回心转意的那一天。

나는 포기하지 않습니다, 나는 반드시 그녀가 마음을 돌리는 그날을 기다릴 겁니다.

30. 邪不胜正(xiébúshèngzhèng) / 邪不压正(xiébùyāzhèng)

사악한 것(바르지 못한 것)은 바른 것(정의로움)을 이기지 못한다.

例句：俗话说“邪不胜正”，正义总是会战胜邪恶的。

속말에 “사악한 것은 바른 것을 이기지 못한다.” 라고 했는데 정의는 항상 사악한 것과 싸워 이기는 것입니다.

31. 防不胜防(fángbúshèngfáng)

막을래야 막을 수 없다.

例句：美军装备的夜视系统令敌军防不胜防。

미군이 갖춘 야간 투시 시스템은 적군이 막을래야 막을 수 없게 한다.

32. 伤天害理(shāngtiānhàilǐ)

하늘의 도리를 거스르다(위배하다). - 인간으로서 못 할 짓을 하다.

例句：你不能做这种伤天害理的缺德事。

당신은 인간으로서 못 할 이런 부도덕한 짓을 하면 안됩니다!

33. 名不虚传(míngbùxūchuán)

명불허전, 명실상부하다. - 명성이 부끄럽지 않은 실력이 있다, 명성과 사실이 같다(부합되다).

例句：杭州西湖的美景果然是名不虚传。

항저우(항주) 서호의 아름다운 경치는 과연 그 명성에 걸맞습니다.

34. **冰天雪地**(bīngtiānxuědì)

눈과 얼음으로 뒤덮인 땅 - 몹시 추운 곳

例句：南极终年一片冰天雪地。

남극은 1년 내내 눈과 얼음으로 뒤덮인 땅이다.

35. **名不副实**(míngbúfùshí) / **名不符实**(míngbùfúshí)

이름과 실제가 부합되지 않는다. - 유명무실하다.

例句：这个领导连最基本的办事能力都不具备，真是名不副实。

이 지도자는 가장 기본적인 일 처리 능력조차 없어 정말 유명무실한 사람이다.

36. **自不量力**(zìbùliànglì)

자기 자신의 역량 등을 분별하지 못하다. - 주제넘다.

例句：伊拉克想挑战联合国，真是自不量力。

이라크가 유엔에 도전하기 원하는 것은 정말 주제넘는 것이다.

37. **欢天喜地**(huāntiānxǐdì)

하늘과 땅이 좋아하고 기뻐하다 - 매우 기뻐하다.

例句：春节时，全国一片欢天喜地的景象。

설날 때에는 전국이 매우 기뻐하는 모습이다.

38. **灯火辉煌**(dēnghuǒhuīhuáng)

등불이 휘황찬란하다.

例句：人民大会堂灯火辉煌，为外宾举行了盛大的晚宴。

인민대회당(중국의 국회의사당) 등불이 휘황찬란한 가운데 외빈들을 위한 저녁 연회가 거행되었다.

39. **死心塌地**(sǐxīntādì)

한번 정한 생각을 바꾸지 않고 고집스레 유지하다, 끝까지, 한사

코, 외곬으로

例句：我怎么能相信你是死心塌地投奔我呢？

내가 어떻게 당신이 한사코 내게 찾아와 의탁한다 믿을 수 있겠습니까?

40. 杀气腾腾(shāqìténgténg)

살기가 등등하다.

例句：他一脸凶相，杀气腾腾地冲进门来。

그는 흉악한 몰골로 살기등등해 문을 밀며 들어왔다.

41. 当头一棒(dāngtóuyíbàng)

따끔한 충고나 경고를 하다.

例句：这次英语考试不及格，这对于自认为英语还不错的我来说无异于当头一棒。

이번 영어 시험의 불합격이 스스로 영어실력이 괜찮다고 생각했던 나에게는 따끔한 충고나 다름 없었다.

42. 过目不忘(guòmùbúwàng)

한 번 보면 잊어버리지 않다.

例句：我又没有过目不忘的本领，怎么可能5分钟之内背出这么长的文章呢？

나는 한 번 보면 잊어버리지 않는 능력이 없습니다. 어떻게 5분 이내에 이렇게 긴 문장을 외워낼 수 있겠어요?

43. 后生可畏(hòushēngkěwèi)

젊은 세대가 무섭다(두렵다).

例句：年仅十岁的小孩就能写出这么好的文章，真是后生可畏啊！

고작 10살 나이의 어린 아이가 이렇게 좋은 문장을 쓸 수 있다니! 정말 나이 어린 세대가 무섭군요!

44. **百发百中**(bǎifābǎizhòng)

백발백중이다.

例句：他枪法非常好，几乎百发百中。

그의 사격술은 굉장히 뛰어나 거의 백발백중이다.

45. **自由自在**(zìyóuzìzài)

자유자재 - 조금도 속박이나 제한이 없는 상태

例句：（1）鸟儿在天空中自由自在地飞翔。

새가 공중에서 자유자재로 비상하다.

（2）他一直没有结婚，一个人倒也活得自由自在。

그는 줄곧 결혼을 안 했는데, 한 사람의 속박이나 제한 없이 산다.

46. **先礼后兵**(xiānlǐhòubīng)

먼저 예의를 보이고 안 될 때는 무력을 행사한다. - 처음에는 예의를 차리다가 여의치 않으면 강경한 수단을 쓴다.

例句：“先礼后兵”是外交上常用的一种策略。

‘먼저 예의를 보이고 안 될 때는 무력을 행사하는 것’은 외교상에 상용되는 한 가지 책략이다.

47. **同甘共苦**(tónggāngòngkǔ) / **同生共死**(tóngshēnggòngsǐ)

달고 쓴 것을 함께하다. - 동고동락하다, 함께 고난과 기쁨을 경험하다.

例句：（1）他们是同甘共苦的好友

그들은 동고동락한 좋은 친구이다.

（2）我们要和祖国同生共死。

우리는 조국과 함께 고난과 기쁨을 경험하길 원합니다.

48. **如饥似渴**(rújīsìkě)

배가 고프고 목마른 것 같다. - 절실히 갈망하다.

例句：同学们在图书馆里如饥似渴地学习着科学文化知识。

학우들이 도서관에서 배움을 간절히 갈망하며 과학 문화 지식을 공부하고 있다.

49. **名正言顺**(míngzhèngyánshùn)

명분이 정당함으로 말도 이치에 부합한다, 명분이 정당하고 조리가 있다.

例句：有入场券的话，我们就可以名正言顺地进去了。

입장권이 있다면 우리는 정당한 명분으로 들어갈 수 있어요.

50. **自讨没趣**(zìtǎoméiqù)

스스로 창피한 것을 자초하다.

例句：明知道他心情不好，还去惹他，你真是自讨没趣。

그 사람 기분 안 좋은 것을 분명히 알면서도 가서 그의 감정을 건드렸으니 당신은 정말 창피한 것을 자초했어요.

51. **自讨苦吃**(zìtǎokǔchī) / **自讨其苦**(zìtǎoqíkǔ)

스스로 사서 고생하다.

例句：叫你乘电梯上来，你偏要走上来，真是自讨苦吃。

당신이 엘리베이터를 타고 올라오게 했는데 기어코 걸어서 올라오니 정말 스스로 사서 고생하는군요.

52. **交头接耳**(jiāotóujiēěr)

귀에 대고 소곤 소곤거리다. - 귓속말을 하다.

例句：他们上课不认真听讲，交头接耳。

그들은 수업 시간에 성실히 강의를 듣지 않고 귓속말을 합니다.

53. **死皮赖脸**(sǐpílàiliǎn)

뻔뻔하게 생떼를 쓰다, 억지를 부리다.

例句：女孩子不想和他交往，但是他总是死皮赖脸地缠着她。

여자아이는 그와 교제하기 싫어하지만 그는 항상 억지를 부리며 그녀에게 달라붙는다.

54. **众目睽睽**(zhòngmùkuíkuí) / **万目睽睽**(wànmùkuíkuí)

수많은 사람들이 지켜보고 주시하다.

例句：他竟敢在众目睽睽之下划开别人的包偷东西。

그가 감히 수많은 사람들이 지켜보는 가운데 다른 사람의 가방을 (칼로) 잘라 물건을 훔쳤다.

55. **多此一举**(duōcǐyìjǔ)

필요 이상의 쓸데없는 행동을 하다, (필요가 없는) 부질없는 행동을 하다.

例句：他已经带了雨衣，可他爸爸非得让他再带上雨伞，真是多此一举。

그는 이미 우비를 가지고 있지만 그의 아버지는 그에게 반드시 우산을 가져가지 않으면 안 된다고 하니 정말 쓸데없는 짓입니다.

56. **各有千秋**(gèyǒuqiānqiū) / **各有所长**(gèyǒusuǒcháng)

각 사람마다 모두 자신의 장점과 개성을 지니고 있다.

例句：（1）这两篇文章各有千秋，一篇描写得精妙，一篇观点鲜明。

이 두 편의 문장 모두 장점과 개성을 가지고 있는데 한 편은 묘사가 정교하고 아름답고, 한 편은 관점이 선명하다.

（2）兄弟俩各有所长，一个擅长篮球，一个擅长足球。

형제 두 사람 모두 장점과 개성을 가지고 있는데 하나는 농구를 잘하고, 하나는 축구를 잘한다.

57. **多如牛毛**(duōrúniúmáo)

소의 털과 같이 많다.

例句：现在各类英语辅导书多如牛毛。

지금 각종 영어 학습지는 소의 털과 같이 아주 많다.

58. 有名无实(yǒumíngwúshí)

유명무실하다. - 이름만 있고 내용은 없다.

例句：他没有什么实权，科长的职位已经是有名无实了。

그에게는 어떠한 실권도 없습니다. 과장의 직위는 이미 유명무실합니다.

59. 乔迁之喜(qiáoqiānzhīxǐ)

좋은 곳으로 이사하다.

例句： 我的亲戚搬家了，我要赶去祝贺他乔迁之喜。

내 친척이 이사했습니다. 나는 빨리 가서 그가 좋은 곳으로 이사한 것을 축하해 주고 싶습니다.

60. 危在旦夕(wēizàidànxī)

위험이 밤낮에 달려 있다. - 매우 위급하다.

例句：他被卡车撞了一下，现在生命已经危在旦夕。

그는 트럭에 치여 지금 생명이 이미 위급합니다.

61. 当众出丑(dāngzhòngchūchǒu)

많은 사람 앞에서 부끄러움을 당하다. - 그 자리에서 추태를 보이다.

例句：明知我的英语不好，还让我去演讲，不是让我当众出丑吗!

내 영어실력이 좋지 않다는 것을 분명히 알면서도 나에게 가서 연설하게 하는 것은 많은 사람 앞에 무안당하게 하는 것 아닌가요!

62. 行色匆匆(xíngsècōngcōng)

여행 길에 바쁜 모양새

例句：8点钟到了，路上到处都是行色匆匆的上班族。

8시가 되어 길 곳곳에는 모두 바쁜 모양새의 출근 족(출근하는 사람들)들입니다.

63. 危机四伏(wēijīsìfú)

위기가 곳곳에 숨어 있다.

例句：社会混乱，民不聊生，清朝政府的统治危机四伏。
사회가 혼란하고 백성이 도탄에 빠져 청나라 정부 통치시기에는 위기가 도처에 숨어 있었다.

64. 当机立断(dāngjīlìduàn)

망설임 없이 결단을 내리다.

例句：在紧要关头，他当机立断，下令我们撤退。
중요한 고비에 그는 망설임 없이 결단을 내려 우리가 달아날 것을 명령했다.

65. 老奸巨滑(lǎojiānjùhuá)

매우 간사하고 교활하다. / 간사하고 교활한 사람

例句：他老奸巨滑，我们可要小心一点。
그는 간사하고 교활하니 우리는 조심해야 합니다.

66. 如此而已(rúcǐéryǐ)

이와 같은, 혹은 그(저)와 같을 뿐이다.

例句：（1）他是我的校友，问我电话，我就给了他，如此而已。
그는 나와 같은 학교 친구로 내 전화번호를 물어 나는 그에게 알려 주었습니다. 이 뿐입니다.

（2）他办公室内陈设很简朴，一张桌子和一盏台灯，如此而已。
그 사람 사무실 내의 배치는 매우 간소해 탁자 하나와 탁상용 전등 하나, 단지 이 뿐입니다.

67. **争权夺利**(zhēngquánduólì)

권력 다툼을 하다.

例句：两个副科长都想转正，因此暗地里争权夺利，勾心斗角。

두 명의 부 과장 모두 정식으로 채용되고 싶어 하기 때문에 암암리에 권력 다툼을 합니다.

68. **各式各样**(gèshìgèyàng)

각양각색 - 격식과 모양이 다양하다.

例句：柜台上摆放着各式各样的商品。

카운터에 각양각색의 상품을 놓아 두었다.

69. **岂有此理**(qǐyǒucǐlǐ)

어떻게 이럴 수가 있는가? - 도리에 맞지 않는 것에 대한 불안

例句：作为学生不做作业，真是岂有此理。

학생으로서 숙제를 안 하다니 정말 어떻게 이럴 수 있는 것입니까?

70. **后会有期**(hòuhuìyǒuqī)

다시 만날 때가 또 있을 것이다, 이후에 또 만납시다.

例句：离别时他们互道："再见，后会有期。"

헤어질 때 그들이 서로 말하길 "안녕히 계세요(가세요), 다시 만날 때가 또 있을 겁니다."라고 하였다.

71. **兴师问罪**(xīngshīwènzuì)

군대를 일으켜 적의 죄를 묻다. - 상대방의 잘못을 엄하게 따지다.

例句：现在有的国家研制核武器，联合国不应该对他们兴师问罪。

현재 어떤 나라에서는 핵무기를 연구 제작하지만 유엔은 그들에 대해서 군대를 동원해 잘못을 묻지 말아야 한다.

72. **寻欢作乐**(xúnhuānzuòlè)

향락만을 추구하다. / 재미있어 하며 즐기다.

例句：身为一国之主却整天只知道寻欢作乐，不理朝政。

몸이 한 나라의 주인이면서도 오히려 하루 온종일 향락 추구하는 것만을 알아 조정의 정치는 돌보지 않는다.

73. **名存实亡**(míngcúnshíwáng)

이름만 존재하고 실재로는 존재하지 않는다. - 유명무실하다.

例句：当时的清朝政府名存实亡，中国被欧洲许多国家给操纵着。

당시 청나라 정부는 유명 무실해 중국은 많은 유럽국가에게 조종당하고 있었다.

74. **阴阳怪气**(yīnyángguàiqì)

(사람의 태도, 말, 표정 등이) 이상야릇하다, 괴이하다, 괴상하다.

例句：他说起话来阴阳怪气的，让人听得很不舒服。

그가 말을 하면 괴이해서 사람들이 듣기 매우 불편하게 합니다.

75. **各有所好**(gèyǒusuǒhào)

각자 모두 자기가 좋아하는 바가 있다.

例句：兄弟俩各有所好，一个喜欢集邮，一个喜欢摄影。

형제 두 사람 모두 각자 좋아하는 바가 있는데 하나는 우표수집을 좋아하고, 하나는 촬영하는 것을 좋아한다.

76. **寻死觅活**(xúnsǐmìhuó)

죽겠다고 하며 소동을 피우다.

例句：他自从儿子在车祸中死去后，就整天寻死觅活的，精神有点失常。

그는 아들이 교통사고로 죽은 후부터 하루 온종일 죽겠다고 소동을 피워, 정신이 조금 이상합니다.

77. 血肉相连(xuèròuxiānglián)

혈연 관계가 있다. - 밀접한 관계에 있다. / 혈육처럼 밀접하다.

例句：大陆和台湾同胞血肉相连。

대륙과 타이완 동포들은 밀접한 관계에 있다.

78. 名列前茅(mínglièqiánmáo)

석차(서열)가 앞에 혹은 뒤에 있다. 고대에는 병사들이 띠풀(茅草)로 만든 깃발을 들고 선봉에 서는 것을 전모(前茅)라 하였다. 이 말은 여기에서 유래된 것이다.

例句：他学习认真刻苦，成绩在班里名列前茅。

그는 고생하며 성실히 공부해 성적 석차가 반에서 앞서 있습니다.

79. 争先恐后(zhēngxiānkǒnghòu)

뒤처질새라 앞을 다투다.

例句：公共汽车来了，大家都争先恐后地挤上车，次序非常混乱。

버스가 도착, 모두 다 앞 다투어 차에 올라 순서가 매우 혼란스럽다.

80. 多多益善(duōduōyìshàn)

다다익선 - 많으면 많을수록 좋다.

例句：（1）读书多多益善。

책을 읽는 것은 많으면 많을수록 좋다.

（2）有人认为钱多多益善，其实这并不一定正确。

어떤 사람은 돈은 많으면 많을수록 좋다고 여기지만 사실 이것이 반드시 정확한 것은 아니다.

81. 扬扬得意(yángyángdéyì) / 洋洋得意(yángyángdéyì)

득의양양하다, 자신만만하다.

例句：（1）他这次拿了一等奖学金，心里就扬扬得意起来了。

그는 이번에 1등 장학금을 받아 마음이 자신만만해

♧ 다다익선(多多益善)의 유래

이 성어는 한(漢)나라를 세운 고조(高祖)유방과 건국공신 한신(韓信)사이의 고사에서 유래되었다. 유방은 항우를 이기고 천하를 통일한 후 많은 건국공신들의 존재를 위험하게 생각하였다. 그들을 하나하나 제거하던 시기 초왕(楚王)에 봉해진 장군 한신도 고조 유방의 의심을 받아 회음후(淮陰侯)로 그 작위가 강등되었다.

그러던 어느 날 유방은 연회를 베풀어 한신을 비롯한 여러 장군들과 함께 술을 마시던 중 그들의 자질과 능력에 대해 이야기를 나누었다. 이야기가 오고 간 후 유방은 한신에게 자신이 얼마의 군사를 이끌 수 있는 자질이 되는지 물었다. 그러자 한신은 유방에게 "폐하께서는 10만 명 정도를 이끄실 수 있나이다."라고 대답하였다. 그러자 유방은 한신에게 "그럼 그대는 몇 명 정도를 이끌 수 있겠는가?"라고 묻자 한신은 주저 없이 "신은 많으면 많을수록 좋나이다(多多益善)."라고 말했다. 자존심이 상한 유방은 한신에게 농담과 야유가 섞인 말로 다시 물었다. "그렇게 많으면 많을수록 좋다는 그대가 어찌하여 10만 정도만 이끌 수 있는 그릇인 내 밑에 있는가?" 이런 고조 유방의 물음에 한신은 "폐하! 폐하께서는 장수들의 장수가 되실 그릇을 가지고 계시오며 신은 군사들의 장수가 될 그릇을 가지고 있나이다. 이것이 신이 폐하를 모시게 된 이유입니다." 라고 대답하였다.

졌다.

(2) 你不要扬扬得意!

당신은 자신만만해 하지 마시오!

82. 血肉模糊(xuèròumóhu)

피와 살을 구분하기 어렵다. - 매우 처참하고 잔혹하다.

例句: 他被打得血肉模糊。

그는 매우 처참하고 잔혹할 정도로 맞았다.

83. 全军覆没(quánjūnfùmò)

모든 군사가 전멸하다.

例句：由于指挥不当我们的军队全军覆没。
지휘하는 것이 적절치 않아 우리 군대의 모든 군사가 전멸했다.

84. **各抒己见**(gèshūjǐjiàn)
각자 자신의 의견을 말하다.
例句：同学们在会议上各抒己见，发表着自己的看法。
학우들이 회의에서 각자 의견을 말하며 자기 견해를 발표하고 있다.

85. **羊肠小道**(yángchángxiǎodào)
양의 창자같이 꼬불꼬불한 작은 길 - 길이 협소하고 굽은 산길
例句：你为什么好端端的大道不走，走这条羊肠小道啊？
당신은 왜 잘 단장된 큰 길을 가지 않고 좁고 굽은 작은 길로 갑니까?

86. **名利双收**(mínglìshuāngshōu)
명예와 재물을 함께 얻다(소유하게 되다).
例句：投资慈善事业是一件名利双收的事情。
자선 사업에 투자하는 것은 명예와 재물을 함께 얻는 일이다.

87. **杂乱无章**(záluànwúzhāng)
난잡해 질서가 없다, 뒤죽박죽이다, 무질서하다.
例句：面对这么多杂乱无章的文件，我不知该从什么地方开始下手。
이런 뒤죽박죽 투성이인 문건을 대하면 나는 어디부터 손을 대야 할지 모르겠어요.

88. **设身处地**(shèshēnchǔdì)
입장을 바꿔 생각하다.
例句：我们如果设身处地为别人着想，很多矛盾都会解决的。

♧ 살신성인(殺身成仁)의 유래

'자신의 몸을 희생하여 인을 이룬다. 자기의 몸을 희생하여 옳은 바를 행하다.' 라는 뜻의 살신성인은 공자(孔子)의 언행을 기록한 『논어(論語)』 위령공편(衛靈公篇)에 나오는 다음의 구절에서 유래되었다.

志士仁人 뜻을 지닌 선비와 어진 이는
無求生以害仁 삶을 구하며 인(仁)을 저버리지 않으며
有殺身以成仁 몸을 죽임으로 인을 이룬다.

우리가 만약 입장을 바꿔 다른 사람을 위해 생각한다면 많은 갈등은 모두 해결될 것이다.

89. **红杏出墙**(hóngxìngchūqiáng)

붉은 살구가 담장을 넘어가다. - 어떤 이의 아내가 다른 이와 불륜의 관계를 맺다.

例句：他深爱着他的妻子，谁知道她却红杏出墙--在外面有了情夫。

그가 그의 아내를 깊이 사랑하고 있는데 오히려 그 여자에게 밖에 정부가 있을 줄 누가 짐작이나 했겠습니까?

90. **杀身成仁**(shāshēnchéngrén)

살신성인 - 자신의 몸을 죽여 인을 이룬다.

例句：国破家亡时，很多义士追求杀身成仁，南宋的文天祥就是其中的代表人物。

나라가 망하고 가정들이 고통을 당할 때 많은 의로운 사람들은 살신성인의 정신을 추구했다. 남송시대의 문천상은 바로 그 중의 대표적 인물이다.

91. **守身如玉**(shǒushēnrúyù)

깨끗하게 정절을 지키다.

例句：她为自己的未婚夫而守身如玉。
그녀는 자신의 약혼자를 위해 깨끗하게 정절을 지켰다.

92. **如花似玉**(rúhuāsìyù)
꽃과 같고 옥과 같다, 꽃과 옥같이 아름답다.
例句：如花似玉的女孩深受欢迎。
꽃과 옥같이 아름다운 여자 아이가 큰 환영을 받았습니다.

93. **有言在先**(yǒuyánzàixiān)
미리 이야기(말) 해 두다.
例句：我可是有言在先，这次要是出了什么意外我可不负责。
내가 아무래도 미리 이야기를 해야겠습니다. 이번에 만일 어떤 의외의 일이나 사고가 생긴다면 나는 책임지지 않을 것입니다.

94. **自私自利**(zìsīzìlì)
자기 자신의 이익만을 위하다. - 이기적이다.
例句：现在的小孩在父母的溺爱下变得越来越自私自利。
지금 어린아이들은 부모가 지나치게 귀여워하는 것 아래, 점점 이기적으로 변합니다.

95. **字里行间**(zìlǐhángjiān)
문장의 여기저기, 문자의 한 구절 한 구절
例句：这篇文章的字里行间透露出作者对故乡的思念之情。
이 문장의 구절 구절에서는 작자가 고향을 그리워하는 정이 흘러나온다.

96. **自作自受**(zìzuòzìshòu)
자업자득 - 자기가 놓은 덫에 자기가 걸리다.
例句：你这是自作自受，没人可怜你，你自己承担责任。
이는 당신의 자업자득으로 가엾게 여기는 사람도 없으니 당신 스스로 책임을 지세요.

97. **先来后到**(xiānláihòudào)
선착순, 도착한 순서대로
例句：排队时讲究先来后到，我们不好乱插队。
줄을 설 때 도착한 순서를 중시합니다. 우리가 어지럽게 새치기하는 것은 쉽지 않습니다.

98. **自言自语**(zìyánzìyǔ)
혼잣말을 하다, 중얼중얼하다.
例句：拿到考卷后，我自言自语道："我当初应该好好学习的。"
시험지를 받은 후, 나는 혼잣말로 "내가 애초에 공부를 열심히 했어야 했는데."라고 중얼거렸다.

99. **寻花问柳**(xúnhuāwènliǔ)
꽃을 찾아다니고 버드나무에게 묻다. - 화류계를 찾아다니다.
例句：他不忠于爱情，总是在外面寻花问柳。
그는 애정에 충실치 않아 항상 밖에서 화류계를 찾아다닌다.

100. **多灾多难**(duōzāiduōnàn)
재해, 재난이 많다.
例句：去年真是多灾多难的一年。
작년은 정말 재해, 재난이 많았던 한 해였습니다.

101. **同床异梦**(tóngchuángyìmèng)
동상이몽 - 같은 입장이지만 속셈은 각자 다르다.
例句：夫妻俩同床异梦，各自想着自己的外遇。
부부 둘은 동상이몽으로 각자 자신의 정부(情夫，情妇)를 생각한다.

102. **自吹自擂**(zìchuīzìléi)

혼자 나팔 불고 북 치다. - 스스로 자기를 자랑하다, 자화자찬하다.

例句：他这个人没什么本领，却喜欢自吹自擂。

그 사람은 능력이나 솜씨가 없는데도 오히려 자화자찬하는 것을 좋아합니다.

103. **如坐针毡**(rúzuòzhēnzhān)

마치 바늘 방석에 앉은 듯하다. - 불안하여 마음을 놓지 못하다.

例句：爱妻在手术室里动手术，他在手术室外如坐针毡。

사랑하는 아내가 수술실에서 수술을 받고 있어 그는 밖에서 불안하여 마음을 놓지 못했다.

104. **后来居上**(hòuláijūshàng)

뒤에 온 것이 위에 있는다. - 후배가 선배를 능가하다.

例句：日本虽为战败国，却后来居上，六七十年代一跃成为世界经济强国。

일본은 비록 패전국이었지만 오히려 후배가 선배를 능가하듯 6~70년대에 도약해 세계 경제 강국이 되었다.

105. **吃里爬外**(chīlǐpáwài) / **吃里扒外**(chīlǐpáwài)

안에서 먹고 밖에서 기다. - 몰래 이익을 빼돌리다. / 외부와 내통하다.

例句：他是一个吃里扒外的败家子。

그는 몰래 이익을 빼돌리는 집안 망칠 놈입니다.

106. **杀鸡取卵**(shājīqǔluǎn)

닭을 잡아 달걀을 얻다. - 눈 앞의 이득에 눈이 멀어 이후의 더 큰 이득을 놓치다.

例句：人类对大自然的过度开发无异于杀鸡取卵。

인류가 대자연을 과도하게 개발하는 것은 닭을 잡아 달걀을 얻는 것과 다름없는 것이다.

107. **当局者迷**(dāngjúzhěmí)

당사자는 알지 못한다.

例句：俗话说“当局者迷，旁观者清”，你还是听一听他们的建议吧。

속말에 “당사자는 알지 못하고 옆에서 보는 사람이 더 바르게 본다.” 라고 했으니 당신은 그들의 건의를 들으세요.

108. **百里挑一**(bǎilǐtiāoyī)

백에 하나를 고르다. - 엄선하다, 보기 드물다.

例句：他是一位百里挑一的人才，你一定要重用他。

그는 보기 드문 인재이니 당신은 반드시 그를 중히 써야 합니다.

109. **死里逃生**(sǐlǐtáoshēng)

죽을 곳(사지)에서 돌아오다.

例句：他从着火的地铁车厢里爬了出来，简直是死里逃生。

그는 불이 나는 지하철 객차 안에서 기어서 나왔으니 그야말로 죽을 곳에서 돌아온 것입니다.

110. **忙里偷闲**(mánglǐtōuxián)

바쁜 중에도 시간을 내다.

例句：虽然马上就要期末考试了，我还是忙里偷闲，读了两本小说。

곧 기말고사기간입니다. 나는 바쁜 중에도 시간을 내서 소설 두 권을 읽었습니다.

111. **欢声雷动**(huānshēngléidòng)

환호하는 소리가 진동하다.

例句：当Sammaranch主席宣布北京获得2008年奥运会举办权时，台下中国代表团欢声雷动。

사마란치 의장이 베이징이 2008년 올림픽 개최권을 따냈

♧ 약법삼장(約法三章)의 유래

춘추전국시대를 통일한 진(秦)나라는 엄격한 법률주의인 법가사상(法家思想)을 바탕으로 한 나라였다. 진시황이 죽은 후 항우(項羽), 유방(劉邦) 등의 세력이 곳곳에서 진 왕조에 대항해 반란을 일으키게 되는데 진이 멸망한 후 유방이 항우보다 먼저 수도인 함양을 점령하게 된다.

유방은 함양을 점령하고 패상이란 곳으로 잠시 물러난 후 참모인 장량(張良자: 子房)의 조언에 따라 그 지역 유지들과 원로를 한 자리에 모아 놓은 후 자신이 관중 지방의 왕이 되면 지금까지 실행되었던 진나라의 가혹한 법들은 모두 없애고 오직 세 가지(三章)법률로만 통치할 것을 약속한다. 삼장의 내용을 보면 사람을 죽인 자는 죽이고, 상해를 가하거나 도둑질을 한 사람은 그에 상응하는 형벌을 준다는 것이었다. 이로 인해 민심은 유방 쪽으로 기울게 되었고 그는 백성들의 지지기반을 얻는데 성공하게 된다.

다는 선언을 할 때 연단 아래에서는 중국 대표단의 환호 소리가 진동하였다.

112. 约法三章(yuēfǎsānzhāng)

약법삼장 – 간단한 규정을 약정하다.

例句：为了我能好好学习，妈妈给我约法三章。

내가 공부를 잘하게 하기 위해 엄마는 내게 간단한 규정을 정해 주셨다.

113. 回味无穷(huíwèiwúqióng)

곰곰이 되새길수록 뜻이 깊다.

例句：这篇文章很有蕴味，让人回味无穷。

이 문장은 아주 함축적인 맛이 있어 사람들이 곰곰이 되새길수록 뜻이 깊게 만든다.

114. 自知之明(zìzhīzhīmíng)

자기 자신에 대해 정확히 알다. – 자신의 단점(결점)을 정확히 알다.

例句：人应该有自知自明，不要胡乱吹嘘。
사람은 마땅히 자신에 대해 정확히 알아야지 멋대로 자기를 내세우면 안됩니다.

115. **行若无事**(xíngruòwúshì)
아무 일 없는 것처럼 태연스레 행동하다.
例句：他看上去行若无事，其实他刚生了一场大病。
그는 보기에 아무 일 없는 것처럼 태연스레 행동하지만 사실은 조금 전에 큰 병이 났습니다.

116. **安居乐业**(ānjūlèyè)
편안히 살며 즐겁게 일하다.
例句：只有社会安定，人民才能安居乐业。
사회가 안정되어야만 국민들이 비로소 편안히 살며 즐겁게 일할 수 있다.

117. **先斩后奏**(xiānzhǎnhòuzòu)
선참후계 - 형을 먼저 집행하고 뒤에 보고하다. / 먼저 시행하고 나서 보고하다.
例句：我先斩后奏，买了这件昂贵的运动服后才告诉妈妈。
나는 선참후계하는 식으로 값이 오르는 이 운동복을 산 후에야 엄마에게 말했다.

118. **尽忠报国**(jìnzhōngbàoguó) / **精忠报国**(jīngzhōngbàoguó)
진충보국 - 충성을 다해 나라에 보답하다.
例句：岳飞是精忠报国的民族英雄。
악비(중국 남송시대의 장군이자 충신)는 충성을 다해 나라에 보답한 민족 영웅이다.

119. **众所周知**(zhòngsuǒzhōuzhī)
모든 이가 다 알고 있다.

例句：（1）众所周知，南非世界杯足球比赛冠军国家是西班牙。
모든 이가 다 알 듯 남아공월드컵우승국은 스페인이다.
（2）这是众所周知的事实。
이는 모든 이가 다 알고 있는 사실이다.

120. **过河拆桥**(guòhéchāiqiáo)
강을 건넌 뒤에 다리를 끊어 버리다. - 은혜를 모르다. 배은망덕하다.
例句：他曾经帮过我们大忙，我们现在怎能过河拆桥呢？
그가 예전에 우리를 크게 도와주었는데 지금 우리가 어떻게 은혜를 모를 수 있겠습니까?

121. **各奔前程**(gèbènqiánchéng)
각자 자신의 갈 길을 가다, 각자 자신의 목표를 이루기 위해 노력하다.
例句：毕业后，同学们都各奔前程，创建自己的事业。
졸업 후 학우들 모두 각자 자신의 길로 가서 스스로의 사업을 창립하였다.

122. **如鱼得水**(rúyúdéshuǐ)
물고기가 물을 만난 것과 같다. - 마음이 맞는 사람을 얻다. / 자신과 맞는 환경을 얻다.
例句：他进入这所大学真是对了，简直是如鱼得水。
그가 이 대학에 들어온 것은 정말 옳았습니다. 그야말로 물고기가 물을 만난 것과도 같아요.

123. **如虎添翼**(rúhǔtiānyì)
호랑이가 날개를 얻은 듯 하다. - 힘이나 세력이 더 강해지거나 흉포해지다.
例句：如果企业能得到地方政府的帮助，就会感觉如虎添翼。
기업이 만약 지방정부의 도움을 받을 수 있다면 호랑이가 날개를 얻은 것으로 생각하게 된다.

124. **光明磊落**(guāngmínglěiluò)

(사람의 성격, 인물 됨이) 정정당당하다, 공명정대하다.

例句：做人就要光明磊落，不要做偷偷摸摸的事情。

사람됨이 공명정대해야지 슬그머니 남이 모르는 일을 하면 안 됩니다.

125. **血盆大口**(xuèpéndàkǒu)

(사나운 짐승 등이) 시뻘겋게 크게 벌린 입.

例句：狮子张开血喷大口，把猎物吞下去了。

사자가 시뻘겋게 크게 벌린 입으로 사냥한 동물을 삼켰다.

126. **纨绔子弟**(wánkùzǐdì)

귀족의 자제, 부잣집 아이

例句：那些纨绔子弟不用功学习。

저런 부잣집 아이는 공부를 열심히 하지 않는다.

127. **衣食父母**(yīshífùmǔ)

옷과 음식을 주는 부모 - 입을 것과 먹을 것을 주는 사람

例句：老百姓是我们的衣食父母。

대중들은 우리에게 입을 것과 먹을 것을 주는 사람이다.

128. **执迷不悟**(zhímíbùwù)

잘못을 고집해 깨닫지 못하다.

例句：（1）我们对吸毒人员进行了多次的教育，但他们还是执迷不悟，不肯悔改。

우리는 마약을 흡입하는 사람에게 많은 교육을 했습니다. 하지만 그들은 아직도 잘못을 깨닫지 못해 뉘우치려 하지 않습니다.

（2）你怎么就这么固执，到现在还执迷不悟呢？

어떻게 이렇게 고집입니까! 지금에 와서도 잘못을 고집하고 아직 깨닫지 못합니까?

129. **有勇无谋**(yǒuyǒngwúmóu)

용기는 있지만 지혜가 없다. - 힘만 있고 꾀는 없다.

例句：他不过是一介武夫，有勇无谋，我们要以智取胜。

그는 일개 무인에 불과합니다. 힘만 있고 지혜는 없어 우리는 지모로 승리해야 합니다.

130. **自相矛盾**(zìxiāngmáodùn)

자가당착이다. - 스스로의 모순, 자체적인 모순

例句：他写文章没有条理，常常写着写着就自相矛盾了。

그가 쓴 문장은 조리에 맞지 않아 항상 스스로 모순된 것을 쓴다.

131. **扬眉吐气**(yángméitǔqì)

(억압 등을 받고 있었던) 마음이나 생각을 떨치고 기를 펴다.

例句：这回我们可以扬眉吐气了。

이제는 우리가 기를 펼 수 있게 되었습니다.

132. **自食其力**(zìshíqílì)

자기 자신의 힘으로 생활하다.

例句：大学毕业后，我们就要自食其力，不能再依赖父母了。

대학 졸업 후 우리는 자기 힘으로 생활해야지 부모에게 의지해서는 안됩니다.

133. **自食其果**(zìshíqíguǒ)

자기가 그 열매를 먹는다. - 자신이 저지른 죄악의 결과를 자신이 받다, 자업자득

例句：不努力学习，现在没考及格，是你自食其果。

공부에 노력하지 않아 지금 시험에 합격하지 못한 것은 당신 자업자득입니다.

134. **自相残杀**(zìxiāngcánshā)

자기편끼리 서로를 죽이다.

例句：现在大敌当前，我们不能自相残杀，要共同对敌。

지금 강한 적을 마주하고 있는 우리는 자기편끼리 서로 죽여서는 안됩니다. 공동으로 맞서야 합니다.

135. **全神贯注**(quánshénguànzhù)

모든 정신을 집중하다.

例句：他全神贯注地盯着黑板，认真地听老师讲课。

그는 모든 정신을 집중해 칠판을 주시하며 성실히 선생님의 강의를 듣는다.

136. **众叛亲离**(zhòngpànqīnlí)

군중이 반대하고 친한 이가 떠나 버리다. - 고립무원의 상태에 처하다, 모든 이에게 버림받다.

例句：他无情无义，连自己的亲弟弟都不放过，结果闹了个众叛亲离的下场。

그는 무정해 자기 친동생조차 심하게 대했습니다. 그 결과 모든 사람에게 버림받게 되었습니다.

137. **负荆请罪**(fùjīngqǐngzuì)

회초리를 지고 가서 죄를 청하다. - 잘못을 인정하고 정중하게 사과하다.

例句：他刚才还振振有词，现在却负荆请罪了，说明他知道自己错了。

그는 방금 거침없이 말하더니 지금은 오히려 잘못을 인정하고 정중히 사과했습니다. 그는 자기 잘못을 안다고 분명히 말했어요.

138. **众星捧月**(zhòngxīngpěngyuè)

많은 별들이 달을 에워싸다. - 여러 사람이 한 사람을 추대하다

♧ 부형청죄(負荊請罪)의 유래

중국 전국시대(戰國時代) 말기 제(齊)와 진(秦) 두 나라가 서로 세력 다툼을 하는 사이, 그 기회를 이용한 조(趙)나라는 국력을 키우게 되는데 그 이유는 인상여(藺相如)와 조염파(趙廉頗)라는 출중한 문신과 장군이 혜문왕(惠文王)을 보좌했기 때문이었다.

제나라가 쇠퇴한 후 진나라와 조나라는 세력 다툼을 시작하게 되고 이때 인상여는 진나라와의 회담장에서 특유의 지략과 배짱으로 진의 강력한 세력을 막는데 결정적 공헌을 하게 된다. 조나라 왕이 인상여의 공을 높이 사 벼슬을 상경(上卿)으로 승진시키자 그 지위가 장군 염파보다 높았다. 이 때문에 염파는 "나는 장수로서 전쟁에서 싸워 큰 공을 세웠지만 천민 출신인 인상여는 혀만 놀리고 나보다 지위가 높으니 내가 견딜 수 없다. 언젠가 내가 그를 보면 그에게 반드시 창피를 줄 것이다."라고 말하며 인상여를 시기하고 미워하게 되었다. 그런 염파에 대해 인상여는 늘 그를 피하며 마주치지 않으려 하였다. 심지어 외출했다 돌아오는 길에 염파의 수레를 보면 수레를 끌고 숨기까지 하였다. 어느 날 인상여의 하인들이 염파와 맞서지 않는 그의 우유부단한 태도에 대해 불평하자 인상여는 자신의 하인들에게 이렇게 물었다. "너희들은 염파와 진나라 왕을 비교할 때 누가 낫다 생각하느냐?" 하인들은 진나라의 왕이 낫다고 일제히 대답하였다. 그러자 인상여는 하인들에게 이렇게 말했다. "나는 그러한 진나라 왕 앞에서도 그들의 군신들을 꾸짖어 부끄럽게 하였거늘 내가 어떻게 염파를 두려워하겠는가! 내 생각에 강한 진나라가 싸움을 걸어오지 못하는 것은 지금 우리 조나라에 나와 염파 두 사람이 있기 때문이다. 지금 두 호랑이가 서로 싸우게 되면 두 호랑이 모두 살 수 없을 것이다. 내가 염파를 이렇게 피해 다니는 것은 국가의 일을 우선으로 생각하고 사적인 다툼은 뒤로 하려고 하기 때문이다!"

인상여의 말을 전해들은 장군 염파는 옷을 벗어 자신의 어깨를 드러낸 채 스스로 가시 회초리를 짊어지고(負荊) 인상여에게 찾아갔다. 염파는 자신이 인상여의 뜻을 헤아리지 못했던 것을 사죄하며 죄를 청하였는데(請罪) 이런 그의 행동에서 부형청죄라는 성어가 유래되었다.

그 뒤 인상여와 염파의 관계는 돈독해졌고 이 두 사람의 우정에서 목이 베어지는 일이 있어도 후회하지 않는 관계를 의미하는 刎頸之交라는 말도 함께 유래되었다.

(둘러싸다). / 많은 것들이 하나의 중심을 둘러싸다.

例句：明星安在旭一上台，观众席里就响起了一片掌声和尖叫声，简直是众星捧月。

스타 안재욱이 무대 위로 올라오자 관중석에서는 박수 소리와 환호성이 울리기 시작하였다. 그야말로 여러 사람이 한 사람만을 둘러싸고 있는 것이었다.

139. **衣冠楚楚**(yīguānchǔchǔ)

옷차림이 깔끔하고 단정하다(훌륭하다).

例句：他真是个衣冠楚楚的伪君子。

그는 정말이지 옷차림이 깔끔하고 단정한 위선자입니다.

140. **后继无人**(hòujìwúrén)

뒤를 이을 후계자가 없다.

例句：这门手艺后继无人，恐怕要失传了。

이런 솜씨, 수공 기술은 뒤를 이을 후계자가 없으니 아마 실전될 겁니다.

141. **后悔无及**(hòuhuǐwújí) / **后悔莫及**(hòuhuǐmòjí)

후회막급이다, 후회해도 소용 없다.

例句：对安全问题他总不以为意，一旦发生事故可就后悔无及了。

안전문제에 대해 그는 늘 개의치 않으니 사고가 발생하면 후회해도 소용이 없습니다.

142. **后顾之忧**(hòugùzhīyōu) / **后顾之患**(hòugùzhīhuàn)

뒷일을 걱정하다, 뒷걱정하다, 가족 걱정을 하다.

例句：我们今天没有后顾之忧，是因为三年前所打下的基础。

우리가 지금 뒷걱정이 없는 것은 삼 년 전부터 다져온 기초 때문입니다.

143. **自高自大**(zìgāozìdà)

자기 스스로 잘난 체 하다, 자만하다.

例句：为人要谦虚谨慎，不能自高自大。

사람이 겸손하고 성실해야지 자기 스스로 잘난 체하면 안됩니다.

144. **同流合污**(tóngliúhéwū)

악인들과 함께 어울리며 악한 짓을 하다.

例句：不要和那些犯罪分子同流合污了，快点觉醒吧。

그런 범죄자들과 함께 어울려 나쁜 짓 하지 말고 빨리 각성하세요.

145. **血流成河**(xuèliúchénghé)

피가 흘러 강이 되다. - 재난 혹은 전쟁 따위로 죽고 다친 사람이 매우 많다.

例句：大激战过后，战场上血流成河。

큰 격전이 지난 후 전장은 흐르는 피로 강을 이루었다.

146. **血流如注**(xuèliúrúzhù)

피가 줄줄 쏟아지다. - 피가 많이 흐르다.

例句：他被歹徒刺了一刀，顿时伤口血流如注。

그가 악인의 칼에 한번 찔리자 갑자기 상처에서 피가 쏟아졌다.

147. **如获至宝**(rúhuòzhìbǎo)

마치 진귀한 보물을 얻은 것과 같다.

例句：他把这本书如获至宝般地收藏起来了。

그는 이 책을 마치 진귀한 보물을 얻은 것처럼 소장하기 시작했습니다.

148. **毕恭毕敬**(bìgōngbì jìng)

매우 공손한 태도를 가지다.

例句：他毕恭毕敬地聆听着爷爷的教诲。

그는 매우 공손한 태도로 할아버지의 깨우침을 주의 깊게 듣고 있습니다.

149. **如胶似漆**(rújiāosìqī)

아교풀처럼 붙어 떨어지지 않다. - 남녀의 사랑이 깊어 가를 수 없다.

例句：他们俩谈恋爱才一个月就已经如胶似漆了。

그들 둘은 연애한 지 겨우 한 달인데도 이미 아교풀처럼 붙어 떨어지지 않는다.

150. **自圆其说**(zìyuánqíshuō)

자신의 견해를 빈틈없이 표현하다 / 앞 뒤의 말을 그럴듯하게 둘러맞추다.

例句：连自己的理论都不能自圆其说，叫我们怎么相信你？

자신의 이론조차도 앞뒤가 맞지 않는데 어떻게 우리가 당신을 믿을 수 있습니까?

151. **兴高采烈**(xìnggāocǎiliè)

매우 기쁘고 신이 나다. - 기뻐서 어떻게 할 지를 모르다.

例句：我兴高采烈地离开家，上学去了。

나는 기뻐 어찌할 바를 모르게 집을 떠나 공부하러 갔습니다.

152. **同病相怜**(tóngbìngxiānglián)

동병상련(같은 병을 앓는 사람끼리 가엾게 여기다) - 힘든 처지에 사람들이 서로 돕고 동정하다.

例句：不知是不是同病相怜，我对他有一种特殊的感情。

동병상련인지 모르겠어요, 나는 그에 대해 특별한 친근감이 있어요.

♧ 동병상련(同病相憐)의 유래

이 고사성어는 『오월춘추(吳越春秋)』 합려내편(闔閭內篇)에서 유래되었다. 기원전 515년 오(吳)나라의 공자(公子) 광(光)은 사촌동생인 국왕 요(僚)를 죽인 뒤 왕이 되어 이름을 합려(闔閭)라 하였고 장군 오자서(伍子胥)를 중용하였는데 그는 이 정변에 공이 큰 인물이었다.

오자서는 본래 초나라 사람으로 초나라 태자소부(太子小傅)벼슬을 하던 비무기(費無忌)의 모함으로 태자태부(太子太傅)로 있던 부친, 관리였던 형을 비롯한 가족 모두가 살해당하자 오나라로 망명해 온 인물이었다. 그가 공자 광의 정변에 적극 협력한 것도 유능한 광이 왕위에 오른다면 초나라 공략의 길이 열리고 그래야 가족들의 원수를 갚을 수 있다는 생각 때문이었다.

그해 비무기의 모함으로 역시 아버지를 잃은 백비가 오나라로 피신해 오자 오자서는 그를 오왕 합려에게 천거, 대부(大夫) 벼슬에 오르게 했다. 이 사실이 알려지자 대부 벼슬을 하고 있던 피리(被離)는 오자서에게 "백비의 눈길은 마치 매와 같고 걸음걸이는 호랑이와 같으니(鷹視虎步) 이는 분명 살인할 악상(惡相)이오. 그런데 귀공은 무슨 까닭으로 이런 인물을 천거하시었소?"라고 말하며 그를 비난하였다. 피리의 비난에 대하여 오자서는 이렇게 대답했다. "다른 까닭은 없소이다. 『하상가(河上歌)』에 '동병상련(同病相憐), 동우상구(同憂相救)'란 말이 있듯 나와 같은 처지인 백비를 돕는 것은 인지상정(人之常情) 이지요."

마침내 9년 후 오왕 합려가 초나라를 공격해 크게 승리하자 오자서와 백비는 결국 가족들의 원수를 갚을 수 있었다. 그러나 세월이 흐른 후 오자서는 피리의 예견대로 월(越)나라에 매수된 백비의 모함으로 합려의 뒤를 이은 부차(夫差)에 의해 분사(憤死)하고 말았다. 또한 그의 죽음으로 그가 섬긴 오나라 역시 월나라에게 멸망당하게 되었다.

153. **守株待兔** (shǒuzhūdàitù)

수주대토(나무의 그루터기를 지키며 토끼를 기다리다) - 어떤 요행만을 바라다. / 융통성이 없다.

例句：我们不能总是在这守株待兔，要自己主动去劳动。

우리는 항상 이런 요행만을 바라면 안되고 자기가 주동적으로 가서 일해야 합니다.

♧ 수주대토(守株待兎)의 유래

'시대의 흐름은 모르고 융통성 없이 어리석게 지키기만 한다.' 또는 '어리석게 요행만을 바라고 있다'는 뜻인 이 말은『한비자(韓非子)』에 기록되어 있다.

송(宋)나라에 살던 어떤 농부가 밭을 갈고 있었는데 갑자기 토끼 한 마리가 농부 쪽으로 뛰어들었다. 토끼는 밭 가운데 있는 나무 그루터기에 부딪쳐 목이 부러져 죽었고 덕분에 토끼 한 마리를 거저 얻은 농부는 농사일보다 그루터기 옆에 앉아 토끼를 잡으면 수입이 더 좋겠다고 생각하였다. 그 후 그는 농사일은 집어치우고 매일 밭두둑에 앉아 그루터기를 지키며(守株) 토끼가 오기만을 기다렸다(待兎). 그러나 토끼는 그곳에 다시 나타나지 않았으며 농부는 송나라의 웃음거리가 되었다.

법가사상가인 한비자(韓非子)는 이 수주대토의 비유를 들어 요순(堯舜)시대를 이상으로 하는 왕도(王道)정치가 시대에 뒤떨어진 생각이라 주장했던 것이다.

154. **汗流浃背**(hànliújiābèi)

등이 땀으로 젖다. – 매우 두려워하다(무서워하다). / 온몸이 땀이다.

例句：他背着同学走了 5 里路，累得汗流浃背。

그는 학우를 업고 5리를 걸어가 온몸이 땀일 정도로 피곤했다.

155. **兴致勃勃**(xìngzhìbóbó)

매우 흥미진진하다.

例句：大家兴致勃勃地参观着博物馆。

모두가 매우 흥미진진하게 박물관을 참관하고 있다.

156. **血海深仇**(xuèhǎishēnchóu)

많은 사람이 죽어 피로 바다를 이룬 것과 같은 원한 – 원한이 피에 맺히도록 깊다.

例句：我们并没有什么血海深仇，为什么要拼个你死我活呢？

우리는 피에 맺힌 깊은 원한도 없는데 왜 당신은 나와 목숨을 걸고 싸우려 합니까?

157. **安家落户**(ānjiāluòhù)
가정을 꾸리고 정착하다.
例句：由于工作的缘故，他们一家来到上海安家落户。
일 때문에 그들 가족은 상하이로 와서 가정을 꾸리고 정착했다.

158. **后患无穷**(hòuhuànwúqióng)
후환이 끝이 없다.
例句：我们不把这伙犯罪分子消灭掉，那将会是后患无穷。
우리가 이 범죄자들을 제거하지 않는다면 앞으로 후환이 끝이 없을 것입니다.

159. **过眼云烟**(guòyǎnyúnyān)
구름이나 연기처럼 금방 사라져 버리다.
例句：人生中的有些事情就像过眼云烟，但有些事情却给我们很深的印象。
인생 중 어떤 일들은 구름이나 연기처럼 금방 사라져 버리지만 오히려 어떤 일들은 우리에게 아주 깊은 인상을 준다.

160. **冰清玉洁**(bīngqīngyùjié) / **玉洁冰清**(yùjiébīngqīng)
얼음처럼 맑고 옥같이 깨끗하다. - 인품이 고상하고 순결하다.
例句：她是个冰清玉洁的女孩。
그녀는 인품이 고상하고 깨끗한 여자이다.

161. **合情合理**(héqínghélǐ)
공평하고 합리적이다, 정리(인정)와 사리에 맞다.
例句：李老师的做法合情合理。
이(李)선생님의 일 처리 방법은 인정과 사리에 맞습니다.

162. **如梦初醒**(rúmèngchūxǐng)
금방 꿈에서 깨어난 듯하다. - 어떤 일 등에 대한 잘못된 인식으로부터 막 깨닫다.

例句：郑老师的忠告，使我如梦初醒。

정(郑)선생님의 충고가 나로 하여금 내 생각이 잘못된 것을 깨닫게 했다.

163. **阴谋诡计**(yīnmóuguǐjì)

음모와 위계

例句：（1）我们识破了敌人的阴谋诡计。

우리는 적의 음모와 위계를 간파하였다.

（2）我们不会让你的阴谋诡计得逞的。

우리는 당신의 음모와 위계가 뜻대로 되지 않도록 할 겁니다.

164. **自得其乐**(zìdéqílè)

자기 스스로 한 일에 대해 즐거워하고 기뻐하다.

例句：他的爱好很奇特，他喜欢收集瓶盖，但也能自得其乐。

그 사람 취미는 아주 특별해 병 뚜껑 수집하는 것을 좋아합니다. 하지만 그는 자기 스스로 하는 일을 즐거워합니다.

165. **各得其所**(gèdéqísuǒ)

모두 자기가 원하는 대로 되다. / 각자 자신이 있을 자리에 있다.

例句：爷爷在房间里听京剧，孙子在客厅里看球赛，爷孙俩各得其所。

할아버지는 방안에서 경극을 듣고, 손자는 응접실에서 구기 시합을 보고 있어, 할아버지와 손자 두 사람 모두 자기 원하는 대로 합니다.

166. **因祸得福**(yīnhuòdéfú) / **转祸为福**(zhuǎnhuòwéifú)

전화위복 - 화(불행)로 인하여 복을 얻다.

例句：她虽然遇到了车祸，但却因祸得福认识了现在的丈夫。

그녀는 비록 교통 사고를 당했지만 오히려 전화위복이 되어

♧ 전화위복(轉禍爲福)의 유래

전국시대 합종책(合從策)으로 여섯 나라 - 한(韓), 위(魏), 조(趙), 연(燕), 제(齊), 초(楚)의 재상을 겸임했던 소진(蘇秦)은 이런 말을 하였다.

"옛날 일을 잘 처리했던 사람은 화를 바꾸어 복으로 만들었고(轉禍爲福), 실패한 것을 바꾸어 공(功)으로 만들었다(因敗爲功). 이는 어떤 불행한 일도 끊임없는 노력과 강한 의지로 힘쓴다면 그것을 행복으로 바꾸어 놓을 수 있다는 말이다."

소진: 전국시대 말기의 인물. 주(周)나라의 도읍 낙양(洛陽)사람이다. 근처의 귀곡(鬼谷)에 은거하던 수수께끼의 종횡가 귀곡선생(鬼谷先生 - 제반 지식에 통달한 인물로서 종횡설을 논한 『귀곡자 (鬼谷子)』 3권을 지었다)에게 배웠음.

지금의 남편을 만났습니다.

167. 光彩照人(guāngcǎizhàorén)

광채가 사람을 비추다. - 눈에 확 띄다, 눈이 부시다.

例句：结婚那天，穿上雪白婚纱的她光彩照人。

결혼의 그날, 눈처럼 흰 드레스를 입은 그녀는 눈이 부셨다.

168. 自强不息(zìqiángbùxī)

스스로 노력하며 게을리 하지 않다.

例句：我们应该自强不息。

우리는 마땅히 스스로 노력하며 게으르지 말아야 합니다.

169. 安然无恙(ānránwúyàng)

아무 탈 없이 무고하게 잘 있다.

例句：小女孩从三楼摔下来竟然还安然无恙，真是一个奇迹。

어린 여자 아이가 3층에서 떨어졌는데 뜻밖에 아무 탈 없이 무사하니 정말 기적입니다.

170. 名落孙山(míngluòsūnshān)

낙선(혹은 낙방)하다.

例句：在高考中他名落孙山，连重点线都没上。
대학 입시에서 그는 낙방해 중요한 부분에도 합격하지 못했다.

171. **争强好胜**(zhēngqiánghàoshèng)
경쟁심이 강하다, 이기려고 하다.
例句：他性格争强好胜，是不会主动服输的。
그의 성격은 경쟁심이 강해 자발적으로 실패를 인정치 않을 것입니다.

172. **羊落虎口**(yángluòhǔkǒu)
양이 호랑이의 입으로 떨어지다. - 죽을 곳으로 들어가다.
例句：儿子被歹徒劫持了，真是羊落虎口啊!
아들이 악당들에게 납치되었으니 정말이지 양이 호랑이의 입으로 떨어진 거에요!

173. **如释重负**(rúshìzhòngfù)
무거운 짐을 벗은 듯하다. - 마음과 몸이 홀가분하다.
例句：终于把这项工作做完了，他如释重负般地叹了口气。
끝내 이 일을 완수해 그는 무거운 짐을 벗은 듯 긴 숨을 내쉬었다.

174. **自欺欺人**(zìqīqīrén)
자기 스스로를 기만하고 타인도 속이다.
例句：明明考试没及格还说考得好，真是自欺欺人。
분명히 시험에 합격하지 못했는데 시험을 잘 봤다고 말하니 정말이지 자기를 속이고 타인도 속이는 겁니다.

175. **名满天下**(míngmǎntiānxià) / **名扬天下**(míngyángtiānxià)
명성이 온 누리에 퍼지다, 명성이 온 천하에 퍼지다.
例句：（1）王羲之是一位名满天下的大书法家。
왕희지는 이름이 온 천하에 널리 퍼진 위대한 서예

가이다.

(2) 景德镇的瓷器名扬天下，非常有名。

경덕진 도자기의 이름은 온 천하에 널리 알려져 있어 매우 유명하다.

176. **自愧不如**(zìkuìbùrú)

자신이 남보다 못한 것을 부끄러워하다.

例句：百米跑10.5秒，实力果然强，我自愧不如。

100미터가 10.5초, 과연 실력이 막강해 제가 남보다 못한 것이 부끄럽습니다.

177. **如痴如醉**(rúchīrúzuì)

어떤 사물이나 행동을 몹시 좋아하다.

例句：“书虫”们如痴如醉地在读书。

“책벌레”들은 책을 읽는 것을 몹시 좋아한다.

178. **衣锦还乡**(yījǐnhuánxiāng)

금의환향하다.

例句：当他十年后衣锦还乡之时，乡亲们热情地去迎接他。

십 년 후 그가 금의환향할 그때, 같은 고향 사람들은 열정적으로 가서 그를 영접했다.

179. **如雷贯耳**(rúléiguàněr)

우레 소리가 귀에 들리는 듯하다. - 상당히 유명하다, 상당한 명성이 있다.

例句：您的大名如雷贯耳，怎会没听说过您呢！

당신 존함은 상당한 명성이 있습니다. 어찌 당신에 대해 듣지 못했겠습니까!

180. **多愁善感**(duōchóushàngǎn)

쉽게 자주 감상에 빠지다.

例句：（1）他多愁善感，感情很脆弱。
그는 자주 쉽게 감상에 빠져 감정이 매우 여립니다.
（2）林黛玉已经变成了一个多愁善感的女性的代名词。
임대옥(소설 홍루몽의 주인공)은 이미 쉽게 늘 감상에 빠지는 여성의 대명사가 되었다.

181. **如愿以偿**(rúyuànyǐcháng)

소망(소원)이 성취되다, 희망이 이루어지다.

例句：经过几年的刻苦训练，他终于如愿以偿地在奥运会上夺取了金牌。
몇 년의 고된 훈련을 거친 후 끝내 그는 올림픽에서 금메달을 획득하는 꿈을 이루어 냈다.

182. **阴魂不散**(yīnhúnbùsàn)

망령이 사라지지 않는다. - 나쁜 사람, 나쁜 일(상황) 등이 아직도 남아 있다.

例句：日本的军国主义阴魂不散，值得我们警惕。
일본 군국주의의 망령은 사라지지 않아 우리가 경계할 만하다.

183. **尖酸刻薄**(jiānsuānkèbó)

신랄하고 매몰차다.

例句：和尖酸刻薄的人很难交往。
신랄하고 매몰찬 사람과는 교제하기가 매우 어렵다.

184. **自暴自弃**(zìbàozìqì)

자포자기하다.

例句：虽然这次失败了，但你不要自暴自弃，重新再试一次吧。
비록 이번에는 실패했지만 당신은 자포자기하지 말고 다시 한번 해보세요.

185. **红颜薄命**(hóngyánbómìng)

붉은 얼굴이 명이 짧다. - 미인박명

例句：真是红颜薄命啊，他那美丽的妻子30岁就死了。

정말 미인박명이에요! 그렇게 아름다운 그 사람 아내가 서른 살에 죽었어요.

七画

1. **乱七八糟**(luànqībāzāo)

   엉망진창이다, 난장판

   例句：怎么把这里搞得乱七八糟？快整理一下！

   어떻게 여기를 난장판으로 만들었습니까? 빨리 정리하세요!

2. **助人为乐**(zhùrénwéilè)

   다른 이를 돕는 것을 낙으로 삼다.

   例句：我们要发扬助人为乐的精神。

   우리는 다른 사람 돕는 것을 기쁨으로 여기는 정신을 고취해야 합니다.

3. **步人后尘**(bùrénhòuchén)

   다른 사람의 뒤를 따라 가다. - 남이 하는 대로 그대로 따라하다.

   例句：不要步人后尘，犯下致命错误。

   남이 하는 eo로 그대로 따라 하지 마세요. 치명적인 잘못을 합니다.

4. **杞人忧天**(qǐrényōutiān)

   기우 - 쓸데없는 걱정, 기라는 사람이 하늘을 걱정하다.

   例句：天天担心天会不会塌下来，这不是杞人忧天吗？

   매일 같이 하늘이 무너져 내리지 않을까 걱정하는 이것은 기우가 아닙니까?

5. **低三下四**(dīsānxiàsì)

   비굴하다, 굽실대다.

例句：在他面前不必低三下四的，他没什么了不起的。

그 사람 앞에서 굽실거릴 필요 없어요. 그에게는 대단한 것이 없어요.

6. **赤子之心**(chìzǐzhīxīn)

애국심, 거짓이 없는 마음

例句：他怀着一颗赤子之心回到祖国，决心为祖国的建设奉献自己的力量。

그는 애국심을 품고 조국으로 돌아와 조국 건설을 위해 자신의 힘을 바치기로 결심하였다.

7. **君子之交**(jūnzǐzhījiāo)

군자간의 사귐

例句：君子之交淡如水。

군자 사이의 사귐은 물과 같이 담담하다.

8. **两小无猜**(liǎngxiǎowúcāi)

남녀 아이들이 허물없이 지내다, 젊은 남녀 사이의 감정이 좋은 때, 어린아이의 순진한 감정

例句：（1）他们俩从小一起长大，是两小无猜的好朋友。

둘은 어릴 때부터 함께 성장했고 허물없이 지낸 가장 좋을 때의 친구이다.

（2）青梅竹马，两小无猜。

소꿉친구(죽마고우)는 어릴 때 허물없이 가깝게 지내던 친구이다.

9. **财大气粗**(cáidàqìcū)

재산이 많으면 함부로 행동한다. / 돈의 여유가 있으면 말의 위세가 있다.

例句：他们财大气粗，在这个城市横行霸道。

그들은 재산만 믿고 남을 업신여겨 이 도시에서 제멋대로

행동한다.

10. **快马加鞭**(kuàimǎjiābiān)

달리는 말에 채찍질을 하다. - 더욱 박차를 가하다.

例句：知道这个好消息后，我快马加鞭地赶回去告诉大家。

이 좋은 소식을 들은 후 나는 더욱 서둘러 돌아가 모두에게 전했다.

11. **走马观花**(zǒumǎguānhuā)

말을 달리며 꽃을 보다. - 대강대강 훑어보다.

例句：我只是走马观花参观了一下展览会，所以没什么印象。

나는 단지 대충 한 번 전람회를 참관해 인상적인 것이 없다.

12. **迎刃而解**(yíngrènérjiě)

중요한 문제가 해결되면 관련된 나머지 문제도 해결될 수 있다. - 순리적으로 문제가 해결되다.

例句：采用这种方法的话，这个问题就迎刃而解了。

이런 방법을 채택한다면 이 문제는 순리적으로 해결될 수 있습니다.

13. **没大没小**(méidàméixiǎo)

상하(나이, 지위 등) 간의 차이가 없다. - 윗사람을 몰라보다.

例句：小孩子，没大没小的，还请不要见怪。

어린아이는 윗사람을 몰라보니 탓하고 언짢아하지 마세요.

14. **张三李四**(zhāngsānlǐsì)

장삼이사 - (신분 등이) 특별하지 않은 평범한 사람들, 아무라도, 그 누구든지

例句：这里很危险，不管张三李四，谁都不能进去。

여기는 아주 위험해 그 누구를 막론하고 아무도 들어갈 수 없습니다.

♧ 장삼이사(張三李四)의 유래

중국의 성씨 중에서 張(장) 씨와 李(이) 씨는 가장 많은 성씨이다. 그래서 장삼이사는 흔히 '어디서나 볼 수 있는 평범한 사람들'이라는 뜻으로 사용되고 있다. 이외에도 張王李趙라는 성어 역시 중국의 가장 흔한 張(장), 王(왕), 李(이), 趙(조) 씨 성을 이용해 만들어진 말로 일반사람 혹은 보통 사람이란 의미로 통용되고 있다. 또한 張冠李戴 역시 장 씨의 갓을 이 씨가 쓴다는 의미로 A를 B로 착각하다, 혹은 사실을 잘못 인식하다 등의 의미로 사용되고 있는데 이 말에서도 가장 흔한 성씨인 장 씨, 이 씨가 사용되고 있다.

15. **纸上谈兵**(zhǐshàngtánbīng)

종이 위에서만 군사 일을 논하다. - 탁상공론

例句：我们不要只是纸上谈兵，要去实践一下。

우리는 단지 탁상공론만 하지 말고 실천을 해야 합니다.

16. **鸡飞蛋打**(jīfēidàndǎ)

닭도 날아가고 달걀도 깨지다. - 모든 것을 다 잃다.

例句：一旦说出真相来，那可就鸡飞蛋打，一发而不可收拾了。

진상이 밝혀지면 모든 것을 다 잃을 수 있어 더욱 수습할 수 없게 됩니다.

17. **穷乡僻壤**(qióngxiāngpìrǎng)

궁벽한 오지(산골, 산간 벽지)

例句：他们住在穷乡僻壤，对城里的事一无所知。

그들은 궁벽한 오지에 살아 시내의 일에 대해서는 하나도 모릅니다.

18. **来日方长**(láirìfāngcháng)

시간이나 기회가 많이 있다(장래가 있다).

例句：唉，来日方长，我们以后再讨论这件事情吧！

아, 시간이나 기회가 많이 있으니 우리 다음에 다시 이 일을 토론합시다!

19. **鸡犬不宁**(jīquǎnbùníng)

개와 닭까지도 편안하지 못하다. - 치안 상황이 매우 어지럽다.

例句：恶势力在村庄里为非作歹，搞得鸡犬不宁。

나쁜 세력이 마을에서 온갖 악행을 자행, 치안을 매우 어지럽게 한다.

20. **攻无不克**(gōngwúbúkè)

공격을 하면 이기지 못하는 것이 없다. - 반드시 승리한다, 백전백승이다.

例句：在将军的正确指引下，我们的军队攻无不克。

장군의 정확한 인도 아래 우리 군대는 공격하면 반드시 승리한다.

21. **违心之言**(wéixīnzhīyán)

본의가 아닌 말

例句：你不用讲违心之言了，心里怎么想的就怎么讲好了。

당신은 본의가 아닌 말을 하지 말고 마음에서 하고 싶은 말을 하면 됩니다.

22. **来之不易**(láizhībùyì)

성공을 거두거나 손에 넣기가 수월하지(쉽지) 않다.

例句：（1）我们要珍惜这来之不易的幸福生活。

우리는 이루기 쉽지 않았던 행복한 생활을 소중히 여겨야 한다.

（2）今天的成绩来之不易。

오늘의 성적은 이루기가 쉽지 않았다.

23. **束手无策**(shùshǒuwúcè)

속수무책이다. - 어쩔 도리가 없다.

例句：面对眼前的困难，我们束手无策。
눈 앞의 곤란에 직면해 우리는 속수무책이다.

24. **身不由己**(shēnbùyóujǐ)

몸이 자기 마음대로 되지 않다. - 자신 마음대로 하지 못하다.

例句：你现在多自由，不像我身不由己的。
당신은 지금 자유가 많아서 내가 내 마음대로 못하는 것과 같지 않지요.

25. **足不出户**(zúbùchūhù)

집 밖으로 나가지 않다.

例句：（1）古代的妇女大都足不出户。
고대의 부녀자들은 대개 집 밖으로 나가지 않았다.
（2）因特网时代，即使足不出户也可以了解世界形势。
인터넷 시대는 설령 집 밖으로 나가지 않아도 세계 정세를 알 수 있다.

26. **妙不可言**(miàobùkěyán)

말로 표현하기 어려울 정도로 절묘하다.

例句：你的这个计策简直妙不可言，好极了。
당신의 이 계책은 그야말로 표현키 어려울 정도로 절묘해 아주 좋습니다.

27. **忍无可忍**(rěnwúkěrěn)

참을래야 더 이상 참을 수 없다.

例句：（1）忍无可忍，孰可忍。
참을래야 더 참을 수가 없는데 누가 참을 수 있겠는가!
（2）她忍无可忍，终于把丈夫告上了法庭。
그녀는 참을래야 참을 수 없어 결국 남편을 법원에 고발했다.

28. **听天由命**(tīngtiānyóumìng)

하늘에 운명을 맡기다, 천명을 따르다.

例句：这次能不能通过考试就只能听天由命了。

이번에 시험을 통과할 수 있을지 없을지는 하늘에 맡기는 수 밖에 없어요.

29. **良心发现**(liángxīnfāxiàn)

나쁜(악한) 일을 할 때 마음 속의 양심에 걸리다. - 양심이 잘못을 일깨우다.

例句：或许是他良心发现，主动承认了自己犯的错误。

어쩌면 그의 양심이 일깨워 스스로 자기가 한 잘못을 시인했는지 모릅니다.

30. **别开生面**(biékāishēngmiàn)

새로운 국면을 열다. - 독창적이고 새로운 형식을 창조하다.

例句：为了迎接新年，我们举行了一场别开生面的文娱晚会。

신년맞이를 위해 우리는 독창적이고 새로운 형식의 저녁 문화 오락 파티를 거행하였다.

31. **言不由衷**(yánbùyóuzhōng)

하는 말이 진심에서 우러나오지 않는다, 마음에 없는 소리를 한다, 표리부동하다.

例句：他朋友说的不是真的，他朋友言不由衷而已。

그 사람 친구가 하는 말은 사실이 아닙니다. 그 사람 친구는 마음에 없는 소리를 한 것뿐입니다.

32. **坐井观天**(zuòjǐngguāntiān)

우물 안에 앉아 하늘을 보다. - 우물 안 개구리

例句：我们不能坐井观天，要到外面去见见世面。

우리는 우물 안 개구리가 되어서는 안 되고 밖으로 나아가 세상 형편을 봐야 합니다.

33. **时不再来**(shíbùzàilái)

지나간 시간은 되돌아 오지 않는다. / 유리한 기회를 잘 붙잡아야 한다.

例句：他总说“机不可失，时不再来”，所以一定要把握时机。

그는 항상 좋은 기회를 놓치면 다시 오지 않는다고 했습니다. 그러니 반드시 유리한 기회를 잘 잡아야 합니다.

34. **兵不厌诈**(bīngbùyànzhà)

전쟁에서는 적을 속일 수 있다, 전쟁에서는 위계도 마다치 않는다.

例句：俗话说“兵不厌诈”，我们要去侦察一下。

속말에 “전쟁에서는 적을 속일 수 있다”고 했으니 우리는 가서 한 번 정탐을 해 봐야 합니다.

35. **妙手回春**(miàoshǒuhuíchūn)

죽어 가는 사람을 다시 살려내다. - 의술이 뛰어나다, 매우 훌륭한 의술

例句：中国古代名医华佗有妙手回春的医术。

고대 중국의 명의 화타는 죽어 가는 사람을 다시 살리는 뛰어난 의술이 있었다.

36. **言之有理**(yánzhīyǒulǐ)

말에 일리가 있다.

例句：他的话言之有理，你为什么不听呢?

그 사람 말에 일리가 있는데 당신은 왜 그 말을 안 듣습니까?

37. **忧心如焚**(yōuxīnrúfén)

근심과 걱정으로 애가 타다.

例句：你凌晨2点多还不回家，怎能让家长不忧心如焚。

당신이 새벽 2시가 넘었는데도 아직 귀가하지 않으니 어떻게 가장이 걱정으로 애가 타지 않겠어요!

38. **吞云吐雾**(tūnyúntǔwù)

구름을 들이켜고 안개를 내뿜다. - 담배나 아편을 태우다.

例句：有些人觉得吸烟时，那种吞云吐雾的感觉很好，于是就开始吸烟了。

어떤 사람들은 담배를 피울 때 구름을 들이키고 안개를 내뿜는 그런 느낌이 아주 좋아 흡연을 시작했다고 한다.

39. **身心交瘁**(shēnxīnjiāocuì)

심신(몸과 마음)이 쇠약하다.

例句：这几天，为了照顾生病的她，我身心交瘁。

이 며칠 병이 난 그녀를 돌보기 위해 내 심신이 쇠약해졌습니다.

40. **呕心沥血**(ǒuxīnlìxuè)

정성을 다 기울이다, 심혈을 기울이다.

例句：呕心沥血十余年终于写成了这本著作。

10여 년의 심혈을 다 기울여 마침내 이 저작을 완성시켰다.

41. **忧心忡忡**(yōuxīnchōngchōng)

걱정으로 인해 견디지 못하다, 근심걱정으로 시달리다, 걱정이 태산이다.

例句：李老师的女儿得了癌症，所以他总是忧心忡忡的。

이 선생님의 딸이 암에 걸렸습니다. 그래서 그는 늘 걱정이 태산입니다.

42. **灵丹妙药**(língdānmiàoyào) / **灵丹圣药**(língdānshèngyào)

영험하고 효력 있는 약(영약), 만병통치약 - 모든 문제를 해결할 수 있는 방법

例句：古代帝皇总想找到什么可以长生不老的灵丹妙药，但每次都失败了。

고대 황제들은 늘 불로장생할 수 있는 어떤 영약을 찾고 싶

어했지만 매번 모두 실패했다.

43. **穷凶极恶**(qióngxiōngjíè)

극악무도하다, 포악하다.

例句：穷凶极恶的歹徒绑架并杀害了他的儿子。

극악무도한 악당이 그의 아들을 납치해 살해하였다.

44. **束手束脚**(shùshǒushùjiǎo)

손발이 다 묶여 꼼짝 못하다. - 이것저것 걱정만 많이 하고 손을 대지 못하다.

例句：他在工作中总是束手束脚。

그가 일을 할 때는 늘 이것저것 걱정만 많이 하고 손을 대지 못합니다.

45. **两手空空**(liǎngshǒukōngkōng)

양손에 아무 것도 없다. / 양손에 얻을 것 하나 없다.

例句：两手空空去拜访别人，总不太好吧！

빈손으로 다른 사람을 방문하는 것은 아무래도 좋지 않지요!

46. **赤手空拳**(chìshǒukōngquán) / **手无寸铁**(shǒuwúcùntiě)

손에 아무 것도 없다. - 아무런 무기가 없다. / 손에 쇳조각도 없다. - 아무런 무기가 없다.

例句：民警赤手空拳和歹徒搏斗。

경찰은 손에 아무 무기도 없이 악당과 격투를 벌였다.

47. **寿比南山**(shòubǐnánshān)

남산에 비할 만큼 오래 살다.

例句：祝爷爷“福如东海，寿比南山。”

할아버지께서 동해 바다와 같은 한없는 복을 누리시고 남산에 비할 만큼 오래 사시길 기원합니다.

48. **伶牙俐齿**(língyálìchǐ)

말솜씨가 아주 뛰어나다.

例句：她天生伶牙俐齿，谁都说不过她。

그녀는 선천적으로 말솜씨가 아주 뛰어나 누구도 말로 그녀를 당해 낼 수 없다.

49. **饮水思源**(yǐnshuǐsīyuán)

물을 마실 때 물의 근원을 생각하다. - 근본을 망각하지 않는다.

例句：做人应该饮水思源，时时想到祖国。

사람은 근본을 망각하지 않듯 마땅히 항상 조국을 생각해야 합니다.

50. **花天酒地**(huātiānjiǔdì)

주색에 빠지다.

例句：（1）皇帝整天只知道花天酒地，不理朝政。

황제가 하루 온종일 주색에 빠지는 것만 알아 국정을 돌보지 않는다.

（2）花天酒地的生活

주색에 빠진 생활

51. **报仇雪恨**(bàochóuxuěhèn)

원수를 갚고 원한을 풀다.

例句：上次我们0比3输了，这次我们一定要报仇雪恨。

지난 번에 우리가 3:0으로 졌습니다. 이번에 우리는 반드시 그 빚을 갚아야 합니다.

52. **免开尊口**(miǎnkāizūnkǒu)

그런 말은 삼가 주십시오. 의견 발표하시는 것을 거절합니다(상대방에게 더 이상 말하지 말라는 의사 전달을 할 때 쓰는 말).

例句：既然他那么爱讲，你就免开尊口吧。

이미 그가 저렇게 말하기를 좋아한다면 당신은 말을 삼가 주셨으면 합니다.

53. **束手就擒**(shùshǒujiùqín) / **束手待毙**(shùshǒudàibì) / **坐以待毙**(zuòyǐdàibì)
꼼짝 못하고 붙들리다, 스스로 손을 결박하고 사로잡히다, 꼼짝없이 앉은 자리에서 죽음을 기다리다. - 저항할 생각을 하지 않다, 반항할 힘이 없다.
例句：我们怎能不奋起反抗，就这样束手就擒呢？
우리가 어떻게 분발해 저항하지 않을 수 있나요! 이렇게 앉은 자리에서 죽음을 기다릴 수 있겠습니까?

54. **鸡毛蒜皮**(jīmáosuànpí)
닭 털과 마늘 껍질 - 사소한 일, 하찮고 가치 없는 것
例句：你们何苦因这点鸡毛蒜皮的事跟他们吵呢？
당신들은 무엇이 아쉬워 이런 사소한 일로 그들과 다투나요?

55. **狂风暴雨**(kuángfēngbàoyǔ)
세차게 몰아치는 비바람 - 맹렬하고 사나운 기세, 매우 위험한 처지
例句：那天晚上妈妈冒着狂风暴雨，把发高烧的我送去了医院。
그날 저녁 엄마는 세차게 몰아치는 비바람을 무릅쓰고 고열이 있는 나를 병원에 데리고 가셨습니다.

56. **言归于好**(yánguīyúhǎo)
다시 관계가 좋아지다(회복되다).
例句：消除误会后，两个好朋友言归于好了。
오해가 사라지고 두 절친한 친구는 다시 관계가 좋아졌습니다.

57. **何乐而不为**(hélèérbùwéi)
왜 즐겨 하지 아니하겠는가? , 왜 싫어하겠는가?

例句：能在学习的同时娱乐，何乐而不为？
공부하는 동시에 즐겁게 시간을 보낼 수 있는데 왜 싫어하겠습니까?

58. **坐立不安**(zuòlìbùān)
앉으나 서나 편안치가 못하다. - 안절부절못하다.
例句：儿子在动手术，母亲急得坐立不安。
아들이 수술을 받아 어머니는 초초해 안절부절못합니다.

59. **层出不穷**(céngchūbùqióng)
계속 끊임없이 나타나다, 끊임없이 생기다.
例句：（1）在五代十国时期，军事政变层出不穷。
오대십국 시기에는 군사정변이 끊임없이 발생했다.
（2）层出不穷的犯罪事件让人担心。
끊임없이 계속 일어나는 범죄 사건이 사람들을 걱정하게 합니다.

60. **身外之物**(shēnwàizhīwù)
몸 이외의 것 - 재산, 물질, 명예 따위가 가치 없다(중요치 않다).
例句：金钱和学历都是身外之物，品德才是最重要的。
돈과 학력은 모두 몸 이외의 것이지만 품성이야말로 가장 중요한 것이다.

61. **别出心裁**(biéchūxīncái)
훌륭한 구상을 해내다, 새로운 것을 생각해 내다.
例句：制造者别出心裁，把电视设计成圆形。
제조한 사람이 훌륭한 구상을 했는데, 텔레비전 설계를 둥근모양으로 하였다.

62. **言外之意**(yánwàizhīyì)
말 밖의 뜻, 말의 숨은 뜻, 암시하는 말

例句：（1）你难道还听不出他的言外之意吗，他让我们别去了。

당신은 설마 그가 하는 말의 숨은 뜻을 못 알아듣지 않겠지요, 그는 우리를 못가게 하려 합니다.

（2）言外之意，弦外之音。

말 밖의 다른 뜻, (악기의)줄 밖의 다른 음

63. **声东击西**(shēngdōngjīxī)

동쪽에서 소리를 내고 서쪽을 친다. - 이쪽을 치는 척하고 저쪽을 치다.

例句：小心敌人声东击西的策略。

이쪽을 치는 척하고 저쪽을 치는 적의 전략을 조심하십시오.

64. **极乐世界**(jílèshìjiè)

극락세계

例句：佛教徒认为除了现实世界外还有一个极乐世界。

불교신도는 현실 세계를 제외하고 극락세계도 있다 생각한다.

65. **来龙去脉**(láilóngqùmài)

어떤 상황의 원인과 전후 관계, 어떤 사물이나 사람의 내력

例句：你一定要搞清楚这件事情的来龙去脉。

당신은 반드시 이 상황의 원인과 전후 관계를 분명히 해야 합니다.

66. **运用自如**(yùnyòngzìrú)

마음먹은 대로 자유자재로 운용(활용)하다.

例句：他是个著名作家，各种写作手法运用自如。

그는 유명 작가로 각종 글 쓰는 수법을 마음껏 자유자재로 활용합니다.

67. **应付自如**(yìngfùzìrú)

일을 매우 침착하고 조금도 힘들지 않게 하다. / 얼마든지(거뜬히) 대처할 수 있다.

例句：不管有多复杂的情形，他都能应付自如。
많은 복잡한 정세에 관계없이 그는 거뜬하게 대처할 수 있다.

68. **劳民伤财**(láomínshāngcái)

백성을 고생시키고 물자만 낭비하다. - 인력, 물자만 낭비하고 아무 효과도 얻지 못하다.

例句：当时有人认为修建万里长城是一件劳民伤财的事。
당시 어떤 사람은 만리장성을 세우는 것이 백성을 고생시키고 물자만 낭비하는 일로 여겼다.

69. **评头论足**(píngtóulùnzú) / **品头论足**(pǐntóulùnzú) / **评头品足**(píngtóupǐnzú)

부녀자의 외모에 대해 이리저리 함부로 말하다. - 어떤 사람이나 일에 대해 이러쿵저러쿵 함부로 말하다.

例句：你有什么资格对这件事评头论足啊?
당신이 무슨 자격으로 이 일에 대해 이러쿵저러쿵 함부로 말합니까?

70. **弄巧成拙**(nòngqiǎochéngzhuō)

잘해 보려 한 것이 되려 일을 그르치다. - 재주를 부리다가 망신당하다.

例句：他妻子自以为聪明，谁知弄巧成拙。
그의 아내는 자기 스스로 총명하다 여겼지만 재주를 부리려다 일을 그르칠 줄 누가 알았겠습니까?

71. **彻头彻尾**(chètóuchèwěi)

철두철미하다, 완전하다.

例句：他是一个彻头彻尾的大骗子。

그는 철두철미한 큰 사기꾼입니다.

72. **呆头呆脑**(dāitóudāinǎo)

어리벙벙하다, 멍청하다.

例句：他呆头呆脑的，一看就知道是个弱智。

그는 어리벙벙해 한 번 보기만하면 지능이 모자란 것을 압니다.

73. **没头没脑**(méitóuméinǎo)

까닭을 모르고 실마리도 없다. / 밑도 끝도 없다.

例句：他没头没脑地被你骂一顿，根本不知道是怎么回事。

그는 밑도 끝도 없이 당신에게 욕을 한번 먹었는데 대체 어찌된 일인지 전혀 모릅니다.

74. **旷世奇才**(kuàngshìqícái)

당대에 비교할 만한 것이 없는 기재 - 당대에 따를 자가 없는 놀라운 재주

例句：爱因斯坦可以算得上是一位旷世奇才。

아인슈타인은 당대에 따를 자가 없는 놀라운 재주를 가졌다고 여길 수 있다.

75. **穷本追源**(qióngběnzhuīyuán)

어떤 사물의 근원을 탐구하다. - 어떤 사물의 근본, 원인을 찾다.

例句：（1）穷本追源，这件事是你的错。

원인을 찾으니 이 일은 당신의 잘못입니다.

（2）穷本追源，亚当才是人类的祖先。

근원을 탐구하니 아담이야말로 인류의 조상입니다.

76. **抛头露面**(pāotóulùmiàn)

부녀자가 사람들 앞에 얼굴을 드러내다. - 공개된 장소에서 쓸데없이 모습을 드러내다. / 뻔뻔하다, 염치가 불구하다.

例句：他不喜欢在媒体面前抛头露面。
그는 (언론)매체 앞에 쓸데없이 모습을 드러내는 것을 좋아하지 않습니다.

77. **灵机一动**(língjīyídòng)
갑자기 어떤 생각이 떠오르다, 영감이 떠오르다. / 기질을 한번 발휘하다.
例句：我灵机一动，想出了一个好办法。
내가 영감이 떠올라 좋은 방법 하나를 생각해 냈습니다.

78. **吹灰之力**(chuīhuīzhīlì)
재를 불 수 있는 힘 - 아주 적은 힘, 매우 쉬운 일(주로 부정 구에 사용됨)
例句：（1）他力气大，不费吹灰之力就把箱子提起来了。
그는 힘이 세서 전혀 힘을 들이지 않고도 상자를 들어 올렸다.
（2）这件事不费吹灰之力
이 일은 전혀 힘이 들지 않는다.

79. **纵观天下**(zòngguāntiānxià)
천하를 거침없이 누비다.
例句：纵观天下，美国是世界上综合国力最强的国家。
세계를 거침없이 누비는 미국은 세계에서 종합적인 국력이 가장 강한 나라이다.

80. **忘年之交**(wàngniánzhījiāo)
나이의 차이를 넘어 배움으로 맺어진 우정
例句：我和他的爷爷是忘年之交。
나와 그의 할아버지는 나이차를 넘어 배움으로 맺어진 우정이다.

81. **坚贞不屈**(jiānzhēnbùqū)

지조가 굳어 절대로 굽힘이 없다.

例句：我们要学习她的坚贞不屈。

우리는 그녀의 지조가 굳어 절대 굽힘이 없는 것을 배워야 합니다.

82. **严阵以待**(yánzhènyǐdài)

진지를 확고히 정비하고 적을 기다리다.

例句：面对敌军可能发动的总攻，我们已经严阵以待，做好了一切准备。

적군이 총 공격을 개시할 수 있는 가능성에 직면, 우리는 이미 진지를 확고히 정비하고 적을 기다릴 일체의 준비를 끝냈다.

83. **言而无信**(yánérwúxìn)

하는 말에 신용이 없다.

例句：他这个人言而无信，我不相信他会履行他的诺言。

그는 하는 말에는 신용이 없습니다. 나는 그가 자신 스스로 승낙한 말을 실천한다고 해도 믿지 않습니다.

84. **花好月圆**(huāhǎoyuèyuán)

꽃은 활짝 피고 달은 둥글다. - 아름답고 행복하다(결혼할 때 많이 쓰임).

例句：在这花好月圆之夜，他们俩共度良宵。

이 아름답고 행복한 밤을 그들 둘은 함께 보냈다.

85. **助纣为虐**(zhùzhòuwéinüè)

주왕을 도와 잔악한 짓을 하다. - 악인을 도와 악행을 하다.

例句：你帮助那个暴君，真是助纣为虐。

당신이 그 폭군을 돕는 것은 정말이지 악인을 도와 악행을 하는 것입니다.

♧ 조주위학(助紂爲虐), 조걸위학(助桀爲虐)의 유래

助紂爲虐 혹은 助桀爲虐에서 紂는 은(殷 - 중국에서는 商이라고도 한다)나라의 마지막 왕인 주왕(紂王)을 말하고 있고 桀은 은나라 이전 왕조인 하(夏)나라의 마지막 왕 걸왕(桀王)을 뜻한다. 이들 두 사람은 폭군과 악인의 대명사로 전해지고 있는데 걸왕은 매희(妺姬)에게 빠져 주지육림(酒池肉林)이라는 고사가 나올 정도로 사치와 향락을 일삼았고 주왕 역시 달기(妲己)라는 여자에 빠져 잔인한 악행을 일삼았던 폭군이었다. 이 두 사람의 폭정으로 하, 은 두 나라는 민심이 등을 돌려 멸망하고 말았다.

86. **志在四方**(zhìzàisìfāng) / **志在千里**(zhìzàiqiānlǐ)

포부가 천하에 있다. - 원대한 포부와 이상을 가지다.

例句：男子汉志在千里。

사내대장부는 원대한 포부와 이상을 가진다.

87. **别有用心**(biéyǒuyòngxīn)

다른 생각을 품고 있다. - 다른 꿍꿍이가 있다.

例句：他这么做一定是别有用心，你得提防着点。

그가 이렇게 한 것은 반드시 다른 꿍꿍이가 있으니 당신은 그것을 저지해야 됩니다.

88. **劳师动众**(láoshīdòngzhòng)

대규모의 군대를 동원하다, 많은 인원을 동원하다(투입하다).

例句：为了一些叛军，值得这么劳师动众去攻打他们吗?

약간의 반군들 때문에 이렇게 많은 인원을 동원해 그들을 공격하러 갈 필요가 있습니까?

89. **应有尽有**(yīngyǒujìnyǒu)

필요한 물건은 무엇이든 준비되어 있다, 없는 것이 없다, 모두 구비되어 있다.

例句：百货商店里的货物齐全，比如家电、玩具、食品 、珠宝等应有尽有。

백화점 안의 상품이 완비되어 있는데 예를 들면 가전제품, 완구, 식품, 보석 등 없는 것이 없다.

90. **劫后余生**(jiéhòuyúshēng)

재난(재해) 뒤에 생존한 사람

例句：劫后余生的人们没有丧失希望，开始重建家园。

재난 뒤에 생존한 사람들이 희망을 잃지 않고 가정을 다시 꾸려 나가기 시작했다.

91. **你死我活**(nǐsǐwǒhuó)

목숨을 다해, 결사적으로, 생사를 걸고

例句：你们非得争个你死我活才肯罢休么？

당신들은 목숨을 다해 싸워야만 그만두고 싶어합니까?

92. **我行我素**(wǒxíngwǒsù)

이목에 상관없이 자기 갈 길을 가다. - 사람들 말에 아랑곳하지 않고 자기 소신과 방식대로 하다.

例句：他依旧我行我素，不遵守纪律。

그는 여전히 사람들 말에 상관없이 규율을 준수하지 않습니다.

93. **返老还童**(fǎnlǎohuántóng)

다시 젊어지다.

例句：（1）世上没有返老还童的药。

세상에 다시 젊어지게 하는 약은 없다.

（2）他年纪一大把了，精神还像小孩一样好，人们都说他返老还童。

그는 연로하지만 정신은 아직 어린아이같이 좋아 사람들은 모두 그가 다시 젊어진다고 말합니다.

94. **投机取巧**(tóujīqǔqiǎo)

기회를 틈타 교묘히 이득을 취하다. - 노력이 아닌 잔꾀나 요행으로 뜻을 이루다.

例句：学习中没有投机取巧的办法，尤其是学语言，需要大量的练习。

공부에는 노력이 아닌 요행으로 뜻을 이루는 방법이 없어요. 특히 언어를 공부하는 데에는 상당한 연습이 필요합니다.

95. **两全其美**(liǎngquánqíměi)

쌍방이 모두 좋게 하다.

例句：我想出了一个两全其美的好办法。

나는 쌍방 모두 좋게 하는 한가지 좋은 방법을 생각해 냈습니다.

96. **别有洞天**(biéyǒudòngtiān)

별천지, 다른 세상

例句：这溶洞里真是别有洞天，景色相当宜人。

이 종유동 안은 정말 별천지로 경치가 무척 사람에게 좋은 느낌을 줍니다.

97. **近在咫尺**(jìnzàizhǐchǐ)

자기가 찾고자 애쓰는 것(사람, 사물 등)이 사실 가까운 지척에 있다.

例句：自己朝思暮想的明星就近在咫尺，却激动得说不出话来。

자신이 늘 그리워하는 스타가 지척에 있지만 오히려 흥분되어 말이 나오지 않았습니다.

98. **花红柳绿**(huāhóngliǔlǜ)

꽃 향기 그윽하고 버들가지에 물 오르다. - 아름다운 봄의 경치

例句：春天的郊外一片花红柳绿。

봄철 교외에는 아름다운 봄의 경치가 있다.

99. **抓耳挠腮**(zhuāěrnáosāi)

귀를 긁다가 턱을 만지다. - 급하거나 기쁘거나 초초하거나 당황해서 어쩔 줄을 모른다.

例句：他一时没想出怎么回答，就站在台上抓耳挠腮。

그는 갑자기 어떻게 대답해야 할 지 몰라 무대 위에서 당황해 했다.

100. **良师益友**(liángshīyìyǒu)

훌륭한 스승과 좋은 벗(흔히 좋은 책을 지칭)

例句：好的参考书是学生们的良师益友。

좋은 참고서는 학생들의 훌륭한 스승과 좋은 벗이다.

101. **声色俱厉**(shēngsèjùlì)

말과 표정이 몹시 엄하다(사납다).

例句：爸爸声色俱厉地批评我的消极思想。

아빠는 말과 표정을 몹시 엄하게 하셔서 나의 소극적이고 부정적인 생각을 꾸짖으셨다.

102. **抑扬顿挫**(yìyángdùncuò)

소리의 고저장단 등이 잘 조화되어 리듬이 있다.

例句：这首诗读起来抑扬顿挫，很有韵律。

이 시는 읽기에 소리의 고저장단 등이 잘 조화된 리듬이 있어 운율이 매우 좋다.

103. **声名狼籍**(shēngmínglángjí)

평판이 매우 나쁘다, 위신이 땅에 떨어지다.

例句：Clinton总统的丑闻差点使他声名狼籍。

클린턴 대통령의 추문이 그의 위신을 땅에 떨어질 뻔하게 하였다.

104. **志同道合**(zhìtóngdàohé)

서로 간에 뜻과 신념이 일치하다.

例句：他们很喜欢结交志同道合的朋友。

그들은 서로 뜻과 신념이 일치하는 친구와 사귀는 것을 매우 좋아한다.

105. **时过境迁**(shíguòjìngqiān)

시간이 흐름에 따라 상황이 변하다.

例句：时过境迁，你就不要再去提那件事了。

시간이 흐름에 따라 상황도 변했으니 당신은 다시 가서 그 일을 언급하지 마세요.

106. **肝肠寸断**(gānchángcùnduàn)

간장이 마디마디 끊어지듯 하다. - 가슴이 찢어지듯 슬프다, 몹시 비통하다.

例句：她伤心至极，哭得肝肠寸断。

그녀의 상심이 극에 달해 가슴이 찢어지듯 슬피 웁니다.

107. **花花公子**(huāhuāgōngzǐ)

돈 많은 집의 방탕한 자식, 난봉꾼

例句：他是一个欺骗女人感情的花花公子。

그는 여자의 감정을 속이는 돈 많은 집의 방탕한 자식이다.

108. **言听计从**(yántīngjìcóng)

어떠한 말이나 계획도 받아들이다(수용하다). - 매우 신임하다.

例句：他对妻子的话总是言听计从。

그는 아내의 말을 항상 수용하고 받아들인다.

109. **身怀六甲**(shēnhuáiliùjiǎ)

아이를 임신하다.

例句：你夫人身怀六甲还坚持工作，真是了不起！

당신 부인께서는 아이를 임신했는데도 일을 계속하니 정말 대단하세요!

110. **闷闷不乐**(mènmènbúlè)

마음이 답답하고 울적하다.

例句：发生了什么事情吗？看你闷闷不乐的样子。

무슨 일이 생겼습니까? 당신을 보니 마음이 답답하고 울적한 모습입니다.

111. **忐忑不安**(tǎntèbùān)

마음이 불안하다, 안절부절못하다.

例句：我在家忐忑不安地等待考试的结果。

나는 집에서 마음이 불안하게 시험 결과를 기다렸습니다.

112. **坐怀不乱**(zuòhuáibùluàn)

남자가 여자와 접촉하여도 비난받을 행동을 하지 않다. - 도덕적으로 깨끗한 관계

例句：这么一个漂亮的姑娘在身边，你能坐怀不乱，不动心么？

이런 예쁜 아가씨가 곁에 있으면 당신은 비난받을 행동을 하지 않거나 마음이 동요되지 않을 수 있겠습니까?

113. **坚韧不拔**(jiānrènbùbá)

의지가 굳세 마음이 흔들리지 않는다.

例句：他拥有坚韧不拔的坚强性格。

그는 의지가 굳세 흔들리지 않는 꿋꿋한 성격을 가지고 있다.

114. **走投无路**(zǒutóuwúlù)

의탁할 곳이나 갈 만할 길이 없다, 막다른 골목에 다다르다, 궁지에 몰리다.

例句：不到走投无路时，这种动物一般是不会攻击人的。

궁지에 몰리지 않으면 일반적으로 이런 동물은 사람을 공격

하지 않는다.

115. **里应外合**(lǐyìngwàihé)

안과 밖에서 서로 호응하다.

例句：你先打入敌方内部，我再从外部攻打，来个里应外合。

당신이 적 내부에서 먼저 공격한다면 나는 바깥에서 공격해 안팎에서 서로 호응하는 겁니다.

116. **花花世界**(huāhuāshìjiè)

번화한 곳, 속세, 향락가.

例句：刚毕业的大学生第一次面对这样的花花世界，很多人迷失了方向。

막 졸업한 대학생이 맨 처음 이런 향락가를 마주 대하면 많은 사람이 방향을 잃는다.

117. **花言巧语**(huāyánqiǎoyǔ)

감언이설을 하다.

例句：你不要被骗子的花言巧语给骗了。

당신은 사기꾼의 감언이설에 속지 마세요.

118. **良辰吉日**(liángchénjírì)

좋은 날, 길일

例句：他们决定选一个良辰吉日举行婚礼。

그들은 길일을 택해 결혼 예식을 거행했습니다.

119. **芸芸众生**(yúnyúnzhòngshēng)

(불교 등에서 말하는) 살아 있는 모든 존재 / 많은 중생 / 지위, 신분이 미천한 일반 서민 / 아무 것에도 쓸모없는 벌레같은 놈

例句：世上的芸芸众生中，只有人类具有如此高的智慧。

세상의 많은 존재들 중 단지 인류만이 이 같이 높은 지혜를 구비하였다.

120. **吞吞吐吐**(tūntūntǔtǔ)

우물쭈물하다, 횡설수설하다.

例句：他刚才说话时吞吞吐吐的，肯定有什么心思。

그는 방금 전 말할 때 우물쭈물하니 반드시 무슨 생각이 있을 겁니다.

121. **吞声忍气**(tūnshēngrěnqì) / **忍气吞声**(rěnqìtūnshēng)

울음을 삼키고 노여움을 누르다.

例句：为了这份工作，他对同事的凌辱也只好忍气吞声。

이 일을 위해 그는 직장 동료의 모욕에 대해서도 울음을 삼키고 노여움을 누를 수밖에 없다.

122. **时来运转**(shíláiyùnzhuǎn)

때가 되어 좋은 운이 돌아오다.

例句：上星期运气一直不好，现在时来远转，这星期事情进行得蛮顺利的。

지난 주에는 운이 계속 좋지 않았는데 지금은 좋은 운이 돌아와 이번 주 일의 진행은 매우 순조롭습니다.

123. **冷言冷语**(lěngyánlěngyǔ) / **冷嘲热讽**(lěngcháorèfěng)

차갑고 쌀쌀한 말, 비꼬는 말

例句：自己认真工作却招来了领导的冷嘲热讽。

스스로 성실히 일하는데도 오히려 지도자의 차갑고 쌀쌀한 말을 들었습니다.

124. **财运亨通**(cáiyùnhēngtōng)

재물 운이 형통하다.

例句：祝你在新的一年里，财运亨通。

새로운 한 해에는 당신의 재물 운이 형통하길 기원합니다.

125. **何足挂齿**(hézúguàchǐ)

입에 담을 만한 것이 되지 못한다.

例句：这么一点小事何足挂齿！

이런 작은 일은 입에 담을 만한 것이 되지 못해요!

126. **含辛茹苦**(hánxīnrúkǔ)

고생을 참고 인내하다.

例句：父母含辛茹苦地把我们养大，我们理应长大后好好孝敬他们。

부모님이 고생을 참고 인내하며 우리를 기르셨습니다. 우리도 마땅히 장성한 후에는 그분들을 잘 섬기고 공경해야 합니다.

127. **良辰美景**(liángchénměijǐng)

좋은 시절의 아름다운 경치

例句：在中秋月圆的良辰美景中，他祈愿自己美梦成真。

한가위 보름달의 아름다운 경치에서 그는 자신의 소원성취를 기원하였다.

128. **远走高飞**(yuǎnzǒugāofēi)

멀리 가서 높이 날아 오르다. - 멀리 사라지다, 먼 곳으로 가버리다. / 어려운 환경에서 벗어나 밝은 미래를 추구하다.

例句：贪污公款后，他想带着家人远走高飞，谁知在机场就被抓住了。

공금을 횡령한 후 그는 가족들을 데리고 멀리 사라지길 원했지만 공항에서 잡힐 줄 누가 알았겠습니까!

129. **扭扭捏捏**(niǔniǔniēniē)

몸을 흔들며 살랑살랑 걷다, 우물쭈물 머뭇머뭇 거리다.

例句：你怎么说起话来扭扭捏捏的，像个女孩子。

당신은 어떻게 말을 시작할 때 우물쭈물하며 머뭇거립니까!

마치 여자 같아요.

130. **赤身裸体**(chìshēnluǒtǐ)

몸에 아무 것도 걸치지 않다.

例句：洗澡的时候，电话来了，于是他就赤身裸体地跑出来接电话。

샤워를 할 때 전화가 와서 그는 몸에 아무것도 걸치지 않은 채로 뛰어나와 전화를 받았다.

131. **别具一格**(biéjùyìgé)

독특한 품격(혹은 모습)을 지니다.

例句：他的画别具一格，很有吸引力。

그의 그림은 독특한 품격을 지니고 있어 매우 흡입력이 있다.

132. **呆若木鸡**(dāiruòmùjī)

놀라서 얼빠진 사람처럼 멍해 있다. - 목석처럼 표정이 없다.

例句：他被眼前的景象吓得呆若木鸡。

그는 눈 앞의 광경에 놀라 얼빠진 사람처럼 멍해 있습니다.

133. **攻其不备**(gōngqíbúbèi)

허를 찔러 공격하다. - 불시에 기습을 가하다.

例句：我们来个攻其不备，攻击敌军的右翼。

우리는 불시에 기습을 가해 적군의 왼쪽 날개를 공격하였다.

134. **来者不拒**(láizhěbújù)

오는 것을 막지 않는다. / 사례금을 기쁘게 받다.

例句：（1）他来者不拒，谁都欢迎。

그는 오는 것을 막지 않아 어느 누구도 환영한다.

（2）她对追求自己的人总是来者不拒。

그녀는 자신에게 구애하는 사람은 늘 오는 것을 막지 않는다.

135. **坚定不移**(jiāndìngbùyí)

확고부동하다.

例句：我们要坚定不移地贯彻政府的方针政策。

우리는 확고부동하게 정부의 정책 방침을 관철시켜야 합니다.

136. **纵虎归山**(zònghǔguīshān) / **放虎归山**(fànghǔguīshān)

호랑이를 풀어 줘 산으로 되돌아 가게 하다. - 적을 놓아 주어 뒷날의 화근을 남기다.

例句：你现在把他放了，不等于是纵虎归山吗?

당신이 그를 지금 놓아주면 호랑이를 풀어 산으로 되돌아 가게 하는 것과 같지 않나요?

137. **希奇古怪**(xīqígǔguài)

옷, 물건 등의 모양이 독특하고 특이하다.

例句：他脑子里满是一些希奇古怪的想法。

그의 머리 속에는 독특하고 특이한 생각이 가득합니다.

138. **劳苦功高**(láokǔgōnggāo)

고생하며 큰 공을 세우다.

例句：他劳苦功高，理应得到奖赏。

그는 고생하며 큰 공을 세웠으니 당연히 상을 받아야 한다.

139. **身败名裂**(shēnbàimíngliè)

(어떤 일에 실패하여) 지휘도 명예도 잃게 되다. - 완전히 실패하다.

例句：这件丑闻足以使你身败名裂。

이 추문은 충분히 당신의 지휘와 명예도 잃게 할 수 있어요.

140. **冷若冰霜**(lěngruòbīngshuāng)

차갑기가 얼음이나 서리와 같다.

例句：分手后，女朋友对他的态度冷若冰霜，根本就不想理他。

헤어진 후 여자 친구의 그에 대한 태도는 차갑기가 얼음이나 서리같아 도무지 그를 상대하기 싫어합니다.

141. **判若两人**(pànruòliǎngrén)

전혀 다른 사람 같다.

例句：今天的他和昨天的他判若两人，态度来了个180度大转弯。

오늘의 그와 어제의 그는 전혀 다른 사람과 같아 태도가 180도로 바뀌었어요.

142. **忧国忧民**(yōuguóyōumín)

나라와 백성을 걱정하다.

例句：忧国忧民的君主十分担心国家的安危。

나라와 백성을 걱정하는 군주는 국가의 안위를 매우 근심한다.

143. **投其所好**(tóuqísuǒhào)

다른 이의 비위를 잘 맞추다, 다른 사람이 좋아하는 것에 영합하다.

例句：他对局长老是投其所好。

그는 국장의 비위를 언제나 잘 맞춥니다.

144. **坐享其成**(zuòxiǎngqíchéng)

가만히 앉아 다른 이가 고생하여 얻은 열매를 누리다. - 다른 사람 덕에 편안히 생활하다.

例句：他们从来不劳动，只是在那里坐享其成。

그들은 지금껏 일하지 않고 단지 저기에서 다른 사람들 덕에 편안히 살았다.

145. **花枝招展**(huāzhīzhāozhǎn)

꽃가지가 바람에 흔들리다. - 여인의 몸단장이 화려하다.

例句：少女穿得花枝招展。

소녀가 차려 입은 몸단장이 화려하다.

146. **鸡鸣狗盗**(jīmínggǒudào)

계명구도(닭 울음 소리와 개 도둑질) - 별 볼일 없는 하찮은 재주, 좀도둑질, 남몰래 하는 부정당한 행위

例句：现在很多人表面上是正人君子，暗地里却经常做一些鸡鸣狗盗之事。

현재 많은 사람들이 겉으로 품행이 단정한 사람처럼 보이지만 항상 다른 사람 몰래 바르지 못한 행동을 합니다.

147. **两虎相争**(liǎnghǔxiāngzhēng)

두 마리의 호랑이가 서로 싸우다. - 두 강자가 서로 싸우다.

例句：俗话说“两虎相争，必有一伤”。

속말에 두 호랑이가 서로 싸우면 반드시 하나는 상한다고 했다.

148. **声泪俱下**(shēnglèijùxià)

말을 이어 가며 눈물을 흘리다. - 아주 비통해 하다.

例句：他声泪俱下地讲述着他那悲惨的身世。

그는 아주 비통해 하며 그의 그런 비참한 신세를 진술하고 있다.

149. **两败俱伤**(liǎngbàijùshāng)

싸운 쌍방이 모두 손해를 보다, 두 쪽 모두 망하다.

例句：这两家公司两虎相争，很可能导致两败俱伤的后果。

이들 두 회사는 서로 싸워 쌍방이 모두 손해 보는 결과를 초래할 수 있습니다.

150. **否极泰来**(pǐjítàilái)

크나큰 불운한 일이 지나가면 행운이 온다.

♧ 계명구도(鷄鳴狗盜)의 유래

계명구도는 전국시대 제나라의 유력한 귀족 맹상군(孟嘗君)의 고사에서 유래되었다. 맹상군은 전국시대의 사군(四君 - 전국시대에 힘이 있던 네 명의 귀족들로 그 밑에는 많은 인재들이 모여들었다. 일반적으로 사군은 제나라의 맹상군, 조나라의 평원군, 위나라의 신릉군, 초나라의 춘신군을 말한다) 중 한 사람으로 그에게는 식객이 3천여 명이나 있었고 그의 이름은 수많은 제후들에게도 알려졌다. 이에 진(秦)나라의 소양왕(昭襄王)이 맹상군을 보기 원하였지만 많은 식객들이 그가 진나라로 가는 것을 반대해 맹상군은 진나라 행을 포기하였다.

그러나 제나라 민왕 25년, 다시 그를 보내 달라고 협박하던 진나라의 강요로 맹상군은 진나라 여행길에 오르게 되었다. 당시 진나라 소양왕은 맹상군을 진나라의 정승으로 삼으려 하였으나 소양왕의 신하 중 한 사람이 "맹상군이 진나라의 정승이 된다 해도 자신의 나라 제나라를 먼저 생각할 것이니 우리 진나라에는 좋지 않은 일입니다."라고 말하였다. 이에 소양왕은 맹상군을 연금시킨 후 계략을 써서 그의 목숨을 빼앗으려 하였다. 구금된 맹상군은 소양왕이 사랑하는 후궁에게 뇌물을 바치며 석방시켜 줄 것을 청하였지만 후궁은 맹상군에게 석방을 돕는 대가로 그가 가지고 있던 호백구(狐白裘 - 여우 겨드랑이 털로 만든 귀한 가죽옷으로 이 옷을 만드는데 천 마리의 여우가 필요하였다고 한다)를 요구하였다. 그러나 이 옷은 천하에 하나밖에 없는 보물로 진나라 소양왕에게 이미 선물로 전해져 맹상군 수중에는 호백구가 남아있지 않았다.

맹상군과 그를 따르는 사람들의 근심이 태산같았을 때 맹상군을 수행한 식객 중 개 흉내를 내어 도둑질을 잘 하던(狗盜) 사람이 있었다. 그는 말석에서 자기가 호백구를 구해 오겠다 말한 뒤 밤에 진나라 궁궐 안으로 들어가 호백구를 훔쳐오는 데 성공하였다. 맹상군이 이 호백구를 후궁에게 바치자 그 후궁은 소양왕을 설득, 왕이 맹상군을 석방하게 해 주었다. 맹상군은 석방된 후 말을 몰아 즉시 귀국 길에 올랐고 이름과 통행증을 변조한 후 관문을 통과하려 하였다. 한편 소양왕은 맹상군을 풀어준 것을 후회하고 즉시 사람들을 보내 뒤쫓아 잡아 오도록 하였다.

도주한 맹상군 일행이 함곡관이라는 관문에 도착했을 때는 한밤중이었다. 맹상군은 밤에 함곡관을 통과하려 하였으나 진나라 법에는 새벽닭이 울고 난 후에야 관문을 열어 통행자를 통과시키게 되어 있었다.

맹상군이 추격하는 군사들 때문에 걱정을 하고 있을 때 따르던 식객 중 닭소리를 잘 내던 사람(鷄鳴)이 있어 새벽닭 울음소리를 흉내 내었다. 그러자 인근에 있던 닭들이 모두 따라 울었고 그 덕에 맹상군은 함곡관을 지키는 사람들에게 위조된 통행증을 보인 후 무사히 그곳을 떠나 제나라로 귀국할 수 있었다. 결국 맹상군은 개처럼 도둑질을 잘하는 사람(狗盜), 닭울음소리를 잘 흉내 내는 사람(鷄鳴) 덕분에 죽을 고비를 넘길 수 있었던 것이다. 계명구도라는 성어는 바로『사기』맹상군열전에 소개된 이 이야기에서 유래되었다.

例句：他前半生十分贫穷，但是自从中了五百万彩票之后，否极泰来，人生开始变得丰富多彩。

그의 인생 전반부는 매우 가난했지만 500만 위안의 복권에 당첨된 이후, 큰 불운이 지나고 행운이 찾아와 인생이 변화되기 시작했다.

151. **没齿难忘**(méichǐnánwàng)

이(치아)가 없어질 때까지 잊지 못하다. - 평생을 잊지 못하다.

例句：你对我的恩情我将没齿难忘。

당신의 나에 대한 은정을 나는 평생 잊지 못할 겁니다.

152. **沉鱼落雁**(chényúluòyàn)

여인의 용모가 너무 아름다워 물고기가 물속으로 들어가고 제비(혹은 기러기)가 내려 앉을 정도이다.

例句：杨贵妃有着沉鱼落雁的美貌。

양귀비에게는 물고기가 물속으로 들어가고 제비가 내려 앉을만한 미모가 있다.

153. **体贴入微**(tǐtiērùwēi)

세세한 부분까지 보살피다. - 극진히 보살피다(돌보다).

例句：发高烧时，妈妈给我体贴入微的关怀，使我很快就康复了。

열이 높을 때 엄마가 나를 극진히 돌보셔 나를 아주 빠르게 회복시켰다.

154. **两面三刀**(liǎngmiànsāndāo)

양면의 세 개의 칼 - 악랄하고 음험해 겉과 속이 다르다.

例句：他可是个两面三刀的家伙，没人愿意理他。

그는 대단히 악랄하고 음험한 놈으로 그와 상대하기 원하는 사람은 없습니다.

155. **兵荒马乱**(bīnghuāngmǎluàn)

군사와 군마가 날뛰다. - 세상이 전쟁으로 어수선하다.

例句：在那兵荒马乱的年代，老百姓生活根本得不到保障。

세상이 전쟁으로 혼란한 저런 시대에 국민 생활은 전혀 보장을 받을 수 없다.

156. **汪洋大海**(wāngyángdàhǎi)

망망대해 - 아득히 넓은 큰 바다 / 넓은 범위와 드높은 기세

例句：面对汪洋大海，他陷入了沉思。

아득히 넓고 큰 바다를 대하고 있는 그는 깊은 생각에 잠겼습니다.

157. **花前月下**(huāqiányuèxià)

꽃 그늘과 달빛 아래 - 젊은 남녀가 연애할 때의 좋은 환경(분위기)

例句：他们两个人的姻缘非同一般，其实他们认识的时候，没有花前月下的幽情。

그들 두 사람의 연분은 보통 사람들과 다릅니다. 사실 그들이 처음 알았을 때 낭만적인 분위기 속에서 깊이 숨겼던 감정은 없었습니다.

158. **抛砖引玉**(pāozhuānyǐnyù)

벽돌을 던져 구슬을 끌어들이다. - 성숙되지 않은 낮은 의견으로 다른 이의 고견을 끌어내다(자신의 의견 등을 겸손하게 상대방에

게 나타낼 때 사용됨).

例句：董事长的话不过是抛砖引玉。

이사장께서 이렇게 말씀하시는 것은 여러분의 고견을 듣고 싶어서 입니다.

159. 完美无缺(wánměiwúquē)

완전무결하다, 전혀 흠잡을 데가 없다.

例句：在世界上不存在完美无缺的人。

세상에 완전무결한 사람은 존재하지 않는다.

160. **怀恨在心**(huáihènzàixīn)

마음으로 한스럽게 생각하다.

例句：自从我上次检举他考试作弊后，他一直对我怀恨在心，想报复我。

내가 먼저 번 시험에서 그의 부정행위를 적발한 뒤로 그는 줄곧 마음으로 나를 한스럽게 생각하며 내게 보복하기를 원한다.

161. **走南闯北**(zǒunánchuǎngběi)

남쪽도 가 보고 북쪽도 가 보았다. - 경험이 많다(풍부하다).

例句：他是个走南闯北的生意人。

그는 경험이 풍부한 장사꾼이다.

162. **忧思成病**(yōusīchéngbìng)

근심한 나머지 병이 들다.

例句：他整天想着远方的亲人，结果忧思成病。

그는 온종일 멀리 있는 배우자를 생각한 결과 근심으로 병이 들었다.

163. **作茧自缚**(zuòjiǎnzìfù)

자기가 만든 그물에 자기가 걸리다.

例句：他偷税漏税还一直做假帐，无异于作茧自缚。

그는 탈세를 하고도 계속해서 가짜 장부를 만드니 자기가 만든 그물에 자기가 걸리는 것과 다르지 않아요.

164. **进退两难**(jìntuì liǎngnán)

진퇴양난

例句：现在我是去也不好，不去也不好，真是进退两难啊。

나는 지금 가도 좋지 않고, 가지 않아도 좋지 않으니 정말 진퇴양난입니다.

165. **作威作福**(zuòwēizuòfú)

권력을 남용하여 세도를 부리다, 전횡을 하다.

例句：人民干部不为人民服务，反而爬在人民头上作威作福。

국민의 간부가 국민을 위해 일하지는 않고 오히려 국민들 머리 위로 올라가 권력을 전횡하였다.

166. **张冠李戴**(zhāngguānlǐdài)

장씨의 갓을 이씨가 쓰고 있다. - 어떤 사실, 대상 등을 잘못 알다, A를 B로 잘못 알다.

例句：他爷爷岁数大了，记性很差，经常把我们小辈的名字张冠李戴。

그의 할아버지는 연세가 많으셔서 기억력이 매우 떨어집니다. 항상 우리 손아랫사람들 이름을 잘못 알고 계십니다.

167. **良药苦口**(liángyàokǔkǒu)

좋은 약은 입에 쓰다.

例句：俗话说“良药苦口利于病”，你应该听听他的意见，都是很有道理的话。

속말에 “좋은 약은 입에 쓰나 병에 이롭다.” 했으니 당신은 마땅히 그의 의견을 들어야 합니다. 모두 매우 이치에 맞는 말입니다.

168. **赤胆忠心**(chìdǎnzhōngxīn)

정성을 다해 충성하다.

例句：他有一颗赤胆忠心，决定回去建设祖国。

그에게는 정성을 다해 충성할 마음이 있어 돌아가 조국을 건설할 것을 결심하였다.

169. **身临其境**(shēnlínqíjìng)

그 장소로 직접 가다. - 그 입장에 서다.

例句：我想身临其境去感受一下那里的气氛。

나는 그 장소로 직접 가서 그곳의 분위기를 체험하고 싶어요.

170. **兵临城下**(bīnglínchéngxià)

적병이 성벽 아래까지 이르다. - 사태가 매우 급하다.

例句：敌人兵临城下，看来这仗是非打不可了。

적이 성벽 아래까지 이르러 이 전투는 공격하지 않으면 안 될 것 같아 보입니다.

171. **肝胆相照**(gāndǎnxiāngzhào)

간담상조 - 서로 간에 진심을 터놓고 대하다.

例句：好朋友应该肝胆相照，互相帮助。

좋은 친구는 마땅히 서로 간에 진심을 터놓고 서로를 도와야 한다.

172. **饮食起居**(yǐnshíqǐjū)

음식과 일상 생활

例句：在外国旅行的时候，很不适应那里的饮食起居。

외국을 여행할 때에는 그곳의 음식과 일상 생활에 적응하기 매우 어렵습니다.

173. **串通一气**(chuàntōngyíqì)

모두가 한통속으로 결탁하다.

♧ 간담상조(肝膽相照), 간폐상조(肝肺相照)의 유래

肝膽相照는 당송팔대가(唐宋八大家 - 당, 송 시대에 활동했던 여덟 명의 대문장가를 일컫는다)의 한 사람인 한유(韓愈)가 절친한 우정을 나눴던 친구 유종원(柳宗元 - 그 역시 당송팔대가 중의 하나이다)이 죽었을 때 그의 묘지명에 썼던 문장 중의 한 구절에서 유래하고 있다. "사람이란 어려움에 처할 때에야 우정과 절의(節義)가 나타나는 법이다. 편안할 때에는 서로 술을 마시고 농담을 하며 억지웃음도 웃어 준다. 그 뿐 아니라 서로에게 간(肝)과 폐(肺)를 꺼내 보인다(肝肺相照). 또한 태양을 가리켜 눈물지으며 말하길 생사(生死)간에 배신치 말자고 하니 말은 그럴 뜻하지 않은가! 그러나 털끝만큼의 이해관계가 생기는 날에는 눈을 부라리며 언제 그랬냐는 듯 으르렁대는 것이 오늘날의 친구인 것이다."

한유는 이 글을 통해 변하기 쉬운 우정과 세상인심을 꼬집고 있는데 肝肺相照와 함께 肝膽相照라는 말 역시 서로 속마음을 터놓고 사귈 수 있는 친구의 의미로 통용되고 있다.

例句：生产商竟然和销售商串通一气来欺骗消费者。
생산한 상인이 뜻밖에 판매상과 한통속으로 결탁해 소비자를 속였다.

174. **技高一酬**(jìgāoyīchóu)

한 수 높다, 다소 우세하다.

例句：最后还是韩国队技高一筹，赢得了比赛。
맨 마지막에는 역시 한국 팀이 다소 우세해 경기에서 승리하였다.

175. **花容月貌**(huāróngyuèmào)

화용월태(꽃같은 얼굴과 달과 같은 자태) - 여자의 외모가 아름답다.

例句：年轻时的花容月貌荡然无存，她明显老了。
젊을 때의 예쁜 얼굴은 완전히 사라져 그녀는 눈에 띄게 늙어 보였습니다.

176. **忘恩负义**(wàngēnfùyì)
배은망덕하다, 타인의 은혜와 의리를 저버리다.
例句：你不要和他交往，朋友们骂他忘恩负义。
당신은 그와 왕래하지 마세요. 친구들이 그의 배은망덕을 욕합니다.

177. **忍辱负重**(rěnrǔfùzhòng)
부끄러움을 참아가며 중요한 책임을 지다. - 큰 일을 위해 치욕을 참다.
例句：勾践忍辱负重十多年，终于击败了吴国。
구천(춘추시대 월나라의 왕)은 큰 일을 위해 십여 년의 치욕을 참고 마침내 오나라를 패배시켰다.

178. **作恶多端**(zuòèduōduān)
갖은 악행을 다하다, 온갖 악행만을 일삼다.
例句：这个作恶多端的罪犯终于被抓住了。
갖은 악행을 다하던 이 범죄자가 결국에는 붙잡히고 말았다.

179. **身家性命**(shēnjiāxìngmìng)
자기와 모든 가족의 생명, 일가족의 목숨을 보존하다.
例句：上海临时政府主席金九，为了祖国的独立，不计身家性命。
상하이임시정부의 주석 김구는 조국의 독립을 위해 자신과 일가족의 생명을 문제삼지 않았다.

180. **沧海桑田**(cānghǎisāngtián)/ **桑田沧海**(sāngtiáncānghǎi)
푸른 바다가 뽕나무 밭으로 변하다. - 상전벽해, 세상이 급변하다(변화무쌍하다).
例句：过了很多年以后重返故乡，真有一种沧海桑田的感觉。
아주 오랜 세월이 흐른 후 고향에 돌아왔는데 정말이지 상전벽해의 느낌이 있었습니다.

181. **两袖清风**(liǎngxiùqīngfēng)

두 옷소매에는 맑은 바람밖에는 없다. - 청렴결백한 관리 / 빈털터리이다.

例句：他是一个两袖清风的好官，从不贪污。

그는 청렴결백한 좋은 관료로 지금껏 독직이나 횡령을 하지 않았다.

182. **汹涌澎湃**(xiōngyǒngpéngpài) / **心潮澎湃**(xīncháopéngpài)

물결이 세차게 출렁이다. - 막기 불가능할만큼 기세가 거세다.

例句：改革开放的潮流汹涌澎湃，势不可挡。

개혁개방이라는 시대적 흐름이 거세 막아낼 수 없다.

183. **花样翻新**(huāyàngfānxīn)

모양을 새롭게 하다. - 독창적인 양식을 창출하다.

例句：只有花样翻新后，才能吸引顾客的注意。

독창적인 양식을 창출해야만 비로소 고객의 주의를 끌 수 있다.

184. **连绵不断**(liánmiánbúduàn)

끊임없이, 부단히, 끝없이 이어지다.

例句：战火连绵不断，人民生活在水深火热之中。

전쟁이 끊임없어 국민들의 생활은 도탄에 빠져 있다.

185. **应接不暇**(yìngjiēbùxiá)

손님을 접대하느라 몹시 분주하다(매우 바쁘다). / 좋은 경치가 많아 눈이 부시다.

例句：今天来的贵宾太多，主人已经应接不暇了。

오늘 온 귀빈들이 너무 많아 이미 주인은 손님을 접대하느라 매우 바쁘다.

186. **弄假成真**(nòngjiǎchéngzhēn)

장난삼아 한 일이 사실이 되다. - 농담이 진담으로 변하다.

例句：他本意是开玩笑的，谁知却弄假成真。

그의 본 마음은 농담을 하자는 것인데 농담이 오히려 진담으로 변할 줄 누가 알았겠습니까!

187. **弄虚作假**(nòngxūzuòjiǎ)

속임수를 쓰다, 남을 기만하다.

例句：（1）有些学生平时不努力，一到考试时就弄虚作假。

어떤 학생들은 평소에 노력하지 않다가 시험 때만 되면 속임수를 쓴다.

（2）他弄虚作假得来的名誉，总有一天会被揭穿的。

그가 속임수를 써서 얻었던 명예가 언젠가는 폭로될 것이다.

188. **冷眼旁观**(lěngyǎnpángguān)

냉정한 눈으로만 방관하다. - 냉정한 태도로 외면하다.

例句：朋友有难，我怎么可以冷眼旁观呢？

친구에게 어려움이 있는데 내가 어떻게 냉정한 태도로 외면할 수 있나요?

189. **闲情逸致**(xiánqíngyìzhì)

한가한 정서와 편안한 정취

例句：我最近忙得不可开交，哪还有闲情逸致去钓鱼啊？

나는 요즘 눈코 뜰 새 없이 바쁩니다. 그 어디에 한가롭고 편안한 마음으로 낚시하러 가는 것이 있겠습니까?

190. **利欲熏心**(lìyùxūnxīn)

못된 이익에 정신 팔리다. - 사리사욕에 미혹되다, 탐욕이 사람을 미혹시킨다.

例句：小贩们利欲熏心，用自来水兑酒来卖，从中谋取暴利。

소상인들이 탐욕에 정신이 팔려서 물을 술로 바꿔 팔아 중간에 폭리를 취하고 있습니다.

191. **身强力壮**(shēnqiánglìzhuàng)

몸이 건장하고 힘이 있다.

例句：你应该派一些身强力壮的人去搬这些东西。

당신은 마땅히 몸이 건장하고 힘 있는 사람을 가게 해 이 물건들을 옮겨야 합니다.

192. **兵强马壮**(bīngqiángmǎzhuàng)

군사와 말 모두 강하다. – 군사력이 강력하다, 전력이 막강하다.

例句：阿根廷队兵强马壮，是夺冠的热门。

아르헨티나 팀은 전력이 막강해서 우승을 차지해 인기가 있다.

193. **轩然大波**(xuānrándàbō)

큰 파문, 크나큰 분쟁, 큰 풍파

例句：北朝鲜在研制核武器的新闻在国际社会上引起了轩然大波。

북한이 핵무기를 연구 개발한다는 뉴스가 국제 사회에 큰 파문을 일으켰다.

194. **足智多谋**(zúzhìduōmóu)

지혜가 많고 계략이 풍부하다.

例句：足智多谋的军师心生妙计。

지혜가 많고 계략이 풍부한 군사참모의 마음속에서 묘책이 생긴다.

195. **针锋相对**(zhēnfēngxiāngduì)

바늘 끝과 바늘 끝이 서로 마주 대하다. – 의견, 행동 등이 서로 첨예하게 대립하다.

例句：双方就论题展开了针锋相对的辩论。

쌍방이 논제를 펴며 서로 첨예하게 대립하는 변론을 합니다.

196. **劫富济贫**(jiéfùjìpín)

부자의 재물을 빼앗아 가난한 이를 구제하다.

例句：《水浒传》中有很多好汉劫富济贫的故事。

『수호전』 가운데에는 많은 호걸들이 부자의 재물을 빼앗아 가난한 사람을 구제하는 이야기가 많다.

197. **弃暗投明**(qìàntóumíng)

어둠을 버리고 밝음으로 나아가다. - 악인이 바른 길로 돌아오다.

例句：我们都劝他弃暗投明，尽早与犯罪分子脱离关系。

우리는 모두 그에게 바른 길로 돌아와 가능한 빨리 범죄자와의 관계를 끊으라 권면하였다.

198. **屁滚尿流**(pìgǔnniàoliú)

너무 놀라 방귀가 나오고 오줌이 나오다. - 너무 놀라 어쩔 줄 모르고 혼비백산하다.

例句：我们把敌人打得屁滚尿流。

우리는 적이 매우 놀라 혼비백산할 정도로 때렸습니다.

199. **迟疑不决**(chíyíbùjué)

망설이며 결정하지 못하다.

例句：正在我迟疑不决要不要上公共汽车时，车子开走了。

내가 버스에 승차할지 안 할지 망설이며 결정하지 못할 때 차는 떠났습니다.

200. **走漏风声**(zǒulòufēngshēng)

소문이 새어 퍼져 나가다, 정보가 새어나가다.

例句：肯定是有人走漏风声了，要不然他们怎么会知道呢？

틀림없이 어떤 사람이 소문을 내었을 겁니다. 그렇지 않다면 그들이 어떻게 알겠습니까?

201. **没精打采**(méijīngdǎcǎi)

시들시들하다, 활기가 없다, 흥이 나지 않다.

例句：昨晚没睡好，早上没精打采的。

어젯밤에 잠을 잘 자지 못해 아침에 활기가 없어요.

202. **豆蔻年华**(dòukòuniánhuá)

16세에서 20세 사이의 아주 젊고 청초한 여자, 소녀의 꽃다운 연령

例句：十来岁的青少年正值豆蔻年华。

십여 세의 청소년이 바야흐로 젊고 꽃다운 나이를 맞았다.

203. **声嘶力竭**(shēngsīlìjié)

목도 쉬고 힘도 다하다. - 기진맥진하다.

例句：有人在后面声嘶力竭的喊“前面有地雷，不要过去。”

어떤 사람이 뒤에서 기진맥진해 “앞에 지뢰가 있으니 지나가지 말아요!”라고 소리쳤다.

204. **形影不离**(xíngyǐngbùlí)

형상과 그림자는 떨어질 수 없다. - 서로의 관계가 매우 친밀하다, 늘 붙어있다.

例句：他是我的好朋友，我们俩总是形影不离。

그는 나의 좋은 친구로 우리 둘은 항상 친밀합니다.

205. **含糊其辞**(hánhúqící) / **含糊其词**(hánhúqící)

말을 얼버무리다, 말을 분명히 하지 않고 애매모호하게 하다.

例句：（1）我不想告诉他事实，于是就含糊其辞地回答了他的问题。

나는 그에게 사실을 말하기 싫어 말을 얼버무리며 그의 질문에 답했습니다.

（2）看他刚才讲话含糊其辞，肯定是有什么事情瞒着我。

그를 보니 방금 말을 할 때 얼버무리는 것이 확실히 나를 속이는 어떤 일이 있습니다.

206. **妙趣横生**(miàoqùhéngshēng)

말, 미술품, 글 등에 미묘한 운치나 정취가 넘치다.

例句：这本书作者构思很好，写得妙趣横生。

이 책 작가의 구상은 아주 좋아 미묘한 운치가 넘칠 정도로 글을 썼다.

207. **犹豫不决**(yóuyùbùjué)

이리저리 망설이며 결단을 내리지 못하다, 우유부단하다.

例句：你不要犹豫不决了，快点下决心吧。

당신은 망설이지 말고 빨리 결심을 하세요.

208. **完璧归赵**(wánbìguīzhào)

완벽하고 값진 보석이 조나라로 돌아가다. - 빌려 온 물건을 원래대로 손상 없이 온전하게 돌려주다.

例句：我今天完璧归赵，把东西完好无损地还给他了。

나는 오늘 빌려 온 물건을 원래대로 온전하게 그에게 돌려주었다.

209. **沉默寡言**(chénmòguǎyán)

말수가 적고 입이 무겁다, 입이 과묵하다.

例句：他在晚会上沉默寡言，肯定有什么心事。

그는 저녁파티에서 말수가 적고 과묵했는데 확실히 무슨 걱정이 있습니다.

210. **妖魔鬼怪**(yāomóguǐguài)

악마들과 요괴들 - 많은 종류의 사악한 세력, 가지각색의 악당들

例句：春节家家户户贴的春联就是为了驱除妖魔鬼怪。

설 명절에 집집마다 춘련(신년에 문, 기둥 등에 써 붙이는 문구)을 붙이는 것은 바로 많은 악마와 요괴들을 쫓아내기 위해서이다.

♧ 완벽회조(完璧回趙)의 유래

완벽회조는 負荊請罪, 刎頸之交 두 고사로 유명한 조나라 상대부 인상여(藺相如)의 이야기에서 유래되었다.

전국시대 제나라의 국력이 쇠퇴해지자 조나라는 인상여와 장군 조염파의 충성과 지략 덕분에 강국인 진(秦)나라와 세력을 다툴 정도로 국력이 성장하였다. 조나라는 혜문왕 시기 초(楚)나라 보물인 화씨벽(和氏璧 – 옛날 초나라 사람이 초선에서 발견하였다는 천하 제일의 구슬)을 얻었는데 진나라 소(昭)왕은 그 이야기를 듣고 신하를 조나라로 보내 화씨벽과 진나라 열다섯 성의 교환을 제안하였다.

당시 조나라의 왕은 염파를 비롯한 신하들과 이 문제를 의논하였는데 왕이 진나라의 제의를 거부하면 진나라 군대가 조나라를 공격할지도 모른다는 근심에 빠졌다. 그때 신하 중 목현(穆賢)이란 사람이 자신 밑에 있던 인상여를 천거하게 되었다(당시 인상여는 다른 이들에게 알려지지 않았던 시기였다).

왕은 그를 불러 이 문제에 대한 조언을 구했는데 인상여는 조나라 왕에게 "진나라의 세력은 강하고 조나라의 세력은 약하니 허락하지 않을 수 없다"라고 대답하였다. 그러나 왕은 화씨벽을 진나라에 빼앗기는 것을 아까워하였다. 이에 인상여는 "진나라가 성 열다섯 곳과 화씨벽을 교환하자고 제안하였을 때 조나라에서 거절하면 조나라에게 잘못이 있고 조나라가 화씨벽을 진나라에게 주었을 때 그들이 열다섯 성을 주지 않으면 그 잘못은 진나라에게 있으니 그들의 조건을 수락하여 잘못된 책임을 그들에게 지우는 것이 좋을 것"이라 왕에게 건의한 후 자신이 화씨벽을 가지고 진나라에 사신으로 가게 되었다.

인상여가 진나라로 가서 화씨벽을 소왕에게 주자 인상여의 예측대로 왕은 열다섯 성을 조나라에게 주기를 꺼려하였다. 인상여는 왕 앞으로 가서 "그 구슬에 흠이 있습니다. 제가 그 흠이 있는 곳을 알려 드리겠습니다." 라고 말하였다. 왕이 화씨벽을 인상여에게 내어 주자 인상여는 화씨벽을 손에 넣은 채 성난 목소리로 왕에게 말하였다.

"왕께서는 이 화씨벽과 열다섯 성을 바꾸자고 하였습니다. 이에 제가 화씨벽을 왕에게 바쳤으나 왕께서는 저를 대하는 태도가 아주 거만할 뿐 아니라 열다섯 성을 조나라에게 주실 의향도 없음을 알았습니다. 그런 이유로 제가 다시 화씨벽을 제 손으로 가져 왔습니다. 왕께서 끝내 제게서 화씨벽을 빼앗으려 하신다면 저는 이 화씨벽과 함께 기둥에 부딪쳐 부서질 것입니다."

인상여의 강경한 태도에 진나라 소왕은 화씨벽이 깨질까 무서워 그에게 사과를 한 후 신하를 부르게 했고 손바닥으로 지도를 가리키며 거짓으로 열다섯 성을 조나라에게 내줄 것을 명하였다. 그러나 인상여는 그것을 알고 왕에게 말하기를 "화씨벽은 천하의 보물인 까닭으로 조나라 왕께서 이 구슬을 보낼 때 목욕재계를 하셨습니다. 마땅히 왕께서도 닷새 동안 목욕재계를 하시고 귀한 손님을 대접하는 예를 행하십시오. 그런 후에 제가 이 화씨벽을 왕에게 드리겠습니다."라고 하였다. 소 왕은 할 수 없이 "5일 동안 목욕재계를 하겠다" 하고 인상여를 객사에서 지내게 하였다. 한편 인상여는 객관에 있는 동안 화씨벽을 그의 수하에게 주어 몰래 조나라로 도망치게 하였다.

닷새 후 소왕은 예를 다해 인상여를 맞았다. 그때 인상여는 "진나라는 목공 이래로 강한 국력만을 믿고 다른 나라와의 약속은 지킨 적이 없습니다. 그런 이유로 제가 사람을 시켜 화씨벽을 조나라로 미리 돌려보냈습니다. 진나라가 열다섯 성을 조나라에게 주신다면 조나라가 어찌 화씨벽을 진나라에게 바치지 않겠습니까?"라고 하며 소왕을 꾸짖자 진나라의 신하들은 놀라고 분노해 인상여를 끌고 나가려 하였다. 그러나 소왕이 "지금 인상여를 죽이면 화씨벽을 받을 수 없을 뿐 아니라 조나라와의 관계도 악화될 것이다. 예를 다해 그를 대접한 후 조나라로 돌려보내도록 하라."고 명하여 인상여 역시 무사히 조나라로 귀국할 수 있었다.

완벽회조라는 말은 이런 인상여의 지혜과 기지에서 유래되었고 이 성어는 다른 사람에게 빌린 물건을 무사히 빌려 준 사람에게 돌려준다는 의미로 사용되고 있다. 또한 우리가 익히 쓰고 있는 "완벽(完璧)"이란 말도 이 조나라의 화씨벽에서 유래된 것이다.

八画

1. **拒人千里**(jùrénqiānlǐ)

   스스로를 옳다고 생각해 다른 이의 의견을 받아들이지 않다, 태도가 오만하다.

   例句：我知道你不欢迎他，但他毕竟是客人，你也不要拒人千里啊！

   나는 당신이 그를 환영치 않는 것을 알지만 결국은 손님이니 당신도 태도가 오만하면 안됩니다!

2. **单刀直入**(dāndāozhírù)

   단도직입 - 핵심을 곧바로 말하다, 직설적으로 말하다.

   例句：他女朋友说话喜欢单刀直入，不绕弯子。

   그 사람 여자친구는 단도직입적으로 말하길 좋아해 에둘러 말하지 않는다.

3. **盲人摸象**(mángrénmōxiàng)

   맹인 코끼리 만지기 - 일부분만으로 전체를 판단하다, 부분만 알고 전체를 알지 못하다, 부분적인 이해만으로 제멋대로 추측하다.

   例句：她去中国几天以后，自己说“我对中国很了解了”，这简直是盲人摸象。

   그 여자는 중국에 며칠 갔다 온 후 “나는 중국에 대해 많은 것을 안다”고 말합니다. 이것은 그야말로 맹인이 코끼리 만지는 것과 같습니다.

4. **舍己为人**(shějǐwèirén)

   타인을 위해 자신을 희생하다.

♧ 맹인모상(盲人摸象)의 유래

'장님이 코끼리를 만지다'라는 이 말은 소승불교와 대승불교의 경전『열반경(涅槃經)』의 내용에서 유래되었다.

옛날 천축국(天竺國-지금의 인도)의 경면왕(鏡面王)은 어느 날 장님들을 모아놓고 코끼리를 만진 느낌을 자신에게 말하도록 하였다. 코끼리 이빨(象牙)을 만진 장님은 '코끼리는 크고 굵은 무와 같다' 대답했고 등을 만진 장님은 '널빤지나 잠 자는 침대와 같다' 말하였다. 머리를 만진 맹인은 '코끼리는 돌과 같다' 했고 배를 만진 장님은 '불룩한 항아리', 다리를 만진 맹인은 '굵은 나무토막', 꼬리를 만진 장님은 '코끼리는 마치 굵디굵은 동아줄과 같다'라고 대답하였다.

경면왕과 장님들 사이에 있었던 이 이야기에서 '작은 일부분만으로 전체를 판단하다', '부분만 알고 전체를 알지 못하다' 혹은 '부분만을 아는 것으로 제멋대로 추측하다'라는 盲人摸象이 유래된 것이다. 또한『북송열반경(北宋涅槃經)』에도 이 이야기가 수록되어 있고 '여러 맹인이 코끼리에 대해 말하다(群盲評象)', '여러 맹인이 코끼리를 만져보다(群盲撫象)'라는 말도 함께 생기게 되었다.

例句：我们都很敬佩他舍己为人的可贵精神。
우리는 그가 타인을 위해 자신을 희생하는 고귀한 정신에 모두 탄복했다.

5. **空口无凭**(kōngkǒuwúpíng)

근거 없는 말만 하다. - 허튼 소리만 하다.

例句：（1）空口无凭，你能拿出什么证据来呢？
근거 없는 말만 하는데 당신은 어떤 증거를 내놓을 수 있나요?

（2）空口无凭，你凭什么说我借了你的钱。
근거 없는 말만 하는데 당신은 무엇에 근거해 내가 당신 돈을 빌렸다고 하는 겁니까?

6. **知己知彼**(zhījǐzhībǐ)

자신의 사정과 상대방의 사정을 알다.

♧ 지피지기 백전불태(知彼知己 百戰不殆)의 유래

'상대방을 알고 나를 알면 백 번 싸워도 위태롭지 않다.'라는 뜻인 이 말은 곧 상대방과 자신의 약점과 강점을 알아보고 승산(勝算)이 있을 때 싸워야 이길 수 있다는 의미로 이해될 수 있다 .

춘추시대 오자서와 함께 오왕(吳王) 합려(闔閭)를 도운 손무(孫武)는 전국시대 초(楚)나라의 병법가로『오자(吳子)』를 저술한 오기(吳起)와 더불어 병가(兵家)사상의 중심인물이다. 그가 쓴『손자병법(孫子兵法)』모공편(謀攻篇)에는 "적과 아군의 실정을 잘 비교한 후 승산이 있을 때 싸운다면 백 번을 싸워도 결코 위태롭지 아니하다(知彼知己 百戰不殆)."라는 구절과 함께 "적의 실정은 모른 채 아군의 실정만 알고 싸운다면 승패의 확률은 반반이며 적의 실정은 물론 아군의 실정까지도 모르고 싸운다면 만 번을 싸운다 해도 한 번 이길 가망이 없다."라는 말도 실려 있다.

例句：俗话说“知己知彼，百战不殆”，我们一定要了解敌人的情况。

속말에 "적을 알고 나를 알면 백 번 싸워도 위태롭지 않다." 라고 했으니 우리는 반드시 적의 상황을 알아야 합니다.

7. **卷土重来**(juǎntǔchónglái)

권토중래 - 한 번 패배했다가 세력을 회복해 재차 쳐들어오다.

例句：敌人纠集残余势力，准备卷土重来。

적이 잔여 세력을 규합해 권토중래를 준비하고 있다.

8. **苦口婆心**(kǔkǒupóxīn)

입이 닳을 정도로 간절히 충고하다.

例句：他听不进老师苦口婆心的教导，还是不肯认真学习。

그는 선생님의 간절한 충고와 가르침을 듣지 않고 여전히 열심히 공부하지 않습니다.

♧ 권토중래(捲土重來)의 유래

'흙먼지 일으키며 다시 공격해 온다.'라는 뜻의 권토중래는 당나라 말기의 시인 두목(杜牧)이 지은 '제오강정(題烏江亭)'에서 그 의미가 유래하였다.

시인은 옛날 항우와 유방이 천하를 놓고 싸우다가 항우가 자살한 오강에 이르러 다음과 같은 시를 지었다.

勝敗兵家事不期 싸움의 승패는 병가에서 기약할 수 없는 것이니
包羞忍恥是男兒 수치를 가슴에 안고도 참을 줄 아는 것이 남아대장부이네.
江東子弟多才俊 강동의 자제들 많은 이가 빼어난 재주를 가지고 있으니
捲土重來未可知 흙먼지 다시 일으키며 쳐들어온다면 그것을 어찌 알겠는가!

권토중래는 어떤 일에 실패했으나 그 힘을 길러 다시 시작하는 것을 의미할 때 쓰인다.

9. **杯弓蛇影**(bēigōngshéyǐng) / **蛇影杯弓**(shéyǐngbēigōng)
잔에 비친 뱀 모양의 활 그림자 - 쓸데없는 의심을 하다, 의심이 심하다.
例句：杯弓蛇影，草木皆兵。
잔에 비친 활 모양의 그림자가 뱀으로 보여 놀라고 초목이 모두 적병들로 보여 놀란다.

10. **杳无人烟**(yǎowúrényān)
사람이 종적 없이 연기처럼 사라지다.
例句：在大沙漠这种杳无人烟的地方去哪里找水啊？
사람이 연기처럼 사라지는 이런 큰 사막에서 어디로 가서 물을 찾나요?

11. **迫不及待**(pòbùjídài)
상황이 절박하고 급해 기다릴 여유가 없다.
例句：一到家，他就迫不及待地打电话给女朋友。

♧ 배궁사영(杯弓蛇影)의 유래

옛날 진(晉)나라 사람 악광(樂廣)은 어느 날 자주 그의 집을 찾아오는 친구와 술자리를 함께 하게 되었다. 그런데 어느 순간 즐겁게 이야기를 나누던 친구는 갑자기 말이 없어지더니 자리에서 일어나 허둥지둥 귀가하는 것이었다.

그 후 악광은 그 친구를 집으로 불러 한동안 왕래가 소원했던 이유를 물었다. 술을 마셨던 친구는 "그날 자네 집에서 술을 마시는데 내 술잔 속에 조그만 뱀이 꿈틀대는 것을 보았네. 속이 불편했지만 술은 이미 마셔서 어쩔 수 없었고 결국 병이 나고 말았다네." 라며 그때의 일을 악광에게 말하였다. 한참을 이상하게 생각했던 악광은 자기 집 벽에 걸어 놓았던 활을 발견한 뒤에야 오해의 원인을 짐작할 수 있었다. 악광은 먼저 술잔을 친구가 앉았던 자리에 놓은 후 "그날 보았던 것이 오늘은 술잔 안에 보이는가?" 라고 그에게 물었다. 친구가 술잔을 보니 그때와 같이 뱀이 술잔 안에서 움직이고 있어 그는 악광에게 그렇다고 대답하였다. 그러자 악광은 벽에 걸어 놓았던 활을 가리키며 그 친구가 오해했던 이유를 설명했고 악광의 말을 들은 친구의 병은 그 즉시 나았다고 전한다.

의심이 심한 것을 뜻하는 이 말은『진서(晉書)』악광전(樂廣傳)에 기록되어 있고 우리 속담 '자라보고 놀란 가슴 솥뚜껑보고 놀란다.'의 의미와도 다소 비슷하다.

집에 도착하자마자 그는 기다릴 여유 없이 여자 친구에게 전화를 걸었다.

12. 取之不尽(qǔzhībújìn)

아무리 사용해도 없어지지 않을 만큼 대단히 풍부하다.

例句: (1) 地球上的石油资源并不是取之不尽的。
지구 상의 석유 자원은 아무리 써도 없어지지 않을 만큼 풍부한 것이 아니다.

(2) 将来我们可以利用取之不尽的太阳能资源。
장래에는 아무리 써도 없어지지 않을 만큼의 풍부한 태양열을 우리가 자원으로 이용할 수 있다.

13. **细水长流**(xìshuǐchángliú)

가늘게 흐르는 물이 길게 흐를 수 있다. - 조금씩 절약해 쓰면 오래오래 쓸 수 있다, 미약한 힘이라도 인내를 가지고 해 나가면 효과를 볼 수 있다.

例句：他们在花钱方面很注重细水长流。

그들은 돈을 쓰는 부분에서 조금씩 절약해 오래 쓰는 것을 매우 중시한다.

14. **变化无常**(biànhuàwúcháng)

변화무쌍하다.

例句：伦敦的天气变化无常，一时晴，一时雨。

런던의 날씨는 변화무쌍해서 때로는 맑고 때로는 비가 내린다.

15. **和气生财**(héqishēngcái)

웃는 얼굴이 재물(부)을 가지게 한다.

例句：俗话说“和气生财”，我们对顾客一定要有礼貌，服务要周到。

속말에 “웃는 얼굴이 재물을 가지게 한다.”라고 했으니 우리는 고객에 대해 반드시 예의가 있어야 하고 서비스도 주도면밀해야 합니다.

16. **居心叵测**(jūxīnpǒcè)

마음이 음험하여 본심을 헤아리기가 힘들다.

例句：他居心叵测，一心想谋权夺势。

그는 마음이 음흉해 전심으로 권세 얻기를 바라고 있다.

17. **知书达礼**(zhīshūdálǐ)

책을 알고 예의를 안다. - 학식이 있고 예의에도 밝다.

例句：她是个知书达礼的姑娘，怎么会说出这种粗俗的话呢？

그녀는 학식 있고 예의도 밝은 아가씨입니다. 어떻게 이런 거칠고 속된 말을 할 수 있겠어요?

18. **奉公执法**(fènggōngzhífǎ)
공무를 중요하게 여기고 법을 준수하다(집행하다).
例句：他是奉公执法的好法官。
그는 공무를 중요하게 여기고 법을 준수하는 좋은 법관입니다.

19. **玩火自焚**(wánhuǒzìfén)
자기가 지른 불에 자기가 타 죽다. - 자업자득
例句：国际社会认为北朝鲜研制核武器无异于玩火自焚。
국제 사회는 북한이 핵무기를 연구 개발하는 것을 자기가 지른 불에 자기가 타 죽는 것과 다름없다고 여긴다.

20. **诡计多端**(guǐjìduōduān)
간사한 꾀가 많다, 매우 교활하다, 교활한 속임수가 매우 많다.
例句：敌人诡计多端，我们一定要小心。
적은 매우 교활하니 우리는 반드시 조심해야 합니다.

21. **苦中作乐**(kǔzhōngzuòlè)
고생 가운데 즐겁게 산다. - 고생 중에서 즐거움을 찾다.
例句：他们在甘肃这个偏僻的地方苦中作乐，生活也过得有滋有味。
그들은 깐쑤(중국의 서부지역 가운데 하나) 이 편벽한 곳에서 고생 가운데 즐겁게 살며 생활하는 것도 재미있어 합니다.

22. **势不两立**(shìbùliǎnglì)
서로의 원한이 매우 크고 깊어 함께 공존할 수가 없다.
例句：春秋战国时期，“吴”和“越”就是势不两立的两个国家。
춘추전국시대, 오나라와 월나라는 서로에 대한 원한이 크고 깊어 함께 공존할 수 없었다.

23. **话不投机**(huàbùtóujī)

대화가 서로 어울리지 않다. - 의견이나 견해가 서로 맞지 않다.

例句：他们俩话不投机，很快就道别了。

그 둘은 의견, 견해가 서로 맞지 않아 매우 빨리 작별을 고했다.

24. **供不应求**(gōngbùyìngqiú) / **供过于求**(gōngguòyúqiú)

공급이 수요를 따르지 못하다.

例句：现在这种商品很有人气，在市场上供不应求。

현재 이런 종류의 상품은 매우 인기가 있어 시장에서는 공급이 수요를 따르지 못합니다.

25. **取长补短**(qǔchángbǔduǎn)

좋은 점을 취해 단점을 보완하다.

例句：我们要取长补短，用别人的长处来弥补自己不足的地方。

우리는 좋은 점을 취해 단점을 보완해야 하는데 타인의 장점으로 자신의 아직 부족한 부분을 보완해야 합니다.

26. **若无其事**(ruòwúqíshì)

아무 일도 없던 것처럼 시치미 뚝 떼다. - 무관심한 표정으로 태연스럽다.

例句：班级大扫除时，同学们都在卖力地干着，他却若无其事地站在一边看。

반 대청소 시간에 학우들 모두 힘을 다해 청소하고 있는데 그는 오히려 무관심한 표정으로 태연스레 서서 쳐다보았습니다.

27. **所见所闻**(suǒjiànsuǒwén)

보고 들은 것(견문)

例句：在中国一个月旅行的所见所闻，让我切身体会到了中国的变化。

중국에서 한 달 여행한 견문은 나에게 몸소 중국의 변화를 체험케 했습니다.

28. **诚心诚意**(chéngxīnchéngyì)

성심성의껏

例句：他是诚心诚意地想帮助你，你怎么拒绝他呢？

그는 성심성의껏 당신을 돕고 싶어 하는데 당신은 어째서 그를 거절하나요?

29. **杳无音信**(yǎowúyīnxìn)

감감무소식이다(아무 소식이 없다).

例句：他去年去了外地，从那以后就一直杳无音信，不知是死是活。

그는 작년 외지로 간 그 이후부터 줄곧 아무 소식이 없어 생사를 모릅니다.

30. **丧心病狂**(sàngxīnbìngkuáng)

이성을 잃어버리고 미쳐 날뛰다.

例句：丧心病狂的歹徒朝行人乱开枪。

이성을 잃고 미쳐 날뛰는 악당이 행인을 향해 어지럽게 총을 쏘았다.

31. **呼风唤雨**(hūfēnghuànyǔ)

비바람을 부르다. - 자연이나 어떤 국면을 지배하는 큰 힘 / 나쁜 선동을 하다.

例句：（1）古时巫师站在神坛上做法术，呼风唤雨。

옛날에는 무당이 신단에 서서 법술로 비바람을 불렀다.

（2）市长怎么说也是个呼风唤雨的官。

시장은 어떻게 말한다 해도 크고 강한 힘을 가진 관리이다.

32. **变幻莫测**(biànhuànmòcè)

변화를 예상하기 어렵다.

例句：面对变幻莫测的国际形势，我们要时刻保持清醒的头脑。

변화를 예상하기 어려운 국제 정세에 직면, 우리는 항상 분명한 사고력을 유지해야 합니다.

33. **忠心耿耿**(zhōngxīngěnggěng)

지극히 충성스럽다.

例句：我对大王忠心耿耿，决无二心。

나는 대왕에 대해 지극히 충성스러워 절대 두 마음을 품고 있지 않습니다.

34. **刻不容缓**(kèbùrónghuǎn)

일각(잠시)도 지체할 수 없다, 잠시도 미룰 수 없다.

例句：现在整治腐败已经刻不容缓。

현재 부패를 벌하는 것은 이미 잠시도 미룰 수 없는 것이다.

35. **瓮中捉鳖**(wèngzhōngzhuōbiē)

독 안에 든 자라 - 독 안에 든 쥐

例句：他已经中了我们的圈套，我们正好来个瓮中捉鳖。

그는 이미 우리 올가미에 걸려들었고 우리는 때 맞춰 그를 독 안에 든 쥐로 만들어 버렸습니다.

36. **迫不得已**(pòbùdéyǐ)

부득이하게, 절박해 어쩔 수 없이

例句：（1）我并不想这样，我也是迫不得已。

나는 이렇게 하고 싶지 않지만 나도 부득이해서 어쩔 수 없어요.

（2）当时实在是迫不得已，我才报案了。

당시 정말 절박해서 어쩔 수 없이 내가 사건을 신고

했습니다.

37. **夜长梦多**(yèchángmèngduō)
밤이 길면 꿈이 많다. - 시간이나 일을 길게 끌면 문제가 생기기 마련이다.
例句：你尽早把打印好的文件送过去，以免夜长梦多。
당신은 될 수 있는 한 빨리 워드가 끝난 서류를 보내세요. 시간이나 일을 길게 끌어 문제가 생기는 것을 막기 위해서 입니다.

38. **昏天黑地**(hūntiānhēidì)
사방이 깜깜함 / 생활이 방탕하다. / 정신이 혼미하다. / 난장판이 되다.
例句：两军在城外交战，打得昏天黑地。
양쪽 군대가 성 밖에서 교전, 난장판이 되도록 공격하였다.

39. **狗仗人势**(gǒuzhàngrénshì)
개가 주인을 믿고 으르렁거린다. - 윗사람을 믿고 세도를 부리다.
例句：他之所以敢欺压无辜的人，是因为他狗仗人势。
그가 감히 무고한 사람을 모욕하고 억압하는 까닭은 그가 윗사람을 믿고 세도를 부리기 때문이다.

40. **肥头大耳**(féitóudàěr)
살찐 얼굴과 큰 귀 - 포동포동 살이 찌다, 피둥피둥하다, 육중하다.
例句：他长得肥头大耳，体重一定不轻。
그는 포동포동 살쪄서 몸무게가 반드시 가볍지 않을 겁니다.

41. **青出于蓝**(qīngchūyúlán)
청출어람 - 쪽빛에서 나온 푸른 물감이 더 푸르다(제자가 스승보다 낫다).
例句：俗话说“青出于蓝而胜于蓝”，希望你们能够超过老师。

속말에 “청출어람”이라 했는데 당신들이 스승을 능가하기 바랍니다.

42. **其乐无穷**(qílèwúqióng)

즐거움이 끝이 없다, 끝없이 즐겁다.

例句：有人觉得网上虚拟世界其乐无穷，天天泡在网吧里。

어떤 사람은 인터넷상의 가상 세계가 끝없이 즐겁다고 여겨 매일같이 PC방에서 삽니다.

43. **玩世不恭**(wánshìbùgōng)

세상을 업신여기며 세상에 냉소적인 태도를 보이다, 세상 모든 일을 실없이 대하다.

例句：他对生活抱着玩世不恭的态度。

그는 생활하는 것에 대해 업신여기고 냉소적인 태도를 품고 있습니다.

44. **变本加厉**(biànběnjiālì)

원래보다 더 심해지다.

例句：他本来脾气就不好，到了更年期就更是变本加厉了。

그는 원래 성질이 나쁜데다 갱년기가 오자 전보다 더욱 심해진 것이다.

45. **咎由自取**(jiùyóuzìqǔ)

자신이 뿌린 씨는 자기가 거둔다(자업자득).

例句：他这是咎由自取，做了亏心事还想掩饰。

그는 이것이 자업자득으로 양심에 가책되는 일을 하고도 덮어 숨기려 했어요.

46. **物归原主**(wùguīyuánzhǔ)

물건이 본래의 주인에게로 돌아가다.

例句：我们不能要在路上拣到的东西，还是物归原主吧！

우리는 길에서 주운 물건을 자신이 갖기 원해서는 안됩니다. 역시 물건이 본래의 주인에게로 돌아가도록 합시다!

47. **金玉良言**(jīnyùliángyán) / **金玉之言**(jīnyùzhīyán)

귀중하고 가치 있는 말(혹은 의견, 견해)

例句：这本书中句句都是金玉良言，你可要好好读啊！

이 책의 구절구절 모두 귀중하고 가치 있는 말이니 당신은 잘 읽어야 해요!

48. **明目张胆**(míngmùzhāngdǎn)

눈을 크게 뜨고 담을 키우다. - 공공연히 노골적으로 나쁜 짓을 하다.

例句：你竟敢明目张胆地在大街上抢东西！

당신이 감히 큰 길에서 공공연히 물건을 강탈하다니요!

49. **垂头丧气**(chuítóusàngqì)

기가 꺾이다, 의기소침하다.

例句：我们足球比赛输了，队员们个个垂头丧气地离开了比赛场。

우리가 축구 시합에서 패해 팀원들은 각각 기가 꺾여 시합장을 떠났다.

50. **贪生怕死**(tānshēngpàsǐ)

목숨을 아까워하며 죽음을 두려워하다.

例句：我决不做贪生怕死的胆小鬼！

나는 결단코 목숨이 아까워 죽기를 두려워하는 겁쟁이는 안될 겁니다.

51. **虎头虎脑**(hǔtóuhǔnǎo)

호랑이의 머리 - 생긴 것이 건강하고 다부진 모습, 씩씩하고 늠름하다(이 말은 어린 아이들의 모습을 묘사할 때 많이 쓰인다).

例句：在我家旁边的小学里有很多虎头虎脑的孩子。
우리 집 옆 초등학교에는 건강하고 씩씩한 어린아이들이 아주 많이 있다.

52. 刮目相看(guāmùxiāngkàn) / **刮目相待**(guāmùxiāngdài)
괄목상대(눈을 비비고 다시 보다) - 새로운 눈으로 상대방을 대하다.

例句：他一下跃居全班第一名，令人刮目相看。
그는 돌연 반에서 1등을 차지해 사람들이 그를 다시 보게 했습니다.

53. 怵目惊心(chùmùjīngxīn) / **触目惊心**(chùmùjīngxīn)
보기만 해도 가슴이 놀란다, 보기만 해도 놀라게 한다.

例句：（1）他贪污的巨额钱款数目令人触目惊心。
그가 불법 횡령한 거액의 수량은 보기만 해도 놀라게 한다.
（2）电影中的惊险镜头令人怵目惊心。
영화에서의 아슬아슬한 장면은 보기만 해도 놀랍고 무섭다.

54. 苟且偷生(gǒuqiětōushēng)
구차하고 욕되게 살다.

例句：为了躲避警方的追捕，他们躲藏在山洞里苟且偷生。
경찰 쪽의 추격과 체포를 피하기 위해 그들은 산굴에 숨어 구차하게 살았다.

55. 虎头蛇尾(hǔtóushéwěi)
호랑이 머리에 뱀의 꼬리 - 시작은 좋으나 끝이 좋지 않은 용두사미.

例句：他做事总是虎头蛇尾，最终失去了领导的信任。
그가 하는 일은 언제나 용두사미여서 마지막에는 지도자의 신임을 잃었습니다.

♧ 괄목상대(刮目相待), 괄목상간(刮目相看)의 유래

괄목상대 혹은 괄목상간은 중국 삼국시대 오(吳)나라의 장군이었던 여몽(呂蒙)의 고사에서 유래되었다. 원래 여몽은 무예에는 뛰어났으나 학문에는 별 관심이 없던 전형적인 무장이었다. 역사서인『삼국지(三國志)』여몽전(呂蒙傳)과 다른 문헌에 따르면 여몽은 가난한 집안 출신으로 입신양명을 위해 오나라의 손권(孫權)을 섬겼으나 뛰어난 무예에 비해 학문에는 전혀 아는 바가 없는 사람이었다. 그러나 오나라의 군주 손권은 여몽의 인물됨을 알아보고 어느 날 그에게 학문을 닦을 것을 당부했지만 여몽은 바쁘다는 핑계로 손권의 충고를 거절하였다. 손권은 그런 여몽에게 "옛날의 유명한 장군들 역시 모두 군무로 바쁜 와중에서도 학문에 전념하였다네. 지금의 나 역시 어릴 때부터『시경(詩經』,『예기(禮記)』등을 배웠고 왕이 된 후에도『전국책(戰國策)』,『사기(史記)』,『한서(漢書)』와 병법서까지 읽고 있네."라고 말하며 여몽에게 책을 읽어 학문을 닦을 것을 거듭 당부하였다. 이후 여몽은 바쁜 중에도 독서를 게을리 하지 않았고 그의 학문과 지략은 그의 무예 못지않은 높은 경지에까지 이르게 된다. 그의 학문은 주유의 뒤를 이어 오나라의 군권을 담당하고 있던 노숙마저 혀를 내두를 정도가 되어 '오하의 아몽'이란 유명한 일화까지 생기게 되었다. 노숙이 주유의 후임자로 부임하는 도중 여몽과 만나 서로 교제할 때가 있었는데 노숙은 여몽과 대화를 할 때 어떠한 화제를 이야기해도 자신의 학식이 오히려 여몽에게 밀리는 것을 발견하였다. 노숙은 여몽에게 "지금껏 나는 여몽 장군이 그저 무예에만 뛰어난 줄 알았는데 그 박학다식함이 지난날의 장군이 아님을 알았습니다."라고 말하며 여몽을 칭찬하였다. 여몽은 그런 노숙에게 겸손히 이렇게 말했다. "이제야 겨우 부끄러움을 면했을 뿐입니다. '선비는 사흘 헤어져 있다 만나게 되면 눈을 크게 뜨고(刮目) 상대를 대해야(相待) 한다'고 알고 있습니다."

이런 여몽의 말에서 刮目相待 혹은 刮目相看이라는 성어가 유래되었고 이 성어는 어떤 사람의 학문 혹은 역량, 재능, 기술 등이 과거에 비해 눈에 띄게 진보, 발전한 것을 나타낼 때 쓰이는 말이 되었다.

소설『삼국지연의』에서 여몽의 존재는 그리 부각되어 있지 않지만 그가 생존해 있을 때 오나라는 그의 계책으로 촉한(蜀漢)의 명장 관우(關羽)를 사로잡아 목을 벨 수 있었고 유비가 강제로 점거하고 있던 전략상의 요충지 형주(荊州)도 다시 찾을 수 있었다. 그러나 여몽은 마흔 둘이라는 한창 젊은 나이에 병으로 죽고 만다.

56. **鱼目混珠**(yúmùhùnzhū)

생선 눈알을 진주에 섞다. - 가짜로 속이다.

例句：现在的古董市场上鱼目混珠，一般人很难知道这是真还是假。

현재 골동품 시장에서는 가짜로 속여 팔아 일반인은 이것이 진짜인지 가짜인지 알기가 매우 어렵습니다.

57. **非同小可**(fēitóngxiǎokě)

보통 일이 아니다, 예삿일이 아니다.

例句：（1）这一拳可非同小可，打得他半天爬不起来。

이 한 대의 주먹은 보통이 아니어서 그는 한참 동안 기지도 못했습니다.

（2）这可是非同小可的事件，值得关注。

이는 정말 예사 사건이 아니어서 관심을 가질만 합니다.

58. **鱼米之乡**(yúmǐzhīxiāng)

쌀밥과 생선이 많이 나고 그것을 먹을 수 있는 고장 - 토지가 비옥하고 자원이 풍부한 지역, 바다 연안의 살기 좋은 지방

例句：江南是中国有名的鱼米之乡。

강남(양쯔강 이남지역)은 중국에서 이름난 바다 연안의 살기 좋은 지방이다.

59. **转危为安**(zhuǎnwēiwéiān)

어렵고 위험한 상황을 벗어나 안전하게 되다.

例句：经过医生的全力抢救，病人已经转危为安了。

의사가 혼신을 다한 구조를 마치자 환자는 이미 어렵고 위험한 상황에서 벗어나 안전하게 되었다.

60. **丧尽天良**(sàngjìntiānliáng)

양심을 모두 잃어버리다, 조금의 양심도 없다.

例句：他亲手杀死自己的亲生父亲，真是丧尽天良。
그는 제 손으로 자신을 낳은 부모를 죽였으니 정말이지 조금의 양심도 없어요.

61. **易如反掌**(yìrúfǎnzhǎng)
손바닥을 뒤집는 것만큼 쉽다. - 식은 죽 먹기
例句：这么简单的题目让他来做还不是易如反掌，太容易了。
이런 간단한 제목(프로그램)을 그가 하게 하면 식은 죽 먹기처럼 너무 쉽습니다.

62. **取而代之**(qǔérdàizhī)
다른 이의 지위를 빼앗아 대신 들어 서다.
例句：泡沫饭盒对环境有污染，因此我们用可以降解的纸饭盒取而代之。
거품 재료로 만든 도시락이 환경을 오염시켜 우리는 분해가 가능한 종이 도시락으로 대신해 씁니다.

63. **势在必行**(shìzàibìxíng) / **势在必得**(shìzàibìděi)
피할 수 없는 추세
例句：面对新世纪的挑战，改革开放已经势在必行。
새로운 세기의 도전에 직면해 개혁·개방은 이미 피할 수 없는 추세이다.

64. **苦尽甘来**(kǔjìngānlái)
고진감래 - 고생 끝에 낙이 온다.
例句：父母把我好不容易拉扯大，现在终于苦尽甘来。
부모님이 나를 아주 어렵게 돌보고 키우시더니 지금은 끝내 고생 끝에 낙이 왔습니다.

65. **斩尽杀决**(zhǎnjìnshājué)
악인이나 나쁜 상황의 뿌리는 철저히 뽑아 해결한다.

例句：我们一定要把叛军斩尽杀决，不留后患。

우리는 반드시 반군의 뿌리를 철저히 뽑아 후환을 남기지 않아야 합니다.

66. **青红皂白**(qīnghóngzàobái)

흑과 백, 옳고 그름, 사건의 진상

例句：你怎么可以不分青红皂白就打人呢？

당신은 어떻게 옳고 그름을 구분하지 않고 사람을 때릴 수 있습니까?

67. **委曲求全**(wěiqūqiúquán)

일의 성사를 위해 자기 의견이나 주장을 굽히다, 일의 성사를 위해 유연하게 한다.

例句：这种情况下只好委曲求全，牺牲一下你的利益了。

이런 상황에서 일의 성사를 위해 당신의 의견을 굽힐 수밖에 없어요. 한번 당신의 이익을 희생하시오.

68. **刻舟求剑**(kèzhōuqiújiàn)

각주구검 - 시대의 변화를 잘 살피지 못하고 어리석은 짓을 하다, 융통성이 없다.

例句：那些想要刻舟求剑的人真是太天真了，这么做是毫无意义的！

시대의 변화를 모르고 어리석게 행동하기 원하는 저런 사람은 정말 너무 순진해요. 이렇게 하는 것은 조금도 가치 없는 것입니다!

69. **泪如雨下**(lèirúyǔxià) / **泣不成声**(qìbùchéngshēng)

눈물이 비 오듯 하다. / 크게 흐느껴 울어 목소리조차 나오지 않는다.

例句：谈起她的悲惨经历时，小王顿时泪如雨下，泣不成声。

그녀의 비참한 체험을 이야기하기 시작할 때 샤오왕(小王)

> ♧ 각주구검(刻舟求劍)의 유래
>
> 刻舟求劍의 고사는 춘추전국시기 어느 초나라 사람의 이야기로 『여씨춘추(呂氏春秋)』라는 책에 소개되어 있다.
>
> 어느 날 한 초나라 사람이 배를 타고 장강(長江 - 양자강이라고도 한다)을 건너고 있었을 때 그만 실수로 자신이 지니고 있던 보검을 강 깊숙한 곳에 빠뜨리고 말았다. 그때 그는 "이곳에서 보검을 빠뜨렸다."라고 말한 뒤 단도로 뱃전에 흠집을 내어(刻舟) 표시를 해 두었다. 배가 도착하자 그는 자기가 표시를 해 둔 배 밑 물 속으로 들어가 보검을 찾아 보았으나(求劍) 보검은 찾지 못하고 사람들의 웃음거리만 되었다.
>
> 오늘날 이 성어는 시대의 흐름이나 대세를 잘 살피지 못하는 어리석고 융통성 없는 사람을 지칭할 때 널리 사용되고 있다.

은 갑자기 눈물을 비 오듯 흘리고 크게 흐느껴 목소리조차 나오지 않았다.

70. **若有所失**(ruòyǒusuǒshī)

무엇인가 잃어버린 듯 마음이 심란하다.

例句：他看上去一副心神不安、若有所失的样子。

그는 보기에 안절부절못해 무엇인가 잃어버린 듯 마음이 심란한 모습입니다.

71. **若有所思**(ruòyǒusuǒsī)

어떤 생각에 잠긴 듯 하다.

例句：他看着大海，若有所思。

그는 바다를 보는데 어떤 생각에 잠긴 듯 합니다.

72. **孤军奋战**(gūjūnfènzhàn)

고군분투하다. - 혼자 외로이 싸우다.

例句：没有后援部队，我们孤军奋战，最后败下阵来。

후방 지원부대가 없어 우리는 고군분투하다 최후에는 패하고 말았다.

73. **兔死狗烹**(tùsǐgǒupēng)

토사구팽(토끼를 잡고 나면 사냥개를 삶아 먹는다) - 일이 이루어지자 그 일에 공을 세운 사람을 버리거나 제거하다.

例句：自古以来，大部分的开国功臣都遇到兔死狗烹的结局。
예부터 대부분의 개국공신은 토사구팽의 종국을 맞이했다.

74. **兔死狐悲**(tùsǐhúbēi)

토끼가 죽으면 여우가 슬퍼한다. - 타인의 처지를 보고 자신의 상황을 헤아려 슬퍼하고 안타까워한다.

例句：他这是兔死狐悲，感觉自己的末日也快要到了。
그에게는 이것이 토끼가 죽어 여우가 슬퍼하듯 하는 것입니다. 자기의 마지막 날도 곧 온다는 것을 느끼는 겁니다.

75. **金字招牌**(jīnzìzhāopái)

금박으로 쓴 간판 - 신용이 두텁고 자본이 넉넉하다.

例句：有人打着景德镇的金字招牌在市场上出售次品瓷器。
어떤 사람이 신용이 두터운 경덕진 상표를 이용해 시장에서 질이 떨어지는 도자기를 팝니다.

76. **垂死挣扎**(chuísǐzhēngzhá)

결사적으로 저항을 하다, 최후의 저항을 하다.

例句：敌人主力部队已被我们歼灭，残余势力还在做着垂死挣扎。
적의 주력 부대는 이미 우리에 의해 섬멸되었지만 잔여 세력은 아직도 최후의 저항을 하고 있다.

77. **居安思危**(jūānsīwēi)

편안함에 있으면서 위태로움을 생각하다. - 평안할 때에도 항상 닥쳐올 위험에 대비해 준비하다(이 성어는『춘추좌씨전』의 구절에서 유래했다).

♧ 토사구팽(兎死狗烹)의 유래

'토끼를 잡으면 그것을 사냥하는데 썼던 사냥개는 삶아진다.'라는 뜻인 토사구팽은 범려와 한신의 이야기에서 유래되었다. 춘추전국시대 범려는 월왕 구천을 도와 오나라를 멸망시킨 후 월나라가 패권을 차지하게 한다. 그러나 범려는 구천이 더 이상 섬길 수 없는 사람이라 여겨 가족과 함께 월나라를 떠날 때 이 말을 남긴다. 그러나 토사구팽이란 말에 대한 구체적인 유래는 사마천이 지은 『사기(史記)』 회음후열전(淮陰侯列傳)에 소개되어 있다.

한신(韓信)은 장량, 소하와 함께 한고조(漢高祖) 유방이 항우와의 싸움에서 승리해 나라를 세우는데 큰 공을 세운 사람이다. 황제가 된 유방은 그를 초왕(楚王)으로 봉했지만 후일 자기에게 반기를 들 것을 염려하고 있었다. 그때 항우의 장수였던 종리매(鍾離昧)는 옛 친구 한신에게 몸을 의탁하고 있었는데 과거 유방은 전투 중 종리매에게 여러 번 곤경에 빠져 그를 미워하고 있었다. 유방은 종리매가 초나라에 있는 것을 알고 체포를 명했지만 초왕 한신은 차마 옛 친구를 죽일 수 없어 그를 숨겨 보호하고 있었다. 이 일은 유방에게 알려졌고 유방은 진평(陳平)의 계책에 따라 운몽(雲夢)에 행차한 후 제후들을 초나라 서쪽 경계인 진(陳)나라에 모이게 했다. 이에 한신은 자기에게 아무 잘못이 없다고 생각하여 자진해서 유방을 만나려 했고 평소 지모가 뛰어났던 한 가신이 한신에게 이렇게 조언했다. "만일 초왕께서 종리매의 목을 가지고 가시면 황제도 기뻐할 것입니다." 한신이 그 말을 종리매에게 하자 그는 "유방이 이 초나라를 치지 못하는 것은 바로 자네 밑에 내가 있기 때문이네. 그런데 자네가 내 목을 그에게 바친다면 그대 역시 얼마가지 않아 황제에게 당할 것이네. 한신 그대는 남의 우두머리가 될 그릇은 아니군. 내 스스로 죽어주지!"라고 말하고는 스스로 자기의 목을 쳐 죽었다. 한신은 죽은 종리매의 목을 가지고 가서 유방에게 바치지만 그는 유방에 의해 포박되고 만다. 그때 한신은 탄식하며 이렇게 말했다. "과연 뭇사람들의 말과 같구나! 교활한 토끼가 죽으면 그를 쫓던 사냥개도 잡혀 삶기고, 높이 나는 새가 잡히면 좋은 활도 광속에 들어가며, 적국이 무너지면 모략이 있는 신하도 망한다. 천하가 이미 평정되었으니 나도 마땅히 삶아짐이로다(果若人言 狡兎死良狗烹 飛鳥盡良弓藏 敵國破謀臣亡 天下已定 我固當烹)!"

그런 이유로 토사구팽은 교토사양구팽(狡兎死良狗烹) 혹은 교토사주구팽(狡兎死走狗烹)이란 말과 함께 쓰이고 있다.

例句：以史为镜，我们要居安思危。
역사를 거울로 삼아 우리는 편안할 때에도 위험에 대비해야 합니다.

78. **周而复始**(zhōuérfùshǐ)

한 바퀴 돌고 다시 시작하다. - 돌고 또 돌며 끊임없이 순환하다.

例句：地球一年一次、周而复始地绕着太阳旋转。
지구는 1년에 한 번 태양 주위를 한 바퀴 돌고 있다.

79. **迫在眉睫**(pòzàiméijié)

눈썹에 닿을 정도로 아주 가깝게 다가오다. - 눈 앞에 임박하다, 아주 급박하다.

例句：战争已迫在眉睫，双方都做好了准备。
전쟁이 이미 눈 앞에 임박해 쌍방 모두 그 준비를 끝냈다.

80. **势如破竹**(shìrúpòzhú)

기세가 마치 대나무를 쪼개는 듯하다. - 파죽지세

例句：我们的部队一路上势如破竹，一直攻到敌人的指挥部。
우리 부대가 노중에 파죽지세로 곧장 적의 지휘부까지 공격했다.

81. **丧权辱国**(sàngquánrǔguó)

주권을 상실해 나라를 욕되게 하다.

例句：清朝政府与外国侵略者签订了很多丧权辱国的不平等条约。
청나라 정부와 외국 침략자가 주권을 잃고 나라를 욕되게 한 많은 불평등 조약에 서명했다.

82. **明争暗斗**(míngzhēngàndòu)

음으로 양으로 싸움을 벌이다, 암투를 벌이다, 아옹다옹하다.

例句：他们为了权力而展开了明争暗斗。
그들은 권력을 위해 음으로 양으로 벌이는 암투를 전개했다.

83. **昙花一现**(tánhuāyíxiàn)

우담화(꽃의 한 종류)처럼 잠깐 나타났다가 바로 사라져 버리다.
- 사람이나 사물이 덧없이 사라지다.

例句：这个公司的兴旺不过昙花一现，很快就倒闭了。

이 회사의 번창하는 것이 잠깐 나타났다 사라지는 것에 지나지 않아 아주 빨리 도산했습니다.

84. **忠肝义胆**(zhōnggānyìdǎn)

충성스럽고 의롭다.

例句：关云长是忠肝义胆的武将，在历史上有很高的地位。

관운장은 충성스럽고 의로운 무장으로 역사상 아주 높은 위치에 있다.

85. **表里不一**(biǎolǐbùyī)

겉과 속이 다르다. - 생각과 언행이 일치하지 않다.

例句：他这个人表里不一，你不要被他的表面假象蒙蔽了。

그는 겉과 속이 다르니 당신은 그의 표면적인 가짜 모습에 속지 마세요.

86. **知足常乐**(zhīzúchánglè)

스스로 만족할 줄 아는 사람은 항상 즐겁다.

例句：你要知足常乐，不要老是想着你得不到的东西。

당신은 스스로 만족할 줄 아는 사람이 늘 즐거운 것을 알아야지 항상 당신이 얻지 못하는 것을 생각하면 안됩니다.

87. **直言不讳**(zhíyánbúhuì)

거리낌 없이 솔직히 이야기하다.

例句：既然你让我直说，那我就直言不讳了。

기왕 당신이 나에게 사실을 말했으니 내가 거리낌 없이 솔직히 말하겠어요.

88. **幸灾乐祸**(xìngzāilèhuò)

다른 사람의 재앙을 보고 기뻐하다.

例句：别人遇到了车祸，你还在一旁高兴，真是幸灾乐祸。

다른 사람이 교통 사고를 당했어도 당신은 한쪽에서 즐거워하니 정말이지 타인의 재앙을 보고 기뻐하는 겁니다.

89. **表里如一**(biǎolǐrúyī)

겉과 속이 같다. - 생각과 언행이 일치하다.

例句：做人就要表里如一。

사람은 생각과 언행이 일치해야 한다.

90. **孤芳自赏**(gūfāngzìshǎng)

자신을 둘도 없는 향기로운 꽃으로 여기다. - 자기를 고결한 사람으로 생각해 스스로 자만에 빠지다.

例句：我们不要做孤芳自赏的自我陶醉者。

우리는 자기를 고결한 사람으로 생각해 스스로 자만에 빠진 자아도취자가 되지 말아야 합니다.

91. **忠孝两全**(zhōngxiàoliǎngquán)

충성스러움과 효성스러움을 함께 가지고 있다.

例句：要做到忠孝两全很难，因为有一句话，“自古忠孝两难全”。

충성과 효도를 함께 행하는 것은 매우 어렵기 때문에 “옛날부터 충효 두 가지를 온전히 갖추기는 어렵다.”라는 말이 있다.

92. **舍近求远**(shějìnqiúyuǎn)

가까운 것을 버리고 먼 것을 구하다. - 가까이 두고 멀리서 찾다.

例句：可乐吗，自动贩卖机里就有，你为什么要舍近求远，跑到超市去买？

콜라요? 자동판매기 안에 있는데 당신은 왜 가까이 두고 멀리서 찾으러 편의점까지 뛰어가 구입하나요?

♧ 건곤일척(乾坤一擲)과 사면초가(四面楚歌)의 유래

乾坤一擲은 당나라의 대문장가 한유가 하남성(河南省)의 홍구(鴻溝)지역을 지날 때 옛날(기원전203년경) 한 왕(漢王) 유방(劉邦)에게 '乾坤一擲'을 촉구한 장량(張良)과 진평(陳平)을 생각하며 지은 시 〈과홍구(過鴻溝)〉의 마지막 구절에서 유래하였다.

龍疲虎困割川原 용은 지치고 호랑이는 피곤하여 이 강을 가르니,
億萬蒼生性命存 억만 창생들은 성명(性命)이 있다.
誰勸君王回馬首 그 누가 군왕을 권하여 말머리를 돌릴 수 있을까!
眞成一擲賭乾坤 진정 한 번 던짐을 이루어 건곤(乾坤)을 건다.

항우가 제(齊), 조(趙), 양(梁) 땅을 옮겨 다니며 전영(田榮), 진여(陳餘), 팽월(彭越) 등의 반군을 치는 사이 유방은 관중(關中)지역을 합병하였고 1년 후에는 56만의 대군으로 팽성(彭城)을 공략하였다. 그러나 항우가 반격하자 유방은 아버지와 아내까지 적의 손에 넘겨준 채 하남(河南)성 형양(滎陽)으로 도망하였다. 그 후 병력을 보강한 유방은 항우와 치열한 공방을 계속하다 홍구를 경계로 영토를 양분하고 휴전했다. 이에 항우는 유방의 아버지와 아내를 돌려보내고 팽성으로 철군하였다. 유방도 회군하려 하자 장량(張良)과 진평(陳平)은 유방에게 “우리 한나라는 천하의 태반을 차지했고 제후들도 따르고 있습니다. 그러나 초(楚)나라는 군사들이 몹시 지쳐 있고 군량마저 바닥이 났습니다. 이것은 하늘이 초나라를 멸하려는 뜻이니 당장 싸워야 합니다. 만일 지금 공격하지 않으면 호랑이를 길러 후환을 남기는 일(養虎遺患)이 될 것입니다.”라고 조언하였다.

마음을 결정한 유방은 말머리를 돌려 항우를 추격하였고 결국 그 다음해에는 명장 한신(韓信), 팽월 등의 군사와 함께 안휘성(安徽城) 해하(垓下)에서 초나라 군사들을 포위하였다. 유방의 군대는 초나라 군대를 포위한 후 사방에서 초나라의 노래를 불러(四面楚歌) 그들의 전의(戰意)를 상실시키는 전법으로 항우를 패퇴시켰다. 결국 유방에게 패한 항우는 안휘성 오강(烏江)에서 자결하였고 유방은 천하를 통일하게 되었다.

지금도 건곤일척은 운명이나 흥망을 걸고 승부나 성패를 겨룬다는 뜻으로 사면초가는 해결하거나 빠져나오기가 매우 어려운 지경에 처했음을 의미한다.

93. **若即若离**(ruòjíruòlí)

가까이 있는 것 같기도 하고 떨어져 있는 것 같기도 하다.

例句：现在我们这么若即若离不是个办法，让我们的关系更进一步吧！

지금 우리가 이렇게 가까이 있는 것 같기도 하고 떨어져 있는 것 같기도 한 것은 좋은 방법이 아닙니다. 우리의 관계를 한층 더 가깝게 합시다!

94. **斩钉截铁**(zhǎndīngjiétiě)

못과 쇠를 자르다. - 결단력이 있고 단호하다.

例句：我斩钉截铁地说，“这绝对不可以”。

나는 결단력 있고 단호하게 “이것은 절대 안됩니다”라고 말했다.

95. **孤注一掷**(gūzhùyīzhì) / **乾坤一掷**(qiánkūnyīzhì)

건곤일척, 남은 모든 것을 다 걸고 마지막 승부를 걸다.

例句：我没有退路，只好孤注一掷。

나는 퇴로가 없습니다. 어쩔 수 없이 남은 것을 다 걸고 마지막 승부를 걸 수밖에 없어요.

96. **单枪匹马**(dānqiāngpǐmǎ)

홀로 창을 들고 말을 탄 채 적진에 뛰어들다. - 타인의 도움을 받지 않고 홀로 해내다.

例句：他单枪匹马地杀进敌军。

그는 홀로 창을 들고 말을 탄 채 적군을 죽이며 나아갔다.

97. **念念不忘**(niànniànbùwàng)

언제나 생각하며 잊지 않다(마음 속에 새겨 놓고 있다).

例句：你怎么老是对他的话念念不忘呢？

당신은 어떻게 그의 말을 항상 마음 속에 새겨 놓고 있습니까?

98. **依依不舍**(yīyībùshě) / **恋恋不舍**(liànliànbùshě)

헤어지기 아쉬워하다.

例句：（1）参观结束了，我们依依不舍地离开博物馆。

참관시간이 끝나 우리는 아쉬워하며 박물관을 떠났습니다.

（2）他和女朋友依依不舍地告别。

그와 여자 친구는 아쉬워하며 헤어졌습니다.

（3）他恋恋不舍地离开家乡，出国留学。

그는 헤어지기 몹시 아쉬워하며 고향을 떠나 유학하려고 출국했다.

99. **饱经风霜**(bǎojīngfēngshuāng)

온갖 풍상을 다 겪다. - 산전수전 다 경험하다.

例句：他饱经风霜的脸上刻满了岁月的痕迹。

온갖 풍상을 다 겪은 그의 얼굴에는 세월의 흔적이 가득하다.

100. **金枝玉叶**(jīnzhīyùyè)

금지옥엽 - 매우 소중하고 귀한 존재

例句：古时把帝王家的女儿称为金枝玉叶。

옛날에는 제왕 집안의 딸이 금지옥엽으로 불렀다.

101. **始终如一**(shǐzhōngrúyī)

시작과 끝이 한결같다.

例句：（1）我们的奋斗目标始终如一，那就是争取比赛的胜利。

우리가 분투하는 목표는 시작과 끝이 한결같습니다. 그것은 바로 시합에서 승리를 쟁취하는 것입니다.

（2）这么多年来，我对你的爱情始终如一，时刻都在想着你。

이렇게 오랜 세월, 당신에 대한 나의 애정은 시작과 끝이 한결같아 늘 당신을 생각합니다.

102. **沸沸扬扬**(fèifèiyángyáng)

파다하다. / 왁자지껄하다.

例句：他的丑闻被人们传得沸沸扬扬。

그의 추문이 사람들에 의해 파다하게 전해졌다.

103. **念念有词**(niànniànyǒucí)

부처 앞에서 작은 소리로 주문을 읊다, 기도하다. - 중얼중얼거리다.

例句：和尚一边敲着木鱼，口里一边念念有词。

승려가 목어를 두드리면서 입으로 중얼중얼하며 기도합니다.

104. **欣欣向荣**(xīnxīnxiàngróng)

초목이 무성하다. - 활기가 있다, 무럭무럭 성장하다.

例句：现在的中国呈现出一片欣欣向荣的景象。

지금의 중국에서는 초목이 무성한 풍광이 보입니다.

105. **艰苦朴素**(jiānkǔpǔsù)

가난하고 고달플 때의 소박하고 검소한 생활 태도.

例句：现在生活条件好了，但我们还要发扬艰苦朴素的精神。

지금의 생활 조건은 좋지만 역시 우리는 가난하고 고달플 때의 검소한 생활 정신을 고취해야 합니다.

106. **沾沾自喜**(zhānzhānzìxǐ)

스스로 우쭐해하다, 뽐내며 즐거워하다.

例句：不要刚取得一点成绩就沾沾自喜。

지금 얻은 조금의 성적을 가지고 스스로 우쭐해하지 마세요.

107. **孤苦伶仃**(gūkǔlíngdīng)

의지할 곳 없이 외롭고 쓸쓸하다.

例句：唯一的亲人去世后，他一个人孤苦伶仃地在世上活着。

유일한 친척이 죽은 후 그는 의지할 곳 없이 외롭게 세상에 살고 있다.

108. **昏昏沉沉**(hūnhunchénchén) / **昏昏欲睡**(hūnhūnyùshuì)

정신이 혼미하다. / 정신이 멍해 졸리다.

例句：讲座太无聊了，我听得昏昏欲睡。

강좌가 너무 지루해요! 나는 듣기에 정신이 멍해 졸릴 지경입니다.

109. **姗姗来迟**(shānshānláichí)

천천히 걷다. - 늦게 오다.

例句：（1）今年的春天姗姗来迟。

금년 봄은 늦게 옵니다.

（2）一向准时的他今天却姗姗来迟。

줄곧 시간을 지키던 그가 오늘은 오히려 늦게 옵니다.

110. **垂帘听政**(chuíliántīngzhèng)

수렴청정 - 여인이 섭정을 하다.

例句：武则天垂帘听政。

측천무후(당나라 고종의 아내로 중국 역사상 유일하게 여황제 역할을 했다)가 수렴청정을 하였다.

111. **实事求是**(shíshìqiúshì) / **实话实说**(shíhuàshíshuō)

실사구시 - 사실에 근거해 진리를 탐구하다. / 사실을 사실대로 말하다.

例句：（1）我们要实事求是，不要弄虚作假。

우리는 사실에 근거해 진리를 탐구해야지 속임수를 써서는 안됩니다.

（2）你不要再撒谎了，快点实话实说吧！

당신은 또 거짓말하지 말고 빨리 사실을 사실대로

말해요!

112. **狐朋狗友**(húpénggǒuyǒu)

여우 친구와 개 친구 - 질이 아주 나쁜 친구들, 불량배

例句：不要和那些狐朋狗友交往，应该结识一些真心朋友。

그런 질 나쁜 친구들과 사귀지 말고 진실된 친구들과 교제해야 된다.

113. **艰苦奋斗**(jiānkǔfèndòu)

각고로(어렵고 힘들게) 분투하다.

例句：通过十多年的艰苦奋斗，我们终于建设了经济强国。

10여 년을 힘들고 어렵게 분투, 우리는 마침내 경제 강국을 건설했습니다.

114. **咄咄怪事**(duōduōguàishì)

전혀 뜻밖의 일이라 경악스럽다, 전혀 뜻밖의 아주 괴상한 일이다.

例句：狮子竟然吃蔬菜，真是咄咄怪事！

사자가 뜻밖에 채소를 먹으니 전혀 생각하지 못했던 괴상한 일입니다.

115. **受宠若惊**(shòuchǒngruòjīng)

분에 넘치는 총애와 우대를 받으면서 놀라며 기뻐하다.

例句：你这么关心我，我真是有点受宠若惊。

당신이 이렇게 제게 관심을 가져주시니 저는 다소 과분한 우대를 받아 정말 놀랍고 기쁩니다.

116. **明知故犯**(míngzhīgùfàn)

분명히 알면서 고의적으로 죄를 범하다.

例句：你是律师，应该知道这样做是违法的，为什么还要明知故犯呢？

당신은 변호사로서 이렇게 하는 것이 위법임을 알아야 합니다. 왜 분명히 알면서 아직도 고의적으로 죄를 지으려 합니까?

117. **明知故问**(míngzhīgùwèn)

분명히 알면서 의도적으로 묻다.

例句：已经知道答案了，还来问我，这不是明知故问吗？

이미 답을 아는데 아직도 나에게 묻고 있습니다. 이것이 분명히 알면서 의도적으로 묻는 것 아닙니까?

118. **官官相护**(guānguānxiānghù)

관리들끼리 서로 보호하다. - 관리들끼리 서로 눈감아 주다.

例句：现在都是官官相护，你很难告倒这个官的。

지금은 모두 관리들끼리 서로 눈감아 줘 당신은 이 관리를 패소시키기 매우 어렵습니다.

119. **虎视耽耽**(hǔshì dāndān)

호시탐탐 - 호랑이가 먹이를 노리듯 기회를 엿보다.

例句：当时日本对中国的广阔领土一直虎视耽耽，于是发动了侵华战争。

당시 일본은 중국 광활한 영토를 줄곧 호시탐탐 엿보더니 중국을 침략하는 전쟁을 개시했다.

120. **凭空捏造**(píngkōngniēzào)

아무 근거 없이 헛소문을 만들어 퍼트리다.

例句：这并不是事实，而是他凭空捏造的谎言。

이것은 사실이 아니고 그가 아무 근거 없이 헛소문을 만들어 거짓말을 한 것입니다.

121. **畅所欲言**(chàngsuǒyùyán)

하고 싶은 말을 마음껏 속 시원히 하다.

例句：希望各位能在这次会议上畅所欲言，想说什么就说出来。

여러분이 이번 회의에서 하고 싶은 말을 마음껏 하시길 바랍니다. 무슨 말을 하고 싶으시면 말하세요.

122. **咄咄逼人**(duōduōbīrén)

기세가 등등하여 사람에게 거만히 거들먹거리다. / 상황이 위급해 분발하게 만든다.

例句：他咄咄逼人的气势令人受不了。

오만하게 거들먹거리는 그의 기세가 사람들을 견딜 수 없게 합니다.

123. **枉费心机**(wǎngfèixīnjī)

헛되이 애쓰고 노력하다.

例句：你不可能战胜我的，你就不要枉费心机了。

당신은 나와 싸워서 이길 수 없으니 헛되이 애써 노력하지 마세요.

124. **放荡不羁**(fàngdàngbùjī)

방탕하다, 제멋대로 방탕하기가 그지없다.

例句：常年的游荡生活使他养成了放荡不羁的性格。

1년 내내 빈둥거리는 생활이 그로 하여금 멋대로 방탕한 성격을 키우게 했다.

125. **非亲非故**(fēiqīnfēigù)

친족과 친척도 아니다, 일가도 친구도 아니다. - 서로 아무런 관계가 없다.

例句：他和你非亲非故，你为什么还要帮助他呢？

그와 당신은 아무 관계가 없는데 당신은 왜 아직도 그를 돕기 원합니까?

126. **沾亲带故**(zhānqīndàigù)

친구나 인척으로의 관계가 있다, 조금 관계가 있다.

例句：听说他和总统沾亲带故，是他的远房亲戚什么的。

그와 대통령은 조금 관계가 있다고 들었는데 그의 먼 친척이라든가 뭐지요.

127. **斩草除根**(zhǎncǎochúgēn)

풀을 베고 뿌리를 없애다. - 화근을 철저히 제거하다.

例句：我们对待恶势力一定要斩草除根，一举全部抓获他们。

우리는 반드시 악한 세력의 화근을 철저히 없애 일거에 그들 모두를 붙잡아야 합니다.

128. **刻骨铭心**(kègǔmíngxīn)

각골명심 - 뼈와 마음에 새기다, 가슴 속 깊이 새기다.

例句：这次教训是刻骨铭心的。

이번 교훈은 가슴 속 깊이 새기는 것입니다.

129. **怜香惜玉**(liánxiāngxīyù) / **惜玉怜香**(xīyùliánxiāng)

여자에 대한 따뜻한 인정, 여자에 대한 보살핌이 있다.

例句：我知道你是个怜香惜玉的人，不忍心伤害她，是吧?

나는 당신이 여자에 대해 따뜻한 인정이 있는 사람인 줄 압니다. 그녀에게 상처를 주는 것을 못 견디는 것이죠. 그렇죠?

130. **昂首阔步**(ángshǒukuòbù)

머리를 들고 활보하다, 활개를 치며 씩씩하게 나아가다, 득의만만하다.

例句：许多陆军军官昂首阔步从检阅台前走过。

많은 육군장교들이 씩씩하게 사열대 앞을 지나갔다.

131. **狗急跳墙**(gǒujítiàoqiáng)

개도 급하면 담장을 뛰어 넘는다. - 궁한 쥐가 고양이를 문다.

例句：歹徒狗急跳墙，拔出一把匕首，作最后的抵抗。
개도 급하면 담을 뛰어넘듯 악당이 한 자루 비수를 뽑아 최후의 저항을 한다.

132. **虎背熊腰**(hǔbèixióngyāo)
호랑이의 등과 곰의 허리 - 매우 크고 단단한 몸, 기골이 장대하다.
例句：她生的五个儿子都很壮实，个个虎背熊腰。
그 여자가 낳은 다섯 아들은 모두 건장해 하나하나 기골이 장대하다.

133. **青面獠牙**(qīngmiànliáoyá)
시퍼런 얼굴색으로 이를 드러내다(험상궂은 얼굴을 표현할 때 쓰임).
例句：青面獠牙的怪兽把他吓哭了。
시퍼런 얼굴색으로 이를 드러낸 괴수가 그를 무서워 울게 했다.

134. **金屋藏娇**(jīnwūcángjiāo)
금으로 만든 집에 미인을 감춰 두다. - 첩실을 맞아들이다.
例句：有钱了，他就变了，在外面金屋藏娇。
돈이 생기자 그는 변해 밖에서 첩실을 맞아들였습니다.

135. **始料不及**(shǐliàobùjí)
일의 전개를 처음에 예상하지 못하다, 애당초 예상치 못하다.
例句：他会放弃这次出国机会，这倒是我始料不及的。
그가 이번에 출국할 기회를 포기한다면 이것은 오히려 내가 처음에 예상치 못한 것입니다.

136. **苦海无边**(kǔhǎiwúbiān)
고해(고통스러운 세상, 환경)는 끝이 없다.
例句：苦海无边，回头是岸，你还是悔改吧。

고해는 끝이 없고 개심하면 구원받으니 당신은 회개하세요.

137. **乳臭未干**(rǔxiùwèigān)

젖 냄새가 아직 가시지 않다. - 젖 비린내가 나다.

例句：当时我还是一个乳臭未干的毛小子，不懂世间的复杂。

당시 나는 아직 젖비린내 나는 젊은 아이로 세상의 복잡함을 알지 못했습니다.

138. **国泰民安**(guótàimínān)

국태민안 - 국가가 태평하고 백성들이 편안하다.

例句：风调雨顺，国泰民安。

기후가 알맞으면 국가가 태평하고 백성들이 편안하다.

139. **鸣冤叫屈**(míngyuānjiàoqū)

자신의 억울함을 큰 소리로 호소하다, 불평불만을 호소하다.

例句：我受了冤枉，难道连一个鸣冤叫屈的地方都没有吗？

내가 억울함을 당했는데 설마 그 억울함을 큰 소리로 호소할 곳이 하나도 없겠습니까?

140. **货真价实**(huòzhēnjiàshí)

물건도 진품이고(혹은 좋고) 값도 저렴하다. - 조금의 거짓도 없다, 틀림이 없다.

例句：这家商店的商品货真价实，很受消费者喜爱。

이 상점의 상품은 물건도 좋고 값도 저렴해 소비자가 매우 좋아합니다.

141. **知难而退**(zhīnánértuì)

어렵고 곤란한 것을 알고 물러서다. - 불가능한 일을 억지로 하지 않다.

例句：那件事很难的，你还是知难而退吧。

저 일은 매우 어려우니 당신은 불가능한 일을 억지로 하지 마세요.

142. 贪赃枉法(tānzāngwǎngfǎ)

뇌물을 받고 법을 어기다.

例句：他是老实人，不会做贪赃枉法的事情。

그는 정직하고 성실한 사람입니다. 뇌물을 받고 법을 어길 만한 일은 하지 않을 겁니다.

143. 居高临下(jūgāolínxià)

높은 곳에서 아래를 내려다보다. - 매우 유리한 위치에 있다.

例句：（1）我们居高临下，敌人很难攻上来。

우리가 높은 곳에서 아래를 내려다보니 적이 공격해 올라오기가 매우 어렵습니다.

（2）登上泰山的顶峰后，有一种居高临下的感觉。

태산 정상에 오른 후에는 높은 곳에서 아래를 내려다보는 느낌이 있습니다.

144. 国破家亡(guópòjiāwáng)

나라와 가정이 망하다.- 나라가 어렵고 사회가 혼란하다.

例句：鲁迅在国破家亡之际弃医从文，用自己的文字拯救中国人。

루쉰(노신)은 나라가 어렵고 사회가 혼란한 시기, 의학을 포기하고 문학에 종사해 자신의 글로 중국인을 구하였다.

145. 狗拿耗子(gǒunáhàozi)

개가 쥐를 잡다. - 쓸데없는 참견을 하다(이 성어는 중국인들이 즐겨 사용하는 헐후어에 가까운 말이다).

例句：不关你的事情偏要去管，真是“狗拿耗子，多管闲事”。

당신 일에 상관이 없는데도 기어코 가서 간섭하려고 하는군요. 정말이지 개가 쥐를 잡아 필요 없는 일에 참견하는 것이에요.

146. **垂涎欲滴**(chuíxiányùdī)

침이 흘러 떨어지려 하다. - 매우 먹고 싶어(혹은 갖고 싶어) 하다.

例句：（1）香喷喷的饭菜令人垂涎欲滴。

좋은 냄새가 그윽한 식사는 사람들이 매우 먹고 싶어하게 만든다.

（2）他对她的美色早就垂涎欲滴。

그는 그녀의 아름다움을 이미 오래 전부터 소유하고 싶어 했습니다.

147. **夜深人静**(yèshēnrénjìng)

밤이 깊어 인적이 아주 고요하다.

例句：在夜深人静的时候总会思念起家乡。

밤이 깊어 인적이 아주 고요한 때에는 항상 고향을 그리워하기 마련이다.

148. **图谋不轨**(túmóubùguǐ)

상대방에 대해 진실하지 못하다. / 상대방에게 접근해 상대방을 기만하여 속이다.

例句：看他鬼鬼祟祟的样子，一定是图谋不轨。

그가 살금살금 두리번거리는 모양을 보니 분명 상대방에 대해 진실치 못해요.

149. **贪得无厌**(tāndéwúyàn) / **贪心不足**(tānxīnbùzú)

탐욕스럽기가 끝이 없다.

例句：他还真是贪得无厌，有了那么多钱还要受贿，怪不得被抓了。

그는 정말 탐욕스럽기가 끝이 없습니다. 그렇게 돈이 많으면서도 뇌물을 원하더니 붙잡혔습니다.

150. **青梅竹马**(qīngméizhúmǎ)

아이들이 천진난만하게 놀다. / 죽마고우 – 어릴 적 친구

例句：他和她从小一起长大，青梅竹马。

그와 그녀는 어릴 때부터 같이 성장한 죽마고우입니다.

151. **和盘托出**(hépántuōchū) / **全盘托出**(quánpántuōchū)

쟁반이고 그릇이고 모두 내어 놓다. – 있는 대로 모두 다 털어놓다.

例句：既然这样我就把事情全盘托出了。

기왕 이렇게 된 이상 제가 사건에 대해 전부 당신에게 털어 놓겠어요.

152. **若隐若现**(ruòyǐnruòxiàn)

보였다 안 보였다 한다. – 보일락 말락 한다.

例句：大雾中的东方明珠电视塔若隐若现。

큰 안개 속의 동방명주 TV탑(상하이의 관광명소)이 보일락 말락 한다.

153. **狐假虎威**(hújiǎhǔwēi)

여우가 호랑이의 권세를 등에 업고 사칭하다. – 다른 사람의 권세(권력)를 빌어 위세를 부리다.

例句：其实他是狐假虎威，仗着老爸的权势到处招摇。

사실 그는 다른 사람 권세를 빌어 위세를 부리는 것으로 아버지의 권세를 믿고 곳곳에서 자신을 과시, 남의 이목을 끈다.

154. **诗情画意**(shīqínghuàyì)

시적인 정취와 그림 같은 풍경 – 경치가 그림과 시처럼 아름답기 그지 없다.

例句：他把小小的卧室布置得充满诗情画意。

그가 작은 침실에 장식한 것에는 시적 정취와 그림 같은 풍

경이 가득합니다.

155. **股掌之上**(gǔzhǎngzhīshàng)

손바닥 위에 있다. - 영향권 아래에 있다.

例句：你的生命掌握在我的股掌之上。

당신 생명을 주관하는 것은 내 손바닥 위에 있습니다.

156. **金童玉女**(jīntóngyùnǚ)

신선을 시중드는 어린 남녀 아이들 - 천진난만한 아이들

例句：他们俩真是一对金童玉女，十分相配。

그들 둘은 정말이지 천진난만한 아이들로 아주 잘 어울립니다.

157. **官逼民反**(guānbīmínfǎn)

관(정부나 관리)의 착취와 억압이 심하면 민초들이 항거하기 마련이다.

例句：现在真是世风日下，官逼民反民不得不反！

지금은 세상의 기풍이 저절로 나빠졌습니다. 관의 착취와 억압이 심해 백성들이 어쩔 수 없이 항거합니다.

158. **英雄本色**(yīngxióngběnsè)

영웅본색 - 영웅의 진면목, 영웅의 참 모습

例句：危急时刻方显英雄本色。

위급한 시각에야 비로소 영웅의 진면목을 볼 수 있다.

159. **明媒正娶**(míngméizhèngqǔ)

중매쟁이를 통해 정식으로 아내를 맞아들이다.

例句：他除了有一个明媒正娶的妻子之外，还在外面有一个情妇。

그는 중매쟁이를 통해 정식으로 맞아들인 한 명의 아내 외에도 바깥에 또 한 명의 정부가 있다.

160. **油然而生**(yóuránérshēng)

어떤 마음이나 감정이 저절로 생기다.

例句：听完他的悲惨经历，一股怜悯之情油然而生。

그의 비참한 경험을 다 듣고 연민의 정이 저절로 생겼습니다.

161. **依然如故**(yīránrúgù)

여전히 과거와 같다, 여전히 옛날과 다름 없다.

例句：他的倔脾气依旧如故，一点没变。

그의 옹고집은 여전히 옛날과 다르지 않아 조금도 변하지 않았습니다.

162. **欣喜若狂**(xīnxǐruòkuáng)

기뻐 날뛰다. - 기뻐서 어쩔 줄을 모르다.

例句：得知他买的彩票中了大奖，他欣喜若狂。

그가 산 복권이 대상에 당첨된 것을 알게 되자 그는 기뻐서 어쩔 줄 몰랐다.

163. **孤掌难鸣**(gūzhǎngnánmíng)

한 쪽 손바닥만으로는 울리지 못하다. - 혼자서는 이루지 못하다.

例句：孤掌难鸣，美国的攻打计划没有盟国的同意，很难得到联合国通过的。

한 쪽 손바닥만으로는 울리지 못하듯 영국의 공격 계획에 동맹국의 동의가 없으면 유엔 통과를 얻어내기란 매우 어려운 것이다.

164. **软硬兼施**(ruǎnyìngjiānshī)

부드럽고 강한 방법을 모두 사용하다.

例句：我对他软硬兼施，又讲好话，又用权利压迫他。

나는 그에 대해 부드럽고 강한 방법을 모두 사용했습니다. 좋은 말을 쓰면서 권리를 이용해 그를 압박했습니다.

165. **卑鄙无耻**(bēibǐwúchǐ)

언행이나 인품이 졸렬하고 유치하다.

例句：他自称为正人君子，实际上却是卑鄙无耻的小人。

그는 자신을 행실이 바르고 점잖은 사람이라 하지만 실제는 인품이 졸렬하고 유치한 소인배입니다.

166. **泛滥成灾**(fànlànchéngzāi)

범람하여 재난을 이루다. - 잘못된 사상이나 언행이 널리 퍼져 나쁜 영향을 끼치다.

例句：当年蝗虫泛滥成灾，农民种的粮食颗粒无收。

그 해에 누리(벌레의 한 종류)가 범람한 재해 때문에 농민이 심은 양식 낱알의 수확이 없었다.

167. **废寝忘食**(fèiqǐnwàngshí)

침식을 잊다.

例句：（1）他认真学习到了废寝忘食的程度。

그가 성실히 공부하는 것이 침식을 잊을 정도까지 이르렀다.

（2）为了研制出这种软件，他废寝忘食地工作了一个月。

이런 소프트웨어를 연구 제작해 내놓으려고 그는 침식을 잊고 한 달을 일했다.

168. **茅塞顿开**(máosèdùnkāi)

눈 앞이 확 트이다. - 일순간 어떤 이치나 법칙을 깨닫게 되다.

例句：经过他的指点，我茅塞顿开，懂得了其中的道理。

그가 지적한 후 나는 순간 깨닫게 되어 그 가운데의 이치를 이해했습니다.

169. **直截了当**(zhí jiéliǎodàng)

말이나 하는 일이 단순하고 명쾌하다, 시원시원하다.

例句：他开门见山，直截了当地陈述了自己的观点。

그는 단도직입적이어서 단순 명쾌하게 자신의 관점을 진술했다.

170. **和蔼可亲**(héǎikěqīn)

상냥하고 친근하다.

例句：我们学校的王老师和蔼可亲。

우리 학교의 왕 선생님은 상냥하고 친근합니다.

171. **明察秋毫**(míngcháqiūháo)

눈빛이 예리하여 아주 사소한 일까지 세세히 살피다. - 통찰력이 매우 날카롭다.

例句：法官明察秋毫，看出了案件的奥妙，还受冤人以清白。

법관이 매우 날카로운 통찰력으로 소송 안에 감춰진 의외의 사안을 가려내 원통한 사람의 결백을 풀어 주었다.

172. **金碧辉煌**(jīnbìhuīhuáng)

금빛 찬란하다.

例句：人民大会堂金碧辉煌。

인민대회당(중국의 국회의사당)이 금빛 찬란하다.

173. **明察暗访**(míngcháànfǎng)

여러 가지로 세심하게 살피고 조사하다.

例句：经过明察暗访，他发现这个市的市长有很严重的腐败行为。

여러 가지 세심한 조사를 거쳐 그는 이 도시의 시장에게 매우 심각한 부패가 있음을 발견했다.

174. **波澜壮阔**(bōlánzhuàngkuò)

파도의 규모가 넓고 장관이다. - 규모가 대단히 웅장하다, 기세가 활기차다.

例句：在波澜壮阔的大海上乘风破浪，是他一辈子的理想。

대단히 넓은 바다에서 바람을 무릅쓰고 항해를 계속하는 것은 그 사람 일생 중의 이상이다.

175. **和颜悦色**(héyányuèsè)

상냥히 웃는 환한 얼굴

例句：他老人家和颜悦色的，你也不好意思说不吧？

그 노인이 상냥히 웃는 환한 얼굴이니 당신도 말하기가 그렇죠?

176. **明镜高悬**(míngjìnggāoxuán)

밝은 거울이 높게 매달려 있다. - 법을 집행함에 있어 지극히 엄정하고 공정하다, 일을 처리함에 있어 공정하고 빈틈이 없다.

例句：法院可是明镜高悬的地方，不容得半点虚假。

법원은 법 집행이 매우 엄격하고 공정한 곳으로 지극히 작은 거짓도 용인하지 않는다.

♧ 명경고현(明鏡高懸)의 유래

명경고현의 이야기는 중국 진(晉)나라 시기 갈홍(葛洪)이 저술했던 『서경잡기(西京雜記)』에 기록되어 있다. 이 책은 전한(前漢)시대의 잡다한 일들을 기록한 책으로 당시의 지배층, 궁궐, 제도, 풍습 등이 소개되어 있다.

이 책 3권에는 진(秦)왕조 시기에 있었던 한 거울에 관한 내용이 수록되어 있는데 진나라 수도 함양(咸陽)의 궁궐 안에는 너비가 약 1.2m, 높이가 약 1.8m인 신비한 거울이 있었다. 몸에 병이 있는 사람이 이 거울에 자기를 비추면 아픈 부위가 나타나 병을 치료할 수 있었고 가슴을 만지며 비춰 보면 그 사람의 폐, 심장 등의 오장(五臟)이 보이는 신비함이 있었다. 더욱이 이 거울에는 사람이 품고 있는 속마음까지 알 수 있게 하는 영험이 있어 진시황(秦始皇)은 높이 매달린 이 거울(明鏡高懸)을 통해 사람들의 충성심을 시험하였다.

진나라 말기 유방(劉邦)이 함양을 공격하던 혼란 속에 없어진 이 거울의 이야기에서 '법 집행에 있어 엄격하고 공정하다' 혹은 그러한 관리를 비유한 명경고현이라는 말이 생긴 것이다.

177. **油嘴滑舌**(yóuzuǐhuáshé)

기름 묻은 입과 미끄러운 혓바닥 - 말만 번지르르하고 실속은 없다, 입만 살았다.

例句：他油嘴滑舌，竭尽全力讨别人欢喜。

그는 입만 살아 있는 사람으로 모든 힘을 다해 다른 사람이 자기를 좋아하게 만듭니다.

九画

1. **误人子弟**(wùrénzǐdì)

다른 이의 자식들에게 해를 끼치다. - 다른 사람의 자식을 망쳐 놓다.

例句：这么不称职的老师来教学生，不是误人子弟吗？

이렇게 직무에 적합하지 않은 선생이 학생을 가르치는 것은 다른 사람의 자식을 망쳐 놓는 것 아닌가요?

2. **拾人牙慧**(shírényáhuì)

타인의 주장이나 말 등을 도용하다.

例句：如果是你自己思考的还说得过去，可是你拾人牙慧，不觉得不好意思？

만약 당신 스스로 생각한 것이라면 그런대로 괜찮지만 당신이 타인의 주장과 말을 도용하면 부끄럽게 느껴지지 않습니까?

3. **哑口无言**(yǎkǒuwúyán)

질문이나 논쟁 등에 대해 벙어리처럼 말을 하지 못하다, 말문이 막히다.

例句：我被他突如其来的问题问得哑口无言。

나는 그가 갑자기 꺼낸 문제에 벙어리처럼 말을 하지 못했어요.

4. **信口开河**(xìnkǒukāihé)

입에서 나오는 대로 거침없이 지껄이다, 함부로 아무 생각 없이 지껄이다.

例句：他讲话总是信口开河，总是随意许下承诺。
그는 늘 입에서 나오는 대로 지껄여 항상 마음대로 약속하고 승낙한다.

5. **胆大妄为**(dǎndàwàngwéi)
간이 커서 주제넘게 행한다. - 겁 없이 함부로 날뛰다, 겁 없이 함부로 행동하다.
例句：敢在大街上抢人东西，真是胆大妄为。
감히 큰 길거리에서 사람 물건을 빼앗다니 정말 간이 크군요!

6. **胆小如鼠**(dǎnxiǎorúshǔ)
간이 쥐같이 작다. - 겁이 많다.
例句：他真是胆小如鼠，连这么一点小声响都能把他吓个半死。
그는 정말 겁이 많습니다. 이런 조그만 소리로도 그가 놀라 반죽게 할 수 있지요.

7. **眉飞色舞**(méifēisèwǔ)
희색이 만연하다. / 득의양양하다.
例句：他眉飞色舞的谈论着这件事情。
그는 희색이 만연해 이 일을 논의하고 있습니다.

8. **歪门邪道**(wāiménxiédào)
부정당한 방법이나 행위
例句：（1）他通过歪门邪道当上了科长。
그는 부정당한 방법을 통해 과장이 되었다.
（2）用作弊这种歪门邪道获得好成绩是不好的。
컨닝과 같은 부정행위로 좋은 성적을 얻는 것은 나쁜 것입니다.

9. **突飞猛进**(tūfēiměngjìn)

갑자기 날아올라 맹렬히 다가오다. - 어떤 것이 매우 비약적으로 발전하다.

例句：北宋时期，中国的科学技术和文化艺术取得了突飞猛进的发展。

북송시기에 중국의 과학기술과 문화예술은 비약적인 발전을 하였다.

10. **恨之入骨**(hènzhīrùgǔ)

한스러움이 뼈에 사무치다.

例句：我们对日本侵略者恨之入骨。

우리는 일본 침략자에 대해 한스러움이 뼈에 사무칩니다.

11. **顺水人情**(shùnshuǐrénqíng)

값싼 인정이나 친절, 힘들이지 않고 값싼 선심을 쓰다.

例句：何不把这个东西送给他，做个顺水人情。

왜 이 물건을 그에게 선물하지 않나요? 값싼 인정이나 베푸세요.

12. **逃之夭夭**(táozhīyāoyāo)

꽁무니가 빠지도록 달아나다, 줄행랑을 치다, 멀리 달아나다.

例句：小偷一看到警察就立刻逃之夭夭了。

도둑이 경찰을 보자마자 즉시 줄행랑을 쳤다.

13. **美中不足**(měizhōngbùzú)

훌륭한 중에도 모자라는 부분이 있다.

例句：这篇文章写得很好，但唯一美中不足的是自己的结论过于简单。

이 문장은 아주 잘 썼지만 유일하게 부족한 부분은 자신의 결론이 지나치게 간단한 것입니다.

14. **咬牙切齿**(yǎoyáqièchǐ)

너무 격분하고 화가 나서 이를 부득부득 갈다.

例句：他对很自私的人恨得咬牙切齿。

그는 아주 이기적인 사람에 대해 분노하며 이를 갈 정도로 증오한다.

15. **将心比心**(jiāngxīnbǐxīn)

자신의 마음과 타인의 마음을 비교하다. - 입장을 바꿔 생각해 타인의 마음을 잘 이해하다.

例句：你应该多为你母亲想想，将心比心，就会明白她是为你好。

당신은 당신 모친을 생각해야 하는데 입장을 바꿔 그 마음을 이해한다면 그분이 당신 위하는 것을 알 수 있을 겁니다.

16. **急中生智**(jízhōngshēngzhì)

급하고 절박한 중에 좋은 생각이 떠오르다.

例句：司马光急中生智，把缸打破，让水流出来，救出了小孩。

사마광(북송시대의 역사가)은 급한 중에 좋은 생각이 떠올랐습니다. 항아리를 깨뜨려 물이 흘러 나오게 해서 (그 속에 빠진) 어린아이를 구해 냈습니다.

17. **怒不可遏**(nùbùkěè)

노기를 억제할 수 없다.

例句：当得知他儿子考试没及格时，他顿时怒不可遏。

그의 아들이 시험에 불합격한 것을 알았을 때 그는 갑자기 화를 억제할 수 없었다.

18. **秋水伊人**(qiūshuǐyīrén)

벗 혹은 정인을 그리워하다(이 성어는 시나 소설 등의 문학작품에서 주로 쓰인다).

例句：眼前的景色让他感伤，真是秋水伊人。
눈 앞의 경치가 그를 슬픔에 잠기게 해 벗이나 정인을 정말 그립게 한다.

19. **度日如年**(dùrìrúnián)
하루가 일 년 같다.
例句：在焦急等待考试结果的这一段时间里，他觉得度日如年。
초조하게 시험 결과를 기다리는 이 시간 동안 그는 하루가 일 년 같이 느껴졌습니다.

20. **怒气冲冲**(nùqìchōngchōng)
노기가 등등하다.
例句：他怒气冲冲地跑过来，要求我们给他换一个手表。
그는 노기등등하게 뛰어와 우리에게 손목시계 하나를 그에게 교환해 줄 것을 요구했다.

21. **闻风而起**(wénfēngérqǐ) / **闻风而动**(wénfēngérdòng)
소문을 듣자마자 바로 행동으로 옮기다. - 어떠한 일에 즉각 반응하다.
例句：敌人闻风而动，结果反而中了我们的圈套。
작은 소문을 듣자마자 행동했지만 결과는 오히려 우리의 올가미에 걸려든 것이었다.

22. **指手划脚**(zhǐshǒuhuàjiǎo)
(자신만만해서) 손짓, 발짓 등의 여러 몸짓을 하며 말하다. / 주위에서 함부로 비난하며 헐뜯다. / 무책임하게 이래라 저래라 한다.
例句：他老是在一边指手画脚的，轮到他的时候却退缩了。
그는 항상 한쪽에서 자신만만하게 손짓, 발짓 등으로 말하더니 그의 차례가 돌아올 때에는 오히려 움츠러들었다.

23. **面不改色**(miànbùgǎisè)

얼굴빛 하나 변하지 않고 태연하다 . - 몹시 태연하다.

例句：（1）我们告诉他他的父亲出了交通事故，他却面不改色。
우리는 그의 부친이 교통 사고를 당했다고 말했는데 그는 몹시 태연했다.

（2） 面不改色，心不跳。
몹시 태연하고 마음도 뛰지 않는다.

24. **食不知味**(shíbùzhīwèi)

마음이 편하지 않아 음식을 먹어도 맛을 알지 못하다.

例句：他心情糟透了，虽然吃了很多，却食不知味。
그의 마음이 엉망이 되어 비록 아주 많이 먹었어도 음식 맛을 알지 못해요.

25. **顺手牵羊**(shùnshǒuqiānyáng)

손쉽게 손으로 양을 잡다. - 기회를 타서 물건을 힘들이지 않고 손에 넣다, 기회를 틈 타 타인의 물건을 슬쩍 가져가다.

例句：他顺手牵羊，把别人的东西带回家了。
그는 손쉽게 손으로 양을 잡은 것과도 같이 다른 사람의 물건을 가지고 집으로 돌아갔습니다.

26. **美不胜收**(měibùshèngshōu)

훌륭한 것이 한번에 보거나 즐길 수 없을 정도로 매우 많다.

例句：中国黄山的奇观美不胜收。
중국 황산의 신비로운 경관은 헤아릴 수 없을 정도로 많다.

27. **草木皆兵**(cǎomùjiēbīng)

적이 무서운 나머지 온 산에 있는 풀과 나무까지도 모두 적의 병사로 보인다. - 매우 놀라 이것저것 모두 의심스럽다, 함부로 이것저것 의심하다.

例句：他的皮夹在公共场合几次被偷，所以现在他逛街时有一

♧ 초목개병(草木皆兵)의 유래

풀과 나무가 모두 병사로 보인다는 뜻인 이 말은 동진(東晋), 오호십육국(五胡十六國)시기에 있었던 비수(淝水)의 싸움에서 그 의미가 유래되었다.

4세기 후반 중국의 북방은 이민족 저족(氐族)이 세운 전진(前秦) 왕조가 지배했고 장강 아래의 남쪽은 건강(建康: 현재의 남경)에 도읍했던 한족 왕조 동진이 통치하고 있었다.

383년 8월, 전진을 통치하던 부견(符堅)은 중신과 종실의 반대를 무시하고 동진을 침공해 전 중국을 통일하려 하였다. 그 해 8월8일, 전진왕 부견은 보병 60만, 기병27만, 우림군(羽林軍)3만을 거느리고 남하했고 동진 역시 재상 사안(謝安)의 동생 사석(謝石)을 방어군 총수인 정로장군정토대도독(征虜將軍征討大都督), 그의 조카 사현(謝玄)을 선봉장으로 삼아 부견의 침공에 대비하였다. 결국 전진의 90만 대군과 그 십분의 일 규모의 동진군은 현재 안휘성 북쪽 회하(淮河)의 지류 비수에서 대치한 후 몇 차례의 교전을 시작하게 되었다.

11월, 전진왕 부견은 동생 부융(符融)과 성에 올라 동진군의 진지를 살펴보자 의외로 그 군진은 매우 견고했고 군기마저 엄정하였다. 공포에 젖은 부견은 팔공산(八公山: 현재의 회남시 서쪽)을 바라보았는데 산을 덮고 있는 풀과 나무(草木) 모두가 동진의 군사로 보이는 듯 했고(皆兵) 얼마 후 전진의 90만 병력은 괴멸되어 소수만이 살아 돌아가게 되었다.

적벽대전(赤壁大戰: 208년)과 함께 고대 중국 역사의 흐름을 바꾼 비수의 싸움이 만들어 낸 草木皆兵은 종종 풍성학려(風聲鶴唳)라는 말과 연결해 사용하기도 한다(부견은 대패한 후 동진의 장군 사현에게 쫓기게 되었는데 도주하던 그가 바람소리와 학의 울음소리마저 동진군이 추격하는 소리로 여겼다는 것에서 이 말이 유래했다).

현재 일반중국인들은 『진서(晉書)』 사안전(謝安傳)에 소개된 초목개병을 비슷한 뜻인 배궁사영(杯弓蛇影)보다 더 널리 사용하고 있다.

种草木皆兵的感觉。

그의 가죽지갑이 공중장소에서 몇 번 도둑을 맞았습니다. 그래서 지금 그는 거리를 거닐 때에 이것저것 의심하는 생각을 가지고 있습니다.

28. **洗心革面**(xǐxīngémiàn)

나쁜 마음을 씻고 면모를 바꾸다. - 개과천선하다, 철저하게 회개하다.

例句：在监狱里，他决定出狱后洗心革面，重新做人。

그는 감옥에서 출옥 후 개과천선해 올바른 사람이 되겠다 결심했다.

29. **相见恨晚**(xiāngjiànhènwǎn)

일찍 만나지 못한 것이 한스럽다.

例句：他们俩讲话非常投机，都觉得相见恨晚。

그들 두 사람 하는 말이 매우 의기투합해 일찍 만나지 못한 것을 한스럽게 느낍니다.

30. **顺水推舟**(shùnshuǐtuīzhōu)

물이 흐름에 따라 배를 몰다. - 추세에 맞춰 행동하다.

例句：他既然那么希望参加，我们就顺水推舟，推荐他去吧。

그가 저렇게 참가하기 희망한 이상 우리는 그것에 맞춰 그를 추천해 가게 합시다.

31. **眉开眼笑**(méikāiyǎnxiào)

눈썹이 열리며 눈이 웃음 짓는다. - 몹시 좋아하고 즐거워하다, 싱글벙글하다.

例句：心情郁闷的她听了我的故事后，变得眉开眼笑，心情一下子好起来了。

마음이 답답하고 괴롭던 그녀가 내 이야기를 들은 후 몹시 즐겁게 변해 기분이 갑자기 좋아지기 시작했다.

32. **将计就计**(jiāngjìjiùjì)

상대방의 책략을 역이용해 상대방을 공격하다.

例句：我们干脆来个将计就计，装作不知道。

우리는 차라리 상대방 책략을 역이용, 상대방을 공격하되 모르는 척 해야 합니다.

33. **轻车熟路**(qīngchēshúlù)

빠르고 가벼운 수레로 익숙한 길을 달리다. - 매우 숙련되어 있다, 익숙하고 수월하다.

例句：他对这一带很熟，轻车熟路就把我们带到了要找的地方。

그는 이 일대를 아주 잘 알아 매우 익숙하게 우리를 데리고 찾고자 하는 곳에 도착했다.

34. **歪打正着**(wāidǎzhèngzháo)

바로 치지 않아도 정확히 맞다. - 뜻밖에 좋은 결과를 얻다.

例句：他射出去的球被防守队员的脚挡了一下，结果歪打正着，竟然进了。

그가 찬 공이 수비진 선수 다리에 가로막혔지만 결과는 뜻밖에 좋아 의외로 공이 들어갔습니다.

35. **适可而止**(shìkěérzhǐ)

적당한 선에서 그만두다.

例句：开玩笑也要适可而止，不能太过分。

농담도 적당한 선에서 그만두어야지 너무 지나치면 안됩니다.

36. **前功尽弃**(qiángōngjìnqì)

예전의 노력이 모두 헛수고가 되다. - 고생이 헛수고가 되다.

例句：工作都完成了一大半了，可不能前功尽弃，一定要坚持到底。

일 대부분이 완성되었지만 고생을 헛되게 할 수 없으니 반드시 끝까지 지속해야 합니다.

37. **眉目传情**(méimùchuánqíng)

(서로 간에) 윙크하다, 눈짓하다. - 눈짓으로 마음을 전해 정을

주고받다.

例句：他们俩虽然位置相差很远，但上课时却眉目传情。

그들 둘은 비록 서로의 위치는 아주 멀지만 수업 때에는 눈짓을 주고받습니다.

38. **娇生惯养**(jiāoshēngguànyǎng)

지나치게 아끼고 사랑하며 키우다. - 응석받이로 키우다.

例句：现在的小孩在父母的溺爱下个个娇生惯养。

지금의 어린아이들은 부모의 익애(정도가 지나친 편애) 아래 각각 응석받이로 키워진다.

39. **骨肉分离**(gǔròufēnlí)

골육(가족이나 친족)이 나뉘어지다.

例句：南北韩由于战争原因造成了许多骨肉分离。

남북한은 전쟁 때문에 수많은 골육이 헤어졌다.

40. **面红耳赤**(miànhóngěrchì)

부끄러움이나 흥분된 일로 인해 얼굴이 귀밑까지 붉어지다.

例句：他们为了一道数学题而争得面红耳赤。

그들은 하나의 수학 문제를 풀기 위해 얼굴이 귀밑까지 붉어지도록 논쟁했다.

41. **骨肉团圆**(gǔròutuányuán)

골육이 한자리에 모이다.

例句：两年前离家出走的他今天回来，全家人终于骨肉团圆。

2년 전 집을 나갔던 그가 오늘 돌아와 온 가족은 결국 한자리에 모였습니다.

42. **神机妙算**(shénjīmiàosuàn)

신묘한 계략과 기묘한 계책.

例句：你真是神机妙算，怎么知道敌人会攻我们的右翼？

당신의 계책은 정말 기묘하군요. 어떻게 적이 우리 우측 날개를 공격할 줄 알았죠?

43. **独守空房**(dúshǒukōngfáng)

독수공방

例句：丈夫在外工作，她一个人在家独守空房。

남편이 밖에서 일해 그녀 혼자 집에서 독수공방합니다.

44. **春光明媚**(chūnguāngmíngmèi) / **春暖花开**(chūnnuǎnhuākāi)

봄빛 화창한 날 / 봄은 날씨가 따뜻하고 꽃이 핀다. - 봄은 좋은 계절이다.

例句：（1）春光明媚的早上人们心情很好。

봄빛 화창한 날 아침, 사람들의 기분은 매우 좋습니다.

（2）春暖花开的季节让人神清气爽。

날씨가 따뜻하고 꽃이 피는 봄의 계절은 사람들 마음을 맑고 상쾌하게 만듭니다.

45. **冒名顶替**(màomíngdǐngtì)

타인의 이름을 도용하다, 타인의 이름을 사칭해 어떤 일을 하다.

例句：为了防止冒名顶替，一定要出示证明身份的有效证件。

타인의 이름 도용을 방지키 위해 반드시 신분증명에 유효한 서류를 제시해야 합니다.

46. **骨肉相连**(gǔròuxiānglián)

뼈와 살처럼 서로 연결되어 있다. - 서로 떨어질 수 없는 밀접한 관계

例句：这里军队的军人与当地老百姓骨肉相连，亲如一家。

이곳 부대의 군인들은 이 지역 사람들과 서로 밀접한 관계로 한집안 사람처럼 가깝다.

47. **骨肉相残**(gǔròuxiāngcán)
골육상잔 - 가까운 가족끼리 서로 다투고 해치다.
例句: 为了先父留下的遗产兄弟姐妹骨肉相残。
선친의 유산 때문에 형제자매는 가족끼리 서로 다투었다.

48. **故伎重演**(gùjìchóngyǎn)
옛 수작을 다시 피우다. - 낡은 수단을 쓰다, 과거에 했던 방법을 되풀이하다.
例句: 上次用这种方法骗了我，现在又故伎重演，我不会再上当了。
먼저 번에 이런 방법을 써서 나를 속이더니 지금 또다시 낡은 수단을 쓰고 있군요. 나는 다시 속지 않을 겁니다.

49. **洗耳恭听**(xǐěrgōngtīng)
귀를 씻고 공손하게 말을 듣다. - 다른 이의 말을 귀담아듣다.
例句: 你讲讲你的经历，我洗耳恭听。
당신께서는 당신의 경험을 말씀하세요. 나는 귀담아듣겠어요.

50. **浓妆艳抹**(nóngzhuāngyànmǒ)
요염하고 예쁘게 화장(단장)하다.
例句: 有些妇女浓妆艳抹来掩饰自己的丑陋。
어떤 부녀자들은 요염하고 예쁘게 단장해 자신의 흉한 것을 가린다.

51. **临阵脱逃**(línzhèntuōtáo)
싸움터에서 도주하다.
例句: 大敌当前，我们不能做临阵脱逃的逃兵。
큰 적이 눈 앞에 닥쳤는데 우리는 싸움터에서 도주하는 도망병이 될 수는 없습니다.

52. **临阵磨枪**(línzhènmóqiāng)

전쟁터에 이르러서야 창을 갈다. - 준비 없이 있다가 다급한 지경이 되어서야 바삐 서둘다.

例句：还有十分钟就考试了，你现在临阵磨枪还有什么用啊？

10분 있으면 시험입니다. 당신이 지금 급하게 되어서야 서두르면 무슨 소용이 있나요?

53. **南来北往**(nánláiběiwǎng)

남쪽에서 오고 북쪽으로 가다. - 사방에서 왕래하다.

例句：南来北往的客商都在这家旅馆住宿。

곳곳에서 왕래하는 객상(바이어)들이 모두 이 여관에서 묵고 있다.

54. **故弄玄虚**(gùnòngxuánxū)

고의로 미혹시키다, 일부러 교활한 술수를 부려 사람을 미혹해 속이다.

例句：明明简单的答案，他故弄玄虚，搞得很复杂。

분명히 간단한 답안인데 그는 고의로 술수를 부려 아주 복잡하게 만들어 놨습니다.

55. **挺身而出**(tǐngshēnérchū)

위험하고 곤란한 일에 용감하게 나서다.

例句：（1）小偷偷了行人的包，民警挺身而出，奋起直追小偷。

도둑이 행인의 가방을 훔쳤지만 경찰이 위험한 일에 용감히 나서서 곧장 도둑을 추격했다.

（2）别人都觉得这次的任务太危险，只有他挺身而出，接受了任务。

다른 사람 모두 이번 임무가 너무 위험하다 느낍니다. 하지만 그가 위험한 일에 용감히 나서야만 임무를 받아들이겠습니다.

56. **洁身自爱**(jiéshēnzìài)
세속에 물들지 않고 자신을 지키며 사랑하다. / 다른 사람이야 어떻든 자신의 한 몸만을 돌보다.
例句：出门在外，你要洁身自爱，千万别做出格的事。
집을 떠나 밖에 있으면 당신은 세상에 물들지 않고 자신을 지켜야 합니다. 절대 격을 벗어나는 일을 하지 마세요.

57. **胡言乱语**(húyánluànyǔ)
터무니없는 말을 멋대로 지껄이다, 허튼소리, 횡설수설
例句：他精神有点问题，整天胡言乱语。
그 사람 정신에 조금 문제가 있습니다. 하루 종일 횡설수설합니다.

58. **胡作非为**(húzuòfēiwéi)
제멋대로 악행을 하다, 제멋대로 허튼 수작을 하다.
例句：只要有警察在，就不能让坏人胡作非为。
경찰이 있기만 하면 나쁜 사람이 제멋대로 악행을 하지 못하게 합니다.

59. **牵肠挂肚**(qiānchángguàdù)
항상 마음에 걸리다. - 마음을 놓지 못하다.
例句：这么多年来我一直对父母的健康牵肠挂肚。
이렇게 오랜 세월 나는 줄곧 부모님 건강이 늘 마음에 걸렸습니다.

60. **独来独往**(dúláidúwǎng)
마음먹은 대로 자유롭게 행동하다.
例句：他不喜欢和别人在一起，总是一个人独来独往。
그는 다른 사람과 함께 있는 것을 좋아하지 않고 항상 혼자 마음먹은 대로 자유롭게 행동한다.

61. **眉来眼去**(méiláiyǎnqù)
눈짓으로 마음을 전하다. - 남녀 간에 정을 주고 받다. / 눈치를 맞추다. / 몰래 결탁하다, 암암리에 내통하다.
例句：看见自己的女朋友和别人眉来眼去，心里真不是滋味。
자기 여자 친구와 다른 사람이 눈짓으로 마음 전하는 것을 보면 마음이 정말 기쁘지 않습니다.

62. **虾兵蟹将**(xiābīngxièjiàng)
새우 병사와 게 장군(전설상에 등장하는 용왕의 군대) - 아무 쓸모없는 군대
例句：这些虾兵蟹将怎能抵挡正规军的攻击。
이런 아무 쓸모없는 군대로 어떻게 정규군의 공격을 막아낼 수 있겠습니까!

63. **是非不分**(shìfēibùfēn)
옳고 그름을 구분하지 못하다.
例句：你这个人怎么是非不分，连谁对谁错都不知道。
당신은 어떻게 옳고 그름을 구분치 못해 누가 맞고 누가 틀린 지도 모르나요?

64. **是非之地**(shìfēizhīdì)
갈등이나 분쟁이 많은 곳
例句：你让他尽快抽身，远离这是非之地。
당신은 그가 되도록 빨리 몸을 빼내 분쟁 많은 이곳에서 멀리 떠나게 하세요.

65. **是非分明**(shìfēifēnmíng)
옳고 그름이 분명하다.
例句：他是个是非分明的人，肯定会批评自己儿子的错误。
그는 옳고 그름이 분명한 사람입니다. 틀림없이 자기아들의 잘못을 꾸짖을 겁니다.

66. **相依为命**(xiāngyīwéimìng)

서로 간에 의지하며 살다. - 서로 굳게 의지하다, 운명이나 생사를 함께 하다.

例句：父母去世后，他和弟弟相依为命。

부모님이 돌아가신 후 그와 동생은 서로를 굳게 의지하며 삽니다.

67. **拾金不昧**(shíjīnbúmèi)

금(재물)을 주워도 자신이 가지지 않다, 재물을 주워도 내 것으로 탐내지 않다.

例句：他在路上捡到一个钱包，里面有很多钱，但他拾金不昧，把它交给了交警。

그는 길에서 돈 지갑을 주웠고 지갑 안에 많은 돈이 있었지만 그는 주워도 탐내지 않고 그것을 교통경찰에게 주었다.

68. **络绎不绝**(luòyìbùjué)

사람, 수레, 마차, 선박 등의 왕래가 끊임없이 빈번하다, 왕래가 활발하다.

例句：举办毕业典礼的那天，前来庆贺的人络绎不绝。

졸업식을 거행한 그날은 다가와 축하하는 사람들로 왕래가 빈번하였다.

69. **恰到好处**(qiàdàohǎochù)

아주 적절하다, 아주 적당하다, 꼭 맞다.

例句：凡事做得恰到好处其实是门艺术。

모든 일을 지극히 알맞게 하는 것은 사실 예술의 한 종류이다.

70. **是非曲直**(shìfēiqūzhí) / **是非好歹**(shìfēihǎodǎi)

시비곡직 - 어떠한 일(사리), 사물 등의 옳고 그름

例句：我们一定要弄清是非曲直，以免冤枉好人。

우리는 반드시 일의 옳고 그름을 확실히 해야 합니다. 착한 사람이 억울하지 않도록 말입니다.

71. **鬼使神差**(guǐshǐshénchāi)
귀신이 곡할 노릇이다.
例句：他竟然鬼使神差地进入了戒备森严的司令部。
그가 뜻밖에 귀신이 곡할 정도로 경비가 삼엄한 사령부에 진입했다.

72. **挑拨离间**(tiǎobōlíjiàn)
사람들 사이를 이간질하다.
例句：别听他的话，他在挑拨离间，想搞坏我们的关系。
그의 말을 듣지 마세요! 그는 사람들 사이를 이간시켜 우리의 관계를 훼손시키려 해요.

73. **胡说八道**(húshuōbādào)
터무니없이 떠들어 대다, 말도 안 되는 소리를 하다, 허튼소리를 하다.
例句：不要听他胡说八道，那些话全都不是事实。
그 사람이 터무니없이 떠드는 소리를 듣지 마세요. 그 소리는 모두 사실이 아닙니다.

74. **胆战心惊**(dǎnzhànxīnjīng)/ **胆丧心寒**(dǎnsàngxīnhán)
간담이 서늘하다.
例句：我们的战斗力吓得敌人胆战心惊。
우리의 전투력에 적이 간담이 서늘할 정도로 놀랐다.

75. **亭亭玉立**(tíngtíngyùlì)
아름다운 여인의 몸매가 날씬하다.
例句：眼前这位身材修长、亭亭玉立的少女是哪家的小姐？
눈 앞에 있는 몸매 날씬하고 아름다운 이 소녀 분은 어느 집 아가씨입니까?

76. **窃窃私语**(qièqièsīyǔ)

귓속말로 속삭이다.

例句：他们俩在教室的一个角落里窃窃私语，不知在讲些什么。
그들 둘이 교실 한 구석에서 귓속말로 속삭이는데 무슨 말을 하는지 모르겠어요.

77. **挤眉弄眼**(jǐméinòngyǎn)

곁눈질하며 추파를 던지다, 눈짓하다.

例句：宴席上他朝我挤眉弄眼的，不知在暗示些什么。
연회석상에서 그는 나를 향해 눈짓했는데 암시하는 것이 무엇인지 모르겠어요.

78. **胡思乱想**(húsīluànxiǎng)

허튼 생각을 하다, 터무니없는 생각을 하다.

例句：你不要整天胡思乱想，世上哪有那么好的事情。
당신은 하루 종일 터무니없는 생각하지 마세요. 세상 어디에 그렇게 좋은 일이 있나요!

79. **相亲相爱**(xiāngqīnxiāngài)

서로 친하고 서로 사랑하다. - 매우 가까운 관계

例句：他们俩从相识、相知到相亲相爱才只有一年，不知感情是否牢固。
그들 둘이 서로 알고 이해하게 된 후부터 매우 가까운 관계가 되기까지 겨우 1년입니다. 두 사람 애정이 확고한지 모르겠어요.

80. **鬼鬼祟祟**(guǐguǐsuìsuì)

다른 이와 몰래 숨어 못된 일을 꾸미다. / 살금살금 두리번거리다.

例句：这么晚了，你还在这里鬼鬼祟祟的干吗？
이렇게 늦었는데 당신은 아직 여기에서 두리번거리며 무엇을 하는 거죠?

81. **思前想后**(sīqiánxiǎnghòu)

지난 날을 돌이켜 보고 훗날에 대해 생각하다.

例句：思前想后，我还是觉得这个方法最好。

지난 날을 돌이켜보고 훗날을 생각할 때 나는 그래도 이 방법이 가장 좋다고 생각합니다.

82. **秋高气爽**(qiūgāoqì shuǎng)

가을 하늘이 높고 공기가 상쾌하다.

例句：十月份了，天气秋高气爽，十分宜人。

10월입니다. 날씨는 가을 하늘 높고 공기가 상쾌해 사람들에게 좋은 느낌을 줍니다.

83. **看破红尘**(kànpòhóngchén)

속세를 초월하다, 세상사를 초월하다.

例句：许多人看破红尘，出家当了和尚。

많은 사람이 속세를 초월해 출가하여 중이 되었다.

84. **恼羞成怒**(nǎoxiūchéngnù)

분하고 부끄러운 나머지 도리어 화를 내다.

例句：他恼羞成怒地抄起手边的家伙，向对方砸去。

그는 분하고 부끄러운 나머지 화를 내며 옆에 있는 가구를 잡아채 상대방 쪽으로 부숴 버렸습니다.

85. **指桑骂槐**(zhǐ sāngmàhuái)

뽕나무를 가리키며 홰나무를 욕하다. - 이 사람을 지칭하지만 사실은 저 사람을 욕한다, 빗대어 욕하거나 빈정대다.

例句：他的话明明是在指桑骂槐，你怎么还没听明白他是在说你?

그의 말은 분명히 빗대어 욕하는 것입니다. 당신은 어떻게 그가 당신에 대해 말하는 것을 아직도 못 알아듣습니까?

86. **追悔莫及**(zhuīhuǐmòjí)

후회막급이다. - 아주 후회가 된다, 후회해도 소용없다.

例句：当时没用功学习，现在真是追悔莫及。

당시에 힘써 배운 것이 없어 지금은 정말 후회막급입니다.

87. **鸦雀无声**(yāquèwúshēng)

까마귀와 참새도 소리가 없다. - 새소리도 들리지 않을 정도로 쥐 죽은 듯하다.

例句：考试时教室里鸦雀无声，只听见笔在纸上写字的声音。

시험 때 교실 안은 새소리도 들리지 않을 정도로 쥐 죽은 듯해 펜으로 종이 위에 쓰는 글씨 소리만이 들렸다.

88. **顺理成章**(shùnlǐchéngzhāng)

(일이나 문장 등이) 이치에 합당하면 자연히 잘되기 마련이다. / 문장을 쓰거나 일하는 것이 조리가 있고 분명하다.

例句：这也是顺理成章的事。

이것 역시 이치에 맞으면 자연히 잘되는 일입니다.

89. **面黄肌瘦**(miànhuángjīshòu)

(병 등을 앓아) 얼굴이 누렇게 되고 몹시 수척해지다. - 몸에 병이 생겼거나 영양상태가 좋지 않다.

例句：非洲难民由于营养不良，个个面黄肌瘦。

아프리카 난민이 영양부족으로 인해 모두 병을 앓아 얼굴이 누렇게 되고 몹시 수척해졌다.

90. **独断独行**(dúduàndúxíng)

제 마음대로 독단적으로 행동하다, 독단적으로 처리하다, 독단적으로 결정하다.

例句：她向来是独断独行，从不听取别人的，特别是男同事的意见。

그녀는 줄곧 독단적으로 행동해 다른 사람의 의견을 듣지 않았는데 특히 남자 직장동료들의 의견이었습니다.

91. 轻描淡写(qīngmiáodànxiě)

그림을 그릴 때 옅은 색으로 가벼이 묘사하다. - 대충대충 묘사하다, 대충대충 서술하다, (중요한 부분이나 문제를) 대충 넘어가려 하다.

例句：当被问及这个问题时，他只是轻描淡写地回答了。

이 문제를 물어보았을 때 그는 단지 대충대충 대답하고 넘기려 했습니다.

92. 冠冕堂皇(guānmiǎntánghuáng)

아주 점잖고 정중한 척을 하다. / 보기에 크고 화려하다. / 뻔뻔스럽다.

例句：他找了一个冠冕堂皇的理由来推脱这件事。

그는 점잖고 정중한 이유를 찾아 이 일을 맡으려 하지 않았다.

93. 肺腑之言(fèifǔzhīyán)

폐부 가운데의 말 - 흉금을 털어놓는 말, 마음 속에서 우러나오는 말

例句：你还是听听我的肺腑之言吧。

당신은 그래도 내가 흉금을 털어놓는 말을 들으세요.

94. 南腔北调(nánqiāngběidiào)

남쪽과 북쪽의 사투리가 뒤섞인 말씨 - 각 지방의 방언

例句：茶馆里的茶客来自全国各地，大家南腔北调，聊得海阔天空。

다관(찻집)안의 손님들은 전국 각지에서 왔는데 모두 각 지방 방언으로 거리낌 없이 이것저것 이야기합니다.

95. 重温旧梦(chóngwēnjiùmèng)

다시 한번 옛 꿈을 꾸다. - 과거의 경험을 되새기다.

例句：再次回到巴黎，他来到当年的咖啡馆重温旧梦。

다시 파리로 돌아온 그는 그 당시의 카페로 와서 옛 경험을 되새겼습니다.

96. **相敬如宾**(xiāngjìngrúbīn)

서로 존경하기를 마치 손님에게 하듯 하다. - 남편과 아내가 서로 손님을 대하듯 항상 존경하다.

例句：夫妻俩结婚十多年来一直相敬如宾。

남편과 아내 둘은 결혼 십 년이래 서로 손님을 대하듯 항상 존경해 왔다.

97. **前程似锦**(qiánchéngsìjǐn)

전도가 양양하다.

例句：你的儿子很有才华，前程似锦啊！

당신 아들은 밖으로 드러난 재능이 많으니 전도가 양양합니다.

98. **茫然若失**(mángránruòshī)

망연자실하다.

例句：听到自己落榜的消息，他有点茫然若失。

자기가 낙방했다는 소식을 듣고 그는 망연자실해 했다.

99. **柳暗花明**(liǔànhuāmíng)

초록 버들이 우거져 그늘이 되고 온갖 꽃이 만발한 것이 비단같은 경치가 된다 -복잡하게 얽힌 상황이 지나간 후 희망이 있는 새로운 국면이나 전기가 생기다.

例句：（1）这个案件终于柳暗花明，出现了新的证人。

이 사건에 마침내 새 국면이 생겨나 새로운 증인이 나타났다.

（2）柳暗花明又一村。

버드나무그늘 무성하고 꽃이 만발한 곳에 또 하나의 마을이 있다.

♧ 유암화명(柳暗花明)의 유래

전원의 봄 경치를 묘사하고 있는 이 말은 남송시대의 시인 육유(陸游 1125-1210)가 40초반에 지은 시 〈유산서촌(遊山西村)〉의 내용에서 유래하였다.

1만 수에 가까운 많은 시를 지었던 그는 송나라를 침략한 북방 금(金)나라에 대한 항전을 주장했던 애국시인이자 당완(唐婉)과의 슬픈 사랑으로 유명한 인물이기도 하다.

1166년 관직을 그만둔 그는 고향 월주 산음현(越州 山陰縣: 현재의 절강성 소흥시)으로 낙향해 나라걱정과 울분으로 시간을 보내게 되었다. 어느 봄날 그는 서쪽 산을 구경하게 되었는데 길이 끊기고 인적도 없는 깊은 산속에서 길을 잃게 되었다. 그러나 육유는 돌아가지 않고 계속 비탈을 걷고 산자락을 지나 우연히 넓은 논이 있는 작은 마을을 발견하게 되었다. 무릉도원 같은 그 마을은 버드나무가 무성해 그늘이 있었고(柳暗) 온갖 꽃은 활짝 피어(花明) 주변과 아름다운 조화를 이루고 있었다. 또한 소박하고 순박한 그곳 사람들은 자신들이 빚은 술로 마을에 온 육유를 환대하였다. 육유는 이때의 일을 〈유산서촌〉이라는 시를 지어 노래하였다.

-유산서촌(遊山西村: 산 서쪽마을을 거닐며)-
시골 농가에서 만든 납주가 탁하다 비웃지 마시오. 莫笑農家臘酒渾
풍년이 들어 손님 머물러도 닭과 돼지는 풍족히 낼 수 있다오. 豊年留客足鷄豚
산이 깊고 물은 겹겹으로 갈 길이 없다 여겼더니 山重水復疑無路
버드나무 그늘 무성하고 꽃이 만발한 곳에 또 하나의 마을이 있었네.
柳暗花明又一村
피리 불고 북을 치며 따르니 봄의 제사 가까운데 蕭鼓追隨春社近
의관은 간소하고 소박하니 옛 풍속이 남아 있었네. 衣冠簡朴古風存
이제부터 허락된다면 한가로이 달 밝을 때를 타서 從今若許閑乘月
지팡이를 짚은 채 아무 때나 밤에라도 문을 두드리려오. 拄杖無時夜叩門

유암화명은 봄경치의 아름다움을 말하고 있으나 중국인들은 어려움 중에 희망이 되는 새로운 전기가 나타난다는 의미로 이 말을 사용하고 있다.

100. **荒谬绝伦**(huāngmiùjuélún)

황당무계하다, 황당무계하기 짝이 없다.

例句：你编出来的谎话真是荒谬绝伦，傻瓜都不会相信。

그가 꾸며낸 거짓말은 정말 황당무계해서 바보도 믿지 않을 겁니다.

101. **南辕北辙**(nányuánběizhé)

남쪽으로 가려는 사람이 북쪽으로 수레를 몰다. - 행동이 본래의 목적과 서로 상반되다.

例句：你不是要去徐家汇么？怎么往北走？这不是南辕北辙吗？

당신은 쉬자후이(상하이 남쪽의 번화가)로 가고자 했던 것 아닌가요? 어떻게 북쪽으로 갑니까! 이것이 남으로 가려는 사람이 북으로 수레를 모는 격 아닌 가요?

102. **厚颜无耻**(hòuyánwúchǐ)

후안무치 - 낯가죽이 두껍다, 파렴치하다, 부끄러움을 모르는 철면피

例句：我叫你不要来，你还是死缠着我，真是厚颜无耻。

나는 당신을 오지 말라 했는데 아직도 내게 달라붙으니 정말 낯가죽도 두껍군요!

103. **卧薪尝胆**(wòxīnchángdǎn)

와신상담(땔나무 위에서 자고 곰의 쓸개를 핥다) - 원수를 갚기 위해 어떤 어려움 이나 수치도 견디어 낸다.

例句：越王卧薪尝胆十多年终于击败了吴国。

월나라 왕(구천)은 10여 년을 와신상담한 끝에 결국 오나라를 쳐서 패퇴 시켰다.

104. **重操就业**(chóngcāojiùyè)

다시 예전에 하던 일을 한다.

♧ 와신상담(臥薪嘗膽)의 유래

춘추시대말기인 기원전 496년, 오왕(吳王) 합려(闔閭)는 취리에서 월왕(越王) 구천(勾踐)과 싸워 크게 패한 후 화살에 부상당한 상처의 악화로 목숨을 잃었다.

합려는 죽기 전 태자인 부차(夫差)에게 반드시 구천을 쳐서 자신의 원수를 갚으라는 유언을 남겼다. 오왕이 된 부차는 아버지 합려의 유언을 잊지 않기 위해 섶 위에서 잠을 자며(臥薪) 자신의 방을 출입하는 모든 신하들에게는 문 앞에서 "부차야! 월왕 구천이 너의 아버지를 죽였다는 것을 잊어서는 안 된다!"라고 부왕의 유언을 외치게 하였다.

이렇게 오랜 동안 복수를 준비한 부차는 몰래 군사를 훈련시키며 때를 기다렸고 월왕 구천은 모사인 범려의 조언을 듣지 않고 먼저 부차를 공격하다 오나라에게 대패 한 후 회계산(會稽山)으로 도주 하였다.

월왕 구천은 오나라 군사에 포위되어 위험에 빠지자 범려의 계책으로 우선 오의 재상 백비에게 뇌물을 바친 후 자신이 부차의 신하가 되겠다며 항복을 청했다.

구천은 오나라의 지배를 받게 된 월나라로 돌아온 후 항상 자신의 옆에 쓸개를 놔두고 항상 그것의 쓴맛을 맛보며(嘗膽) 회계에서의 치욕(會稽之恥)을 기억하였다. 당시 월왕 구천 과 그의 아내는 함께 밭을 갈고 길쌈을 하며 몰래 군사를 조련, 복수할 기회를 기다렸다. 12년 후 구천은 조련한 군사를 이끌고 오나라를 공격했고 마침내 도읍인 고소(姑蘇 - 현재의 蘇州)까지 진격해 오왕 부차의 항복을 받아내며 회계의 치욕을 설욕하였다. (항복한 부차는 용동(甬東 - 折江省 定河)에서 여생을 편히 보내라는 월왕 구천의 제의를 스스로 거절한 후 자결하였다)

원수를 갚기 위해 괴롭고 어려운 일을 참고 이겨낸다는 이 와신상담(臥薪嘗膽)의 이야기는 사마천이 지은『사기』월세가(越世家)에 기록되어 있다.

例句：你今天怎么又重操就业，重新经商了。

당신은 어떻게 오늘 예전에 하던 장사를 또다시 시작합니까?

105. 顺藤摸瓜(shùnténgmōguā)

넝쿨을 더듬어 참외를 따다. - 작은 단서를 좇아 일이나 상황의 진상을 밝혀내다.

例句：警方就依这条线索顺藤摸瓜，找到了这个罪犯。

경찰 쪽에서 이 단서에 의지, 사건의 진상을 밝혀 이 범인을 찾아냈다.

十画

1. **乘人之危**(chéngrénzhīwēi) / **趁人之危**(chènrénzhīwēi)
다른 사람의 위급할 때를 틈타다. - 다른 이의 약점을 이용하다.
例句：我们不应该乘人之危，要堂堂正正地跟别人竞争。
우리는 다른 이의 약점을 이용해서는 안됩니다. 정정당당히 다른 사람과 경쟁해야 합니다.

2. **借刀杀人**(jièdāoshārén)
다른 이의 칼을 빌려 사람을 죽이다. - 다른 이를 이용해 사람을 해하다.
例句：凭什么让我去揍他？你这是借刀杀人！
무엇을 근거로 내가 가서 그를 해치게 하죠? 당신의 이것은 다른 이를 이용해 사람을 해치는 겁니다!

3. **真人真事**(zhēnrénzhēnshì)
실제 인물과 사실
例句：这不是虚构的，是由真人真事改编的。
이는 허구가 아닌 실제 인물과 사실에서 각색한 것이다.

4. **破口大骂**(pòkǒudàmà)
심하게 욕설을 퍼붓다, 큰소리로 욕을 하다, 입에 거품을 물고 욕지거리를 하다.
例句：他恼羞成怒，破口大骂邻居的卑鄙无耻。
그는 분하고 부끄러운 나머지 화를 내었고 이웃에게는 악랄하고 파렴치하게 심한 욕설을 퍼부었다.

5. **班门弄斧**(bānménnòngfǔ)

반수(班輸: 도끼를 잘 썼던 노나라의 유명한 장인)앞에서 도끼를 가지고 놀다. - 공자 앞에서 문자 쓴다.

例句: 在 Bill Gates 面前谈电脑，真是班门弄斧。

빌 게이츠 앞에서 컴퓨터 이야기하는 것은 정말이지 공자 앞에서 문자 쓰는 것과도 같다.

6. **真才实学**(zhēncáishíxué)

진정한 재능과 견실한 학문

例句: 只要有真才实学就不怕今后找不到工作。

진정한 재능과 견실한 학문이 있기만 하면 앞으로 일(직업)을 찾지 못하는 것을 두려워하지 않아도 됩니다.

7. **病从口入**(bìngcóngkǒurù)

병은 입으로 들어온다.

例句: 俗话说“病从口入”，所以一定要注意饮食卫生。

속말에 “병은 입으로 들어온다”고 했으니 반드시 음식위생에 주의해야 해요.

8. **积少成多**(jīshǎochéngduō)

작은 것을 모아 큰 것을 이룬다. - 티끌 모아 태산

例句: (1) 知识就是这样，积少成多。

지식은 바로 이렇게 작은 것을 모아 큰 것을 이루는 것이다.

(2) 他一天背几个单词，积少成多，现在他已经掌握了很多单词。

그는 하루에 몇 개의 단어를 외우는데 ‘티끌 모아 태산’처럼 지금 그는 이미 많은 단어를 정복했다.

9. **拿手好戏**(náshǒuhǎoxì)

배우가 가장 잘하는 연기 - 어떤 사람이 가장 자신 있고 뛰어난

재주나 특기

例句：（1）翻跟斗是他的拿手好戏。

공중제비는 그의 가장 자신 있고 뛰어난 재주이다.

（2）别着急，我的拿手好戏还在后头呢！

조급해 하지 말아요! 나의 가장 자신 있고 뛰어난 재주는 나중에 있어요!

10. **称心如意**(chènxīnrúyì)

마음에 들다, 자기 마음에 흡족하다.

例句：今天买到了称心如意的商品。

오늘 마음에 드는 상품을 사게 되었다.

11. **造化弄人**(zàohuànòngrén)

자연을 만들고 인간을 창조하다. - 운명이 사람을 주관한다.

例句：出身名门的她结果流亡到了边疆，真是造化弄人。

명문 출신의 그녀가 결국 국경 지대까지 유랑하니 정말이지 운명이 사람을 주관합니다.

12. **狼心狗肺**(lángxīngǒufèi)

이리의 마음과 개의 폐 - 마음이 흉악하고 잔인하며 탐욕스럽다, 배은망덕하다.

例句：当时狼心狗肺的日本军队，连怀孕的妇女都不放过。

당시 흉악하고 잔인한 일본군대는 임신한 부녀자조차도 놓아주지 않았다.

13. **素不相识**(sùbùxiāngshí)

평소에 안면이 없는 모르는 사이이다.

例句：我和你素不相识，为什么找我帮你？

나와 당신은 안면이 없는 모르는 사이인데 왜 나를 찾아 도움을 청합니까?

14. **袖手旁观**(xiùshǒupángguān)

수수방관 - 팔짱만 끼고 옆에서 구경만 하다.

例句：朋友有难，我怎么可以袖手旁观呢？

친구에게 어려움이 있는데 내가 어떻게 수수방관할 수 있나요?

15. **真心真意**(zhēnxīnzhēnyì)

진심으로, 성심성의껏

例句：（1）我是真心真意地想帮你。

나는 성심성의껏 당신을 돕고 싶습니다.

（2）他对女朋友说："我是真心真意爱你的"。

그는 여자 친구에게 "나는 진심으로 당신을 사랑합니다"라고 말했다.

16. **称王称霸**(chēngwángchēngbà)

스스로 왕이나 우두머리로 칭해 군림하고 지배하다, 권세에 기대어 행패를 부리다.

例句：二战时期，德国和日本在欧洲和亚洲称王称霸。

2차대전 시기, 독일과 일본은 유럽과 아시아에서 자국을 우두머리로 자칭해 다른 나라들을 압제했다.

17. **爱不释手**(àibúshìshǒu)

너무 아끼고 좋아해 잠시도 손에서 놓지 않다.

例句：他非常喜欢这个小玩意，对它爱不释手，舍不得放下。

그는 이 작은 노리개를 매우 좋아해 그것을 잠시도 손에서 놓지 않고 내려 놓기도 아까워한다.

18. **哭天喊地**(kūtiānhǎndì)

큰 소리로 목을 놓아 울다.

例句：得知自己亲人在事故中死亡的消息，他们个个难过得哭天喊地。

자기와 관계가 깊은 사람이 사고 중 사망한 소식을 알게 되자 그들 모두는 슬퍼서 큰 소리로 목 놓아 울었다.

19. **热气腾腾**(rèqìtēngtēng)

모락모락 뜨거운 김이 올라오다. / 분위기가 고조되다.

例句：下班回到家，妻子已经准备好了热气腾腾的饭菜。

퇴근하고 집에 돌아오니 아내는 이미 김이 모락모락 나는 식사 준비를 끝냈다.

20. **倒打一耙**(dàodǎyìpá)

자신의 잘못을 인정하지 않고 오히려 타인에게 잘못을 전가시키다, 적반하장이다.

例句：我帮了你的忙，你倒好，还倒打一耙，说我害了你。

나는 당신을 도와주었지만 당신은 오히려 적반하장 격으로 내가 당신에게 해를 끼쳤다고 말했어요.

21. **破旧立新**(pòjiùlìxīn)

옛 것을 부수고 새 것을 세우다. - 사상이나 문화 등 낡은 것을 타파하고 새로운 것을 세우다.

例句：改革就在于破旧立新，屏弃陈腐的东西，建立新的制度。

개혁은 낡은 것을 타파하고 새것을 세우는 것에 있는데 진부하고 낡은 것을 버리고 새로운 제도를 만드는 것이다.

22. **谈古论今**(tángǔlùnjīn)

옛일과 지금을 이야기하다.

例句：他们经常聚在一起，谈古论今，从古代的帝王谈到当今的总统。

그들은 항상 함께 모여 옛일과 지금을 이야기하는데 고대의 제왕부터 지금의 대통령까지 말한다.

23. **顾全大局**(gùquándàjú)

전반적인 국면이나 정세를 고려하다, 대세를 고려하다.

例句：为了顾全大局，我只好舍弃个人的私利。
대세를 고려하기 위해 나는 개인의 사사로운 이익을 포기할 수 밖에 없다.

24. **逢场作戏**(féngchǎngzuòxì)
연극이나 잡기(서커스)의 노는 장면을 만나면 같이 한번 놀아보다. - 기회를 만난 김에 심심풀이로 참여하다.
例句：别把他们的关系当真，他们只不过是逢场作戏罢了。
그들 관계를 사실로 여기지 마세요. 그들은 단지 기회를 만난 김에 심심풀이로 참여하는 것 뿐 이에요.

25. **臭名远扬**(chòumíngyuǎnyáng)
악평이나 악명이 먼 곳까지 자자하다.
例句：怎么跟他交朋友？他可是臭名远扬的伪君子啊！
어떻게 그와 친구가 되나요? 그는 먼 곳까지 악평이 자자한 위선자입니다.

26. **珠光宝气**(zhūguāngbǎoqì)
보석의 빛이 휘황찬란하다. - 보석으로 단장하다.
例句：她戴了很多的珠宝，打扮得珠光宝气的。
그녀는 아주 많은 보석을 끼었는데 휘황찬란할 정도로 치장했다.

27. **莫名其妙**(mòmíngqímiào)/ **莫明其妙**(mòmíngqímiào)
이치에도 맞지 않고 근거도 없다. / 이해할 수 없어 이상야릇하다. / 영문을 일 수 없다. / 무슨 뜻인지 모르다. / 매우 오묘하다.
例句：他今天莫名其妙地跑过来问我许多问题，搞得我一头雾水。
그는 영문을 알 수 없이 내게로 뛰어와 많은 문제를 물었는데 나를 어리둥절하게 했다.

28. **热血沸腾**(rèxuèfèiténg)

더운 피가 끓어 오르다. - 열정이나 정열이 끓어 오르다.

例句：热血沸腾的青年愿为祖国奉献一切。

더운 피가 끓어 오르는 청년이 조국을 위해 모든 것을 바치길 원한다.

29. **倒行逆施**(dàoxíngnìshī)

도리에 어긋나는 행동을 하다, 시대의 흐름에 역행하다.

例句：他想要倒行逆施，违反客观规律，结果自食其果。

그는 시대의 흐름에 역행하길 원해 객관적인 규율을 위반했고 결국 스스로 그 열매를 거두었다.

30. **徒有虚名**(túyǒuxūmíng)/ **徒有其名**(túyǒuqímíng)/ **徒有其表**(túyǒuqíbiǎo)

유명무실하다, 이름만 있지 속은 없다, 헛된 명성만 있지 알맹이는 없다.

例句：都说她是文学天才，我看是徒有虚名，她连古诗都背不了几首。

모두들 그녀가 문학 천재라 말하지만 내가 보면 이름만 있을 뿐 그녀는 고대 시 몇 수도 외우지 못합니다.

31. **宽宏大量**(kuānhóngdàliàng)

도량이 크고 관대하다.

例句：我知道你宽宏大量，一定会饶了我的！

나는 당신이 도량이 크고 관대한 것을 압니다. 반드시 나를 용서할 겁니다.

32. **狼狈为奸**(lángbèiwéijiān)

서로 공모하여 악행을 저지르다, 나쁜 사람과 어울려 나쁜 짓을 저지르다.

例句：他们一个负责偷别人手机，一个负责销赃，真是狼狈为奸。

그들 중 하나는 자기가 책임지고 다른 사람 핸드폰을 훔쳤고 또 하나는 책임지고 장물을 처분했으니 정말 서로가 공모해 악행을 저지른 것이다.

33. **难言之隐**(nányánzhīyǐn)

말하지 못할 은밀한 사정, 말 못할 사정

例句：他一直不肯继续往下说，肯定是有什么难言之隐。

그는 줄곧 계속해 말하려 하지 않으니 확실히 무슨 말 못할 사정이 있을 겁니다.

34. **爱财如命**(àicáirúmìng)

재물을 목숨처럼 소중히 하다.

例句：爱财如命的吝啬鬼，连一分钱都不愿意借给别人。

재물을 목숨처럼 아끼는 인색한 사람은 한 푼의 돈도 다른 사람에게 빌려주기를 원치 않는다.

35. **积劳成疾**(jīláochéngjí)

오랜 피로가 쌓여 병이 되다.

例句：老师天天批改作业到深夜，就这样积劳成疾，终于倒下了。

선생님이 날마다 늦은 밤까지 숙제를 채점하고 고쳐 주셨는데 이런 피로가 쌓여 결국 쓰러지셨습니다.

36. **原形毕露**(yuánxíngbìlù)

원래의 모양이 완전히 드러나 진상이나 정체가 여지없이 폭로되다.

例句：妖怪逃不过孙悟空的火眼金睛，结果原形毕露。

요괴는 손오공의 불꽃같이 금빛 나는 눈에서 도망치지 못해 원래의 정체가 여지없이 드러났다.

37. **破财消灾**(pòcáixiāozāi)

재물(돈)을 잃는 대신 재앙은 면하다(주로 돈이나 재물을 잃은 사람을 위로할 때 사용됨).

例句：这次钱包掉了，你只当是破财消灾好了。
이번에 돈지갑을 분실했지만 당신은 재물을 잃는 대신 재앙은 면했다고 여기면 됩니다.

♧ 방약무인(傍若無人)의 유래

傍若無人은 사마천의 『사기(史記)』 자객열전(刺客列傳)에서 유래된 성어이다. 전국시대 말기 위(衛)나라 사람인 형가(荊軻)는 침착하고 생각이 깊었으며 문학과 무예에 능하였고 술을 좋아하였다. 그는 정치에도 관심이 많아 위나라의 원군(元君)을 만나 국정에 대한 자신의 포부를 말하기도 했다. 그러나 자신의 뜻이 받아들여지지 않자 그는 연(燕)나라를 비롯한 여러 나라를 떠돌며 현인, 호걸들과 사귀기를 즐겼다.

그 중 한 사람이 연나라에서 사귄 비파(琵琶)의 명수 고점리(高漸離)였는데 이 두 사람은 마음이 잘 맞아 금방 친한 사이가 되었다. 두 사람이 만나 술판을 벌여 취기가 돌면 고점리는 비파를 켜고 형가는 이에 맞춰 춤을 추고는 하였다. 그러다가 서로의 신세가 처량함을 느껴 감정이 북받치면 둘은 얼싸안고 울기도 웃기도 하였다. 이때 그들의 모습은 마치 곁에 아무도 없는 것처럼(傍若無人) 행동하는 듯 보였다.

원래 방약무인은 아무 거리낌 없는 당당한 태도를 말하였는데 오늘날에는 함부로 무례하거나 교만한 태도를 말할 때 자주 사용된다.

이후 진(秦)나라의 정(政 - 훗날 진시황)에게 원한을 품고 있던 연나라의 태자 단(丹)은 형가를 높이 평가해 그에게 진시황의 암살을 요청하였다. 형가는 태자 단의 부탁으로 암살을 시도하였지만 암살은 실패로 끝났고 자신도 진시황에게 죽임을 당하였다.

진시황을 암살하기 위해 진나라로 떠나기 전 자객 형가는 아래와 같은 짧은 시를 짓고 노래하였다.

風蕭蕭兮易水寒 바람소리 쓸쓸하고 역수는 차가운데
壯士一去不還 장사 한 번 가면 다시 돌아오지 않는다.

지금은 안하무인(眼下無人)도 방약무인과 비슷한 의미로 사용되고 있다.

38. **粉身碎骨**(fěnshēnsuì gǔ)

분골쇄신하다. - 목숨을 다하여 헌신하다.

例句：上海临时政府主席金九，为了独立运动，即使粉身碎骨也在所不惜。

상하이 임시정부주석 김구 선생은 독립운동을 위해 설령 분골쇄신한다 해도 조금도 주저하지 않았다.

39. **笑里藏刀**(xiàolǐcángdāo)

웃음 가운데 칼을 감추다. - 겉으로는 웃으면서 속으로는 해칠 생각을 하고 있다.

例句：他这个人说话笑里藏刀，千万别信以为真。

그의 말에는 웃음 가운데 칼을 감추고 있으니 절대 진실로 믿지 마세요.

40. **旁若无人**(pángruòwúrén)

방약무인 - 옆에 아무도 없는 것처럼 자기 멋대로 행동하다.

例句：他们在公共汽车里旁若无人地讲脏话。

그들은 시내버스 안에서 옆에 아무도 없는 것처럼 자기들 멋대로 더러운 욕지거리를 하였다.

41. **高枕无忧**(gāozhěnwúyōu)

고침안면(베개를 높이 하고 근심 없이 자다) - 마음이 편하고 걱정이 없다. - 지나치게 낙관적이다.

例句：绝不能认为康复了就可以高枕无忧。

건강을 회복하면 걱정이 없다고 마음 편히 생각하면 절대로 안됩니다.

42. **料事如神**(liàoshìrúshén)

마치 귀신같이 알아맞히다(예견하다).

例句：你怎么知道今天会下雨啊？真是料事如神。

당신은 어떻게 오늘 비가 올 것을 알았죠? 정말 귀신같이

♧ 고침안면(高枕安眠)의 유래

전국시대의 소진(蘇秦)과 장의(張儀)는 동시대를 풍미했던 유세객(遊說客)들로 소진은 합종(合縱), 장의는 연횡(連橫)을 주장했다.

소진이 주장한 합종이란 세력이 가장 강한 진(秦)나라 외의 여섯 나라 - 한(韓), 위(魏), 제(齊), 초(楚) 등이 서로 동맹해 진나라에 대항하자는 것이며, 장의가 주장했던 연횡은 여섯 나라가 각각 진나라와 화친하자는 것이나 실상은 진나라에 복종하는 것이었다.

이 후 기원전 328년, 장의는 스스로 진나라의 군사를 이끌고 위나라를 침략했다. 그 후 위나라의 재상이 된 장의는 위나라 애왕(哀王)에게 소진이 주장했던 합종을 포기하고 자신이 제창한 연횡에 가담할 것을 권했으나 받아들여지지 않았다. 그러자 진나라는 한나라를 공격해 8만 여 병사를 죽였고 이 소식을 전해 들은 위나라 애왕은 근심으로 잠을 이루지 못했다.

장의는 이때를 이용해 애왕에게 "만일 위나라가 진나라를 섬기게 되면 초나라나 한나라가 이곳을 침략하는 일은 없을 것입니다. 초나라와 한나라로부터의 화(禍)만 없다면 왕께서는 베개를 높이 하여(高枕) 편히 주무실 수 있으시며(安眠) 이 위나라도 아무런 걱정이 없을 것입니다."라고 말하며 그를 설득하였다.

이런 장의의 제안에 결국 애왕은 진나라와 화친을 맺고 합종을 포기했다. 장의는 위나라를 시작으로 나머지 다섯 나라의 군주들을 차례로 설득, 주(周)나라 난왕 4년인 기원전 311년 자신의 연횡을 성립시켰다.

이 이야기는 『전국책(戰國策)』과 『사기(史記)』 장의열전(張儀列傳)에 소개되어 있다.

맞혔어요.

43. 臭味相投(chòuwèixiāngtóu)

(나쁜 일에) 한통속이 되다, 배짱이 맞다. / 좋은 일에 의기투합하다.

例句: 两个流氓臭味相投，一起干起了害人的勾当。

불량배 둘이 나쁜 일에 한통속이 되어 남에게 해를 끼치는 짓을 하기 시작했다.

44. **真枪真刀**(zhēnqiāngzhēndāo)

실제 총과 실제 칼 - 실전 혹은 실전적인 것

例句：双方这次不是开玩笑，而是真枪真刀地干上了。

쌍방이 이번에는 농담하는 것이 아니고 실제 말다툼을 하는 것이다.

45. **爱屋及乌**(àiwūjíwū)

사람을 사랑하면 집 지붕의 까마귀까지 좋아한다. - 사람을 좋아하면 그와 관계된 모든 것을 좋아한다.

例句：他喜欢中国，爱屋及乌，对中国的文化也很感兴趣。

그는 중국을 좋아합니다. 사람을 좋아하면 그와 관계된 모든 것을 좋아한다고 그는 중국 문화에 대해서도 매우 흥미있어 합니다.

46. **真相大白**(zhēnxiàngdàbái)

진상이 확실하게 드러나다.

例句：经过调查，这件事情终于真相大白了。

조사를 거쳐 마침내 이 일의 진상이 확실하게 드러났다.

47. **铁面无私**(tiěmiànwúsī)

철 같은 얼굴에 사심이 없다. - 인정이나 정리에 이끌리지 않다, 공평무사하다.

例句：他铁面无私，在法庭上不念私情。

그는 공평무사해 법정에서 사사로운 정리를 마음에 두지 않는다.

48. **浪迹天涯**(làngjìtiānyá)

세상을 이리저리 떠돌아다니다.

例句：他是一个浪迹天涯的流浪汉。

그는 세상을 이리저리 떠돌아다니는 유랑자이다.

49. **能说会道**(néngshuōhuì dào)

말솜씨가 좋다. - 언변이 매우 좋다.

例句：他可是个能说会道的主，什么东西到了他嘴里，保证给你吹出一大通来。

그는 대단히 말솜씨가 좋은 사람입니다. 어떤 것이 그의 입으로 오면 반드시 당신에게 많은 허풍을 떨 겁니다.

50. **家破人亡**(jiāpòrénwáng)

(재난 때문에) 집과 가족을 모두 잃다, 한집안이 참혹하게 불행을 당하다.

例句：（1）这起严重的事故搞得受害者家破人亡。

이 심각한 사고는 해를 입은 사람들이 집과 가족 모두를 잃을 정도입니다.

（2）因吸毒导致家破人亡的案例很多，我们一定要拒绝毒品。

마약 흡입 때문에 집과 가족을 모두 잃게 된 판례가 너무 많아 우리는 반드시 마약을 거부해야 합니다.

51. **耿耿于怀**(gěnggěngyúhuái)

비뚤어진 심사를 마음에 새겨두다, 즐겁지 않은 일이 마음에 남아 있다.

例句：他还对我上次告他状的事情耿耿于怀。

그에게는 아직도 먼저 번 내가 그를 고소한 일에 대한 비뚤어진 심사가 남아 있습니다.

52. **哭笑不得**(kūxiàobùdé)

울 수도 웃을 수도 없다. - 이러지도 저러지도 못하다, 어쩔 줄 모르다.

例句：小孩子竟然讲出“我要好好对我的老婆”，真是令人哭笑不得。

어린아이가 뜻밖에 “나는 내 처를 잘 대하길 원해요”라는 말을 꺼내 정말 사람들이 울 수도 웃을 수도 없게 합니다.

53. **高高在上**(gāogāozàishàng)
지도자가 현실을 알지 못하고 일반 사람들과 괴리되어 있다.
例句：古时，皇帝高高在上，谁都要听他的指令。
옛날, 황제는 현실을 알지 못하고 일반인들과 괴리되어 있었고 어느 누구라도 그의 명령을 들어야 했다.

54. **破釜沉舟**(pòfǔchénzhōu)
밥솥을 부수고 배를 가라앉히다. - 전쟁터로 나갈 때 결사적인 각오로 출전하다.
例句：事到如今只有破釜沉舟，拼死一战了。
일이 지금에 이르러 결사적인 각오로 출전해야 죽음을 무릅쓰고 싸울 수 있습니다.

55. **息息相关**(xīxīxiāngguān) / **息息相通**(xīxīxiāngtōng)
서로 간에 호흡이 이어지다. - (서로의) 관계가 매우 밀접하다, 밀접히 연관되다.
例句：有的人以为语言学和历史学是互不相关的，但其实这两门学问却是息息相关的。
어떤 사람은 언어학과 역사학이 서로 관련이 없다 여기지만 사실 이 두 학문은 의외로 밀접하게 연관되어 있다.

56. **借酒消愁**(jièjiǔxiāochóu)
술기운을 빌어 근심을 잊다.
例句：有些人遇到烦心事就去喝酒，说是借酒消愁。
어떤 사람은 고민거리가 있으면 가서 술을 마시는데 술기운을 빌어 근심을 잊는다고 말합니다.

57. **家贼难防**(jiāzéinánfáng)
가정의 도둑은 방비하기가 어렵다.

例句：（1）小小年纪就学会偷家里的钱，还说是小偷干的，真是家贼难防。
아주 어릴 때 집안 돈 훔치는 것을 배운 것뿐만 아니라 도둑이 한 것이라 말하니 정말이지 가정의 도둑은 막기 어려워요.
（2）外贼好挡家贼难防。
바깥의 도적은 막기 쉬워도 집안의 도둑은 막기 어렵다.

58. 爱莫能助(àimònéngzhù)
도와주고 싶지만 힘이 부족하다, 도와주고 싶어도 도와줄 능력이 없다.
例句：可惜今天下午我没空了，爱莫能助啊，你找别人帮忙吧！
애석하게도 오늘 오후 나는 시간이 없어 돕고 싶어도 돕지를 못해요. 당신은 도와줄 다른 사람을 찾으세요.

59. 高谈阔论(gāotánkuòlùn)
고상한 말이나 넓고 오묘한 논리 - 현실에 맞지 않는 탁상공론
例句：不要高谈阔论了，讲点实际的内容吧。
현실에 맞지 않는 탁상공론은 하지 말고 실제적인 내용을 말합시다.

60. 乘虚而入(chéngxūérrù) / **趁虚而入**(chènxūérrù)
상대방의 허점을 이용해 침입해 들어오다.
例句：现在我们后勤跟不上，小心敌人乘虚而入。
현재 우리의 후방 근무는 뒤쳐져 있어 적이 허점을 이용해 침입해 들어오는 것을 조심해야 합니다.

61. 通情达理(tōngqíngdálǐ)
사리에 밝다, 말과 행동이 모두가 이치에 맞다.
例句：像他这么通情达理的孩子还真是不多。

그와 같이 이렇게 사리에 밝은 아이는 정말 많지 않아요.

62. **窈窕淑女**(yǎotiǎoshūnǚ)

요조숙녀

例句：窈窕淑女，君子好逑。

요조숙녀는 군자의 좋은 배필이다.

63. **海阔天空**(hǎikuòtiānkōng)

바다와 하늘이 끝이 없이 넓다. – 이것저것 얽매임 없이 폭넓게 이야기하다.

例句：他和姜师兄海阔天空聊个没完。

그와 강(姜)선배는 이야기를 시작하면 이것저것 얽매이는 것 없이 말한다.

64. **家喻户晓**(jiāyùhùxiǎo)

집집마다 다 알다. – 모두 다 알다.

例句：（1）这是家喻户晓的一段佳话。

이는 집집마다 다 아는 한 미담입니다.

（2）这个故事在民间家喻户晓。

이 이야기는 민간의 집집마다 모두 알고 있다.

65. **害群之马**(hàiqúnzhīmǎ)

여러 말들에게 해를 끼치는 말 – 많은 이에게(사회에) 해를 끼치는 사람

例句：他是班级里的害群之马，把一些好学生都给带坏了。

그는 반에서 많은 이에게 해를 끼치는 사람으로 좋은 학생에게도 나쁜 것을 가져다 주었어요.

66. **逍遥自在**(xiāoyáozìzài)

시간이 한가하다, 시간의 여유가 있다.

例句：我们忙得要死，你倒是逍遥自在，还不快来帮忙？

우리는 바빠죽겠는데 당신은 오히려 시간이 한가하군요. 아직도 도와주러 안 옵니까?

67. 破镜重圆(pòjìngchóngyuán)

깨진 거울을 다시 맞추다. - 헤어진 부부가 재결합하다.

例句：虽然离婚了，但是他还是想和他的前妻破镜重圆。

비록 이혼했지만 그는 아직도 전처와 재결합하기를 원한다.

68. 破罐破摔(pòguànpòshuāi)

결점이나 잘못을 고치지 않고 방치해 더 나쁜 방향으로 발전시키다, 자포자기하다.

例句：这段时间学习成绩不大好，他就准备破罐破摔，放弃学业了。

이 근래 학업 성적이 좋지 않자 그는 더 나쁜 방향으로 자포자기, 학업 포기를 준비하고 있습니다.

十一画

1. **接二连三**(jiēèrliánsān)

 끊임없이 연속되다, 연이어지다.

 例句：最近接二连三地发生抢劫案，你晚上回去时一定要小心。

 최근 강도사건이 연이어 발생합니다. 당신도 저녁에 돌아갈 때 반드시 조심해야 해요.

2. **惊弓之鸟**(jīnggōngzhīniǎo)

 화살에 놀란 새 - 자라 보고 놀란 가슴 솥뚜껑 보고 놀란다.

 例句：先遣部队遭到袭击后，敌人如同惊弓之鸟，立刻逃回去了。

 선발 파견부대가 습격 당한 후 적은 화살에 놀란 새처럼 즉시 도망쳐 돌아갔다.

3. **雪上加霜**(xuěshàngjiāshuāng)

 설상가상, 엎친 데 덮친 격

 例句：冬天里突然停电了，煤气也停了，真是雪上加霜，没法烧饭了。

 겨울에 갑자기 정전된데다 가스도 끊겼습니다. 정말 설상가상으로 밥을 할 방법이 없어요.

4. **脱口而出**(tuōkǒuérchū)

 생각하지 않고 입에서 나오는 대로 지껄이다. / 즉석에서 대답하다.

 例句：（1）你要问他每个国家的首都，他总能脱口而出。

당신이 그에게 각 나라의 수도를 묻기 원하면 그는 언제나 즉석에서 대답할 수 있어요.

（2）一句句的英语从他那里脱口而出，真是令人羡慕。

그는 한 문장 한 문장의 영어를 즉석으로 대답해서 사람들을 정말 부럽게 한다.

5. **粗心大意**(cūxīndàyì)

세심하고 꼼꼼하지 못하다, 진지하지 않고 경솔하다, 주의하지 않다.

例句：考试时，我粗心大意犯了一个不该犯的错误。

시험 때 나는 주의하지 않아 마땅히 하지 말아야 할 실수를 하나 범했다.

6. **措手不及**(cuòshǒubùjí)

미처 손을 쓰지 못하다, 어찌할 바를 몰라 당황하다.

例句：我们出其不意，打他们个措手不及。

우리는 불시에 그들을 쳐서 그들은 미처 손을 쓰지 못했다.

7. **麻木不仁**(mámùbùrén)

몸이 마비가 되어 감각이 무뎌지다. - 반응이 무감각하다, 어떤 사물 등에 대해 관심이 없다, 둔하다.

例句：这个国家的总统看到人民处于苦难中却麻木不仁。

이 나라의 대통령은 고난 중에 처한 국민을 보고도 오히려 무감각한 반응이다.

8. **祸从天降**(huòcóngtiānjiàng)

재앙은 하늘로부터 내려온다. - 뜻밖의 재앙

例句：真是祸从天降，他一出门就遇到了交通事故。

정말 뜻밖의 재앙으로 그는 문을 나서자마자 교통 사고를 당했어요.

9. **粗中有细**(cūzhōngyǒuxì)

거칠고 경솔한 것에도 섬세한 부분이 있다. - 거칠거나 경솔한 사람에게도 세심한 사람에게도 세심한 면이 있다(중국에서는 이 성어 앞에 '이규가 수를 놓다'라는 뜻의 李逵绣花를 같이 사용하기도 한다).

例句：（1）总是粗心大意的他也有粗中有细的时候。
항상 진지하지 않고 경솔한 그에게도 세심할 때가 있습니다.

（2）莽张飞，粗中有细
저돌적이고 거친 장비에게도 경솔한 중에 세심한 부분이 있다.

10. **随心所欲**(suíxīnsuǒyù)

자기 뜻대로 하다, 제 마음대로 하다.

例句：上课时间是非常宝贵的，不能随心所欲想干什么就干什么！

♧ **이규수화(李逵繡花)의 유래**

이규(李逵)는 중국 고대소설『수호전(水滸傳)』에 등장하는 인물로 주인공 송강(宋江)의 수하이자 양산박(梁山泊) 108인의 호걸 중 한 사람이다.『수호전』속에서 이규는 무식하고 거친 성격의 소유자로 양산박 우두머리인 송강의 추종자로 묘사되어 있다. 도끼를 잘 썼고 흑선풍이란 별명을 가졌던 이규는 결국 송강과 함께 간신들에게 독살되는 비운을 맞게 되는데 이런 거칠고 우둔한 사람이 꼼꼼한 일을 할 때 李逵繡花라는 성어가 사용된다. 중국인들에게 이규는『삼국지연의(三國志演義)』의 장비(張飛)와 같은 이미지로 자리 잡고 있다.

李逵繡花 외에도 이규와 장비를 소재로 한 속담이나 헐후어(歇後語)들이 많이 있는데 예를 들면,

張飛裙新娘: 장비가 신부 차림을 하다 - 절대로 속일 수 없다.

張飛賣豆腐: 장비가 두부를 팔다 - 어울리지가 않다.

張飛找李逵: 장비가 이규를 찾아가다 - 분간하기가 어렵다.

등이 있다.

수업 시간은 매우 소중한 것입니다. 자기 뜻대로 무엇을 하고 싶다고 그렇게 할 수는 없어요!

11. **雪中送炭**(xuězhōngsòngtàn)

비 오는 날 땔감을 보내다. - 도움이 필요할 때 다른 이가 그것에 맞춰 도와주다.

例句：他们正急需粮食，我们现在送过去，他们肯定觉得那是雪中送炭。

그들에게는 마침 양식이 급히 필요합니다. 지금 우리가 보낸다면 그들은 분명 그것이 도움이 필요할 때 도와주는 것으로 느낄 겁니다.

12. **萍水相逢**(píngshuǐxiāngféng)

모르던 사람을 우연히 만나 알게 되다.

例句：我和他只是萍水相逢。

나와 그는 그저 우연히 만나 알게 되었습니다.

13. **混水摸鱼**(húnshuǐmōyú) / **浑水摸鱼**(húnshuǐmōyú)

혼탁한 물에서 물고기를 더듬다. - 혼란한 틈을 타서 한몫을 잡다.

例句：在人一下子这么多，比较混乱时，肯定有人浑水摸鱼。

사람이 갑자기 이렇게 많아졌습니다. 비교적 혼란할 때에는 틀림없이 그 틈을 타서 한몫 잡는 사람이 있습니다.

14. **情同一家**(qíngtóngyìjiā)

성격이나 마음이 마치 한가족처럼 맞다.

例句：韩国和土耳其人民情同一家。

한국과 터키 국민은 마음이 마치 한가족처럼 맞습니다.

15. **略而不谈**(lüèérbútán)

생략하고 언급하지 않다.

例句：对于自己的责任他每次都略而不谈。
자기의 책임에 대해 그는 매번 생략하고 언급하지 않는다.

16. **救死扶伤**(jiùsǐfúshāng)
죽어 가는 사람을 구하고 부상자들을 돕다.
例句：救死扶伤是医生的天职。
죽어 가는 사람을 구하고 부상자들을 돕는 것이 의사의 천직이다.

17. **掩耳盗铃**(yǎněrdàolíng)
귀를 가리고 방울을 훔치다. - 눈 가리고 아웅 하다.
例句：干这种事情无异于掩耳盗铃。
이런 일을 하는 것은 눈 가리고 아웅 하는 것과 다름이 없다.

18. **惟利是图**(wéilìshìtú) / **唯利是图**(wéilìshìtú)
단지 이득만을 추구하다, 단지 돈과 재물에만 눈이 멀다.
例句：惟利是图的奸商欺诈了很多消费者。
단지 이익만을 추구하는 악덕상인이 많은 소비자를 속였다.

19. **情投意合**(qíngtóuyìhé)
의기투합 - 서로 간의 감정이나 생각 혹은 의견 등이 통하고 일치하다.
例句：他们俩情投意合，开始了美好的新生活。
그들 둘은 서로의 생각과 감정이 일치해 행복한 새 생활을 시작했다.

20. **甜言蜜语**(tiányánmìyǔ)
달콤한 말 - 감언이설
例句：她被男朋友的甜言蜜语迷惑了，失去了方向。
그녀는 남자 친구의 감언이설에 속아 방향을 잃었어요.

21. **眼花缭乱**(yǎnhuāliáoluàn)

눈이 어지러울 정도로 눈부시다.

例句：商店里的商品种类太多了，让人看得眼花缭乱。

상점 안의 상품 종류가 너무도 많아 사람들이 보기에 눈이 어지러울 정도가 되게 합니다.

22. **略知一二**(lüèzhīyīèr)

대략(조금은) 알다.

例句：对这件事我也只是略知一二，不是很清楚。

이 일에 대해 나도 단지 조금 아는데 아주 명확하지는 않아요.

♧ 기호지세(騎虎之勢 – 騎虎難下)의 유래

남북조(南北朝) 말기, 북조의 마지막 왕조 북주(北周)를 다스리던 선제(宣帝)가 죽자 재상인 양견(楊堅 – 후일 수문제)이 입궐해 나랏일을 총괄하게 되었다.

당시 북주는 한족(漢族)이 아닌 선비족(鮮卑族)이 세운 왕조로 외척이지만 한족이었던 양견에게는 이민족에게 빼앗긴 한족 정권을 다시 일으키겠다는 큰 포부가 있었다.

양견이 황궁에서 모반을 준비하고 있을 때 그의 뜻을 알고 있는 아내 독고(獨孤)씨는 양견에게 편지를 보내 "지금의 상황이 호랑이 등을 타고 달리는 형국이어서 도중에 내릴 수 없는 일입니다(騎虎之勢 不得下). 만일 중도에서 내린다면 결국 호랑이에게 잡혀 먹히고 말 것입니다. 그러니 호랑이와 끝까지 가지 않으면 안 됩니다."라고 말하며 남편을 격려하였다. 부인의 격려에 용기를 얻은 양견은 581년 선제의 뒤를 이어 즉위한 어린 정제(靜帝)를 폐한 후 수(隋)나라를 건국하고 제위(帝位)에 올라 황제가 되었고 그의 아내 독고(獨孤)씨 역시 황후에 오르게 된다. 그리고 8년 후인 589년, 수문제는 남조(南朝)최후의 왕조인 진(陳: 557~589)나라마저 멸망시키고 천하를 통일하였다.

지금도 기호지세는 중도에서 그만둘 수 없는 상황을 말할 때 사용된다.

23. **理所当然**(lǐsuǒdāngrán)

도리와 이치로 보아 당연하다.

例句：吃了东西就要付钱，这不是理所当然的么？

음식을 먹고 돈을 내야 하는 이것은 이치로 보아 당연한 것 아닙니까?

24. **唯命是从**(wéimìngshìcóng)

시키는 대로 복종하다.

例句：他对妻子的话总是唯命是从。

그는 아내의 말에 대해 늘 시키는 대로 복종한다.

25. **骑虎难下**(qíhǔnánxià)

호랑이 등에 타고 있어 내리기 힘들다, 어찌할 수 없는 처지

例句：现在这件事情都已经开始了，我们骑虎难下，不做都不行了。

지금 이 상황도 이미 시작되었습니다. 우리는 어쩔 수 없는 처지로 하지 않으면 안됩니다.

26. **粗制滥造**(cūzhìlànzào)

조잡하게 만들다, 엉성하게 만들다. / 책임감 없이 대강대강 일을 처리하다.

例句：目前粗制滥造的伪劣商品越来越多。

현재 조잡하게 만들어진 저질 가짜 상품이 점점 많아진다.

27. **脱胎换骨**(tuōtāihuàngǔ)

환골탈태 – 형식이나 겉만 바꾸는 것이 아닌 실질적이고 근본적인 변화를 가져옴

例句：短短一个月他竟然练成了那一招，真是脱胎换骨。

매우 짧은 한 달 동안 의외로 그는 그 한 동작을 연습해 완성시켰습니다. 정말이지 실질적이고 근본적인 변화를 가져온 것입니다.

28. **深思熟虑**(shēnsīshúlǜ)

심사숙고

例句：在一番深思熟虑后，他决定放弃比赛。

한 번 심사숙고 후 그는 시합 포기를 결정했다.

29. **做贼心虚**(zuòzéixīnxū)

도적질을 하나 전전긍긍하다, 마음이 허전하다. – 도둑이 제 발 저리다.

例句：他做贼心虚，终于露出了马脚。

그는 도둑이 제 발 저리듯 마침내 엉뚱한 속셈을 드러냈다.

30. **捶胸顿足**(chuíxiōngdùnzú) / **顿足捶胸**(dùnzúchuíxiōng)

가슴을 치고 발을 동동 구르다. – 원통해 하다. / 비통해 하다.

例句：他气得捶胸顿足。

그는 가슴을 치고 발을 동동 구를 정도로 화를 냈다.

31. **堂堂正正**(tángtángzhèngzhèng)

정정당당하다. / 공명정대하다. / 늠름하고 위풍당당하다.

例句：我是堂堂正正的合法公民，就有选举权。

나는 정정당당한 합법적인 공민(주민)이어서 선거권이 있어요.

32. **彬彬有礼**(bīnbīnyǒulǐ)

예의가 바르고 점잖다.

例句：他在别人面前总是显得彬彬有礼。

그는 다른 사람 앞에 있으면 항상 예의 바르고 점잖게 보인다.

33. **悬崖勒马**(xuányálèmǎ)

절벽에 와서야 말고삐를 잡아 채다. 위험에 이르러서야 정신을 차리다.

例句：你现在悬崖勒马还来得及，否则的话就实在是没救了。

당신은 지금 위험에 이르러서야 정신을 차렸지만 아직 늦지 않았습니다. 그렇지 않았다면 정말 구할 수 없었을 겁니다.

34. **望眼欲穿**(wàngyǎnyùchuān)

눈이 빠지게 기다리다. - 매우 간절하게 바라다.

例句：他离家两年了，父母都望眼欲穿地等着他回来。

그가 집을 떠난 지 2년입니다. 부모들은 그가 돌아오길 매우 간절히 바라고 있습니다.

35. **梦寐以求**(mèngmèiyǐqiú)

오매불망 - 꿈 속에서도 그리고 바라다.

例句：夺取奥运金牌是他梦寐以求的事情。

올림픽 금메달을 획득하는 것은 그가 꿈 속에서도 바라는 일이다.

36. **随遇而安**(suíyùérān)

처해진 환경에 적응하고 안주하다.

例句：他喜欢闯荡，不是个随遇而安的人。

그는 떠도는 것을 좋아해 처해진 환경에 적응하고 안주하는 사람이 아니다.

37. **捧腹大笑**(pěngfùdàxiào)

배를 잡고 크게 웃다.

例句：演员们的滑稽表演使得台下的观众捧腹大笑。

배우들의 익살스러운 연기가 무대 아래의 관중이 배를 잡고 크게 웃게 했다.

38. **脚踏实地**(jiǎotàshídì)

일하는 것이 실속이 있고 착실하다.

例句：学习就要脚踏实地，一步一个脚印。

공부는 실속 있게 하나하나 착실히 해 나가야 한다.

十二画

1. **欺人太甚**(qīréntàishèn)
   다른 사람들을 지나치게 업신여기다.
   例句：你不要欺人太甚，否则我们不客气了。
   당신은 다른 사람들을 지나치게 업신여기지 말아요! 그렇지 않으면 우리도 예의를 지키지 않을 겁니다.

2. **朝三暮四**(zhāosānmùsì)
   간사한 꾀로 타인을 속이다. / 변덕이 심해 갈피를 잡기 어렵다.
   例句：朝三暮四的女人最可恨。
   간사한 꾀로 타인을 속이는 여인이 가장 가증스럽다.

♧ 조삼모사(朝三暮四)의 유래

『열자(列子)』 황제편(黃帝篇)에 나오는 이 말은 춘추전국시대 송나라의 저공(狙公)과 그가 기르는 원숭이들의 이야기에서 유래되었다.

저공은 많은 원숭이를 키우고 있었는데 그들에게 줄 먹이가 부족해져 집안 살림까지 기울 지경이었다. 그래서 어느 날 저공은 원숭이들에게 이렇게 말했다. "너희에게 주었던 도토리들의 수를 이제부터 매일 아침에 세 개(朝三), 저녁에는 네 개(暮四)로 정하겠다." 원숭이들은 그렇게 하면 배가 고파 못살겠다고 주인에게 불평하며 화를 내자 저공은 "그러면 아침에는 하나를 더해 네 개를 주고 저녁에 세 개를 주겠다."라며 원숭이들에게 말하였다. 어리석은 원숭이들은 저공의 말을 듣고 아무 불평 없이 좋아했는데 눈앞의 이익만을 보고 상대방에게 현혹되거나 다른 사람을 함부로 속이거나 농락하는 것을 말할 때 이 말이 널리 쓰이게 된 것이다.

3. **落井下石**(luòjǐngxiàshí)

우물에 빠진 이에게 돌을 던지다. - 남의 어려움을 틈타 해를 가하다.

例句：别人正处在困难中，你还要去陷害他，那不是落井下石吗？

다른 사람이 마침 곤란에 처해 있는데 당신은 그래도 가서 그를 모해하려고 합니다. 그것이 우물에 빠진 사람에게 돌을 던지는 것이 아닌가요?

4. **喜从天降**(xǐcóngtiānjiàng)

기쁜 일이 하늘로 부터 떨어지다. - 뜻밖의 기쁨

例句：真是喜从天降，买的彩票竟然中了大奖。

정말 뜻밖의 기쁨입니다! 구입한 복권이 예상외로 대상에 당첨되었습니다.

5. **普天同庆**(pǔtiāntóngqìng)

세상 사람들이 함께 경축하다.

例句：今天是中国的传统节日春节，是普天同庆的日子。

오늘은 중국의 전통 명절 춘절(설날)로 세상 사람들이 함께 경축하는 날이다.

6. **雄心壮志**(xióngxīnzhuàngzhì)

웅대한 이상과 뜻(포부)

例句：青少年个个雄心壮志，决定报效祖国。

청소년들이 각각 웅대한 이상과 포부로 조국에 충성할 것을 결정했다.

7. **提心吊胆**(tíxīndiàodǎn)

걱정거리나 두려움으로 마음을 졸이다, 안절부절못하다.

例句：担心放债人上门讨债，他们天天提心吊胆地生活着。

채권자가 찾아와 빚을 독촉할까 걱정되어 그들은 하루하루

안절부절못하며 생활하고 있다.

8. **痛不欲生**(tòngbùyùshēng)

매우 슬퍼 살아갈 의욕을 잃다.

例句：得知亲人在地铁中遇难，他们个个痛不欲生。

가까운 사람이 지하철에서 재난 당한 것을 알자 그들 모두는 매우 슬퍼해 살 의욕을 잃었습니다.

9. **谢天谢地**(xiètiānxièdì)

하늘과 땅에 감사할 정도로 고맙기 그지 없다.

例句：谢天谢地，总算是通过了考试。

하늘과 땅에 감사할 정도로 간신히 시험에 통과했다.

10. **晴天霹雳**(qíngtiānpīlì)

청천벽력 - 맑은 하늘의 날벼락, 갑자기 찾아온 뜻밖의 재난

例句：这个消息对他来说无异于晴天霹雳，打击太大了！

이 소식을 그에게 말한다면 청천벽력과 다름없어 타격이 너무 큽니다!

11. **蛛丝马迹**(zhūsīmǎjì)

거미가 내뿜은 줄과 말이 지나간 흔적 - 어떤 일에 대한 흐릿한 실마리나 조그만 단서

例句：发生凶杀案以后，犯人没有留下任何蛛丝马迹。

살인사건 발생 후 범인은 어떠한 작은 단서도 남겨 놓지 않았다.

12. **黑白分明**(hēibáifēnmíng)

흑백이 분명하다, 좋고 나쁨이 분명하다, 옳고 그름이 분명하다.

例句：做事要黑白分明，不能颠倒黑白。

일을 하면 옳고 그름이 분명해야지 사실을 왜곡하면 안됩니다.

13. **稀世珍宝**(xīshìzhēnbǎo)

세상에서 보기 힘든 귀한 보물

例句：这件清朝文物可是一件稀世珍宝啊！

이 청나라 시기의 문물은 정말 세상에서 보기 힘든 귀한 보물이에요!

14. **焦头烂额**(jiāotóulànè)

머리를 태우고 이마를 데다. - 큰 곤경에 빠지다.

例句：这件事太麻烦了，这几天搞得我焦头烂额。

이 일은 너무 번거로웠습니다. 이 며칠 나를 큰 곤경에 빠지도록 했어요.

15. **稍安勿躁**(shāoānwùzào)

조급하게 굴지 말고 참고 기다려라.

例句：我们正在全力抢救你的儿子，请你稍安勿躁。

우리가 마침 전력을 다해 당신 아들을 구조하고 있으니 당신은 조급히 굴지 말고 기다리세요.

16. **敬而远之**(jìngéryuǎnzhī)

존경이나 공경은 하나 가까이 하기는 원치 않는다, 겉으로는 공경하는 척하면서도 실제로는 멀리하다(이 성어는『논어』雍也 편에 나오는 글귀에서 유래되었다).

例句：有些电影演员对媒体敬而远之。

어떤 영화배우는 매스컴을 존중하면서도 가까이 하기는 원치 않는다.

17. **就地取材**(jiùdìqǔcái)

원자재를 현지에서 해결하다.

例句：为了节约，我们就地取材。

절약을 위해 우리는 원자재를 현지에서 해결한다.

18. **悲欢离合**(bēihuānlíhé)

이별의 슬픔과 만남의 기쁨 - 인생의 희로애락

例句：月有阴晴圆缺，人有悲欢离合。

달에게는 흐리고 밝은 것, 둥글고 기우는 것이 있고 사람에게는 이별의 슬픔과 만남의 기쁨이 있다.

19. **童言无忌**(tóngyánwújì)

어린아이의 말에는 거리낌이 없다, 어린아이가 불길한(안 좋은) 이야기를 해도 신경 쓸 필요는 없다.

例句：童言无忌，小孩子心里怎么想的就会怎么说。

어린아이의 말에는 거리낌이 없어요. 마음속에 어떻게 생각하는 것이 있다면 그렇게 말하게 됩니다.

20. **强词夺理**(qiǎngcíduólǐ)

이치에 맞지 않는 말로 억지를 부리다, 생떼를 쓰다.

例句：“你不要和我强词夺理，没做作业就是没做。” 老师批评说。

“너는 내게 억지 부리지 말아! 숙제를 안 한 것은 바로 안 한 것이야!”라며 선생님이 꾸짖는 말씀을 하셨다.

21. **痛改前非**(tònggǎiqiánfēi)

지난 날의 과오 혹은 잘못을 철저히 고치다.

例句：他决定痛改前非，改掉自己以前的坏习惯，重新做人。

그는 지난 날의 잘못을 철저히 고치기로 결정, 예전 자신의 나쁜 습관을 고쳐 새사람이 되었다.

22. **就事论事**(jiùshìlùnshì)

사실에 근거해 사물을 논하고 공리공론을 하지 않다. / 사물의 본질 등을 고려하지 않고 현상만으로 사물에 대하여 말하다.

例句：我们只是就事论事，并没有别的意思。

우리는 단지 사실에 근거해 말하고 공리공론을 하지 않은 것이지 다른 뜻은 없어요.

23. **赏罚分明**(shǎngfáfēnmíng)

상벌이 분명하다.

例句：我们要做到赏罚分明，这样公司员工才会有动力。

우리는 상벌을 분명히 해야 합니다. 이러면 공장 직원에게 할 수 있게 하는 원동력(추진력)이 있게 됩니다.

24. **装疯卖傻**(zhuāngfēngmàishǎ) / **装聋作哑**(zhuānglóngzuòyǎ)

일부러 멍청한 척 하다. - 의도적으로 바보짓을 하다. / 귀머거리나 벙어리인 척 하다. - 모르는 척 하다.

例句：当有人问他这个问题时，他就装聋作哑。

어떤 사람이 그에게 이 문제를 물었을 때 그는 일부러 멍청한 척 했다.

25. **朝思暮想**(zhāosīmùxiǎng) / **朝思暮恋**(zhāosīmùliàn)

아침저녁으로 생각하고 바라다, 항상 그리워하다.

例句；他对电影很感兴趣，所以朝思暮想当电影导演。

그는 영화에 흥미가 많아 자나깨나 영화감독이 되고 싶어한다.

26. **屡教不改**(lǚjiàobùgǎi)

몇 번이고 권고해도 고치지 않다.

例句：你怎么三番两次的教育都不听，屡教不改啊？

당신은 어떻게 여러 번 교육했는데도 듣지 않고 몇 번을 권고해도 고치지 않나요?

27. **敢做敢当**(gǎnzuògǎndāng)

과감하게 행동하고 용감히 책임을 지다.

例句：男子汉就应该敢做敢当，犯了错误就要承认。

사내대장부는 과감하게 행동하고 용감히 책임을 져야 합니다. 잘못을 했으면 시인해야 합니다.

28. **喜新厌旧**(xǐxīnyànjiù)

새 것을 좋아하고 예전 것을 싫어하다(사물이나 남녀 간의 애정에 많이 표현됨).

例句：（1）在爱情方面我们可不能喜新厌旧，要专一啊！
애정 면에서 우리는 새로운 사람을 좋아하고 예전 사람을 싫어하면 정말 안됩니다. 한결같아야 해요!

（2）他喜新厌旧，看到新的就喜欢上了，不想要原来的了。
그는 새것을 좋아하고 예전 것은 싫어합니다. 새로운 것을 보면 좋아해 원래의 것은 원하기 싫어합니다.

29. **隔墙有耳**(géqiángyǒuěr)

벽이나 담에도 귀가 있다.

例句：说话要小心，因为隔墙有耳。
말하는 것을 조심해야 해요! 벽이나 담에도 귀가 있기 때문이죠.

30. **装模作样**(zhuāngmúzuòyàng)

허풍 떨며 티를 내다, 거드름을 피우다.

例句：家长来了，他赶快装模作样地假装在学习。
학부모가 오자 그는 재빨리 허풍 떨고 티를 내며 공부하는 척을 했다.

31. **道貌岸然**(dàomàoànrán) / **岸然道貌**(ànrándàomào)

마치 도덕군자인 것처럼 점잖은 체하다. / 표정이나 태도 등이 엄숙하게 보인다.

例句：清代吴敬梓写的『儒林外史』讽刺了很多道貌岸然的士大夫。
청나라시기 오경재가 쓴『유림외사』는 도덕군자처럼 점잖은 체하는 많은 사대부들을 풍자했다.

32. **强颜欢笑**(qiǎngyánhuānxiào)

억지로 즐겁고 기쁜 듯한 얼굴로 웃다. - 쓴 웃음을 짓다.

例句：他当时心情并不好，只是强颜欢笑地应和着他们。

당시 그는 마음이 좋지 않아 단지 쓴 웃음을 지으며 그들에게 호응하고 있었다.

十三画

1. **想入非非**(xiǎngrùfēifēi)

   터무니 없는 비현실적인 생각을 하다.

   例句：看着那漂亮的女孩子，他有点想入非非了。

   저 예쁜 여자를 보고 있는 그는 다소 비현실적인 생각을 합니다.

2. **罪大恶极**(zuìdàèjí) / **罪不容诛**(zuìbùróngzhū)

   죄가 극악무도하다. / 죄가 무거워서 죽여도 모자라다.

   例句：纵火烧地铁的那个人真是罪大恶极，实在是罪不容诛。

   지하철에 불을 질러 태워버린 저 사람은 정말 죄가 극악무도해서 죽여도 시원치 않아요.

3. **锦上添花**(jǐnshàngtiānhuā)

   금상첨화

   例句：再进一个球就锦上添花了，加油啊！

   다시 한 골을 넣으면 금상첨화입니다! 화이팅!

4. **置之不理**(zhìzhībùlǐ)

   내버려 두고 관여하지 않다, 방치하다.

   例句：政府怎么能对人民的要求置之不理呢？

   정부가 어떻게 국민의 요구에 대해 방치해 둘 수 있나요?

5. **想方设法**(xiǎngfāngshèfǎ)

   온갖 방법을 다 궁리하다.

   例句：我们要想方设法把我们的经济建设搞上去。

우리는 온갖 방법을 모두 생각해 우리의 경제건설을 계속해야 합니다.

6. **微不足道**(wēibùzúdào)

하찮고 보잘것없어 말할 가치가 없다.

例句：这点钱对他来说微不足道，但对我来说是一大笔啦！

이 돈을 그에 대해 말한다면 하찮아 말할 가치도 없지만 나에 대해 말한다면 큰 돈입니다!

7. **愚公移山**(yúgōngyíshān)

우공이 산을 옮기다. 위험이나 어려움을 무릅쓰고 인내와 의지로 실천한다.

例句：这里的政府和老百姓发挥愚公移山的精神，终于开通了高速公路。

이곳 정부와 주민들은 우공이 산을 옮긴 정신을 발휘해 마침내 고속도로를 개통시켰다.

8. **碍手碍脚**(àishǒuàijiǎo)

손과 발을 불편하게 하다. - 방해가 되게 하다.

例句：干活时有个小孩在，碍手碍脚的。

일을 할 때 어린아이가 있으면 방해가 됩니다.

9. **鼠目寸光**(shǔmùcùnguāng)

쥐의 짧은 눈빛 시야 혹은 식견이 좁다.

例句：我们要目光远大，不能鼠目寸光，凡事都要想长远一点。

우리는 시야가 원대해야지 좁으면 안됩니다. 모든 일을 좀 더 길고 멀리 생각해야 해요.

10. **滚瓜烂熟**(gǔnguālànshú)

외우는 것이나 책 읽기 등이 유창하고 익숙하다.

例句：他读这篇课文已经100多遍了，现在能背得滚瓜烂熟。

♧ 우공이산(愚公移山)의 유래

『열자(列子)』 탕문편(湯問篇)에서 유래한 우공이산은 우공이 산을 옮긴다는 뜻으로 다른 이들은 어리석게 생각하지만 한 가지 일을 소신 있게 하면 목적을 이룰 수 있고 어떤 큰일이라도 끊임없이 노력하면 반드시 성취된다는 의미이다.

옛날 태행산(太行山)과 왕옥산(王玉山)사이의 좁은 땅에 우공(愚公)이라는 아흔 살 노인이 살고 있었다. 그런데 사방 700 리에 높이가 만 길이나 되는 커다란 두 산이 집 앞뒤를 가로막고 있어 오고가는데 많은 불편이 있었다. 그래서 어느 날 우공은 가족을 모아 놓고 이렇게 물었다. "나는 너희가 저 두 산을 깎아 없애고 예주(豫州)와 한수(漢水) 남쪽까지 곧장 길을 내게 하고 싶은데 너희들 생각은 어떠냐?" 우공의 의견에 가족들은 모두 찬성했으나 그의 아내만은 "아니, 늙은 당신의 힘으로 어떻게 저 큰 산들을 깎아 없앤단 말이에요? 또 파낸 흙은 다 어디다 버리고요?"라며 반대했다. 우공은 아내에게 "파낸 흙은 발해(渤海)에 갖다 버릴 거요."라고 하며 자신의 뜻을 굽히지 않았다.

다음 날 아침부터 우공은 세 아들과 손자들을 데리고 돌을 깨고 흙을 파서 그것들을 발해까지 갖다 버리기 시작했고 한 번 갔다 돌아오는데 1년이나 걸렸다. 어느 날 지수라는 사람이 우공을 보고 죽을 날이 멀지 않은 노인이 정말 망령이라며 비웃자 우공은 태연히 말했다."내가 죽으면 아들이 하고 아들은 또 손자를 낳고 손자는 또 아들을……. 이렇게 자자손손(子子孫孫) 계속하면 언젠가는 저 두 산이 평평해질 날이 오겠지요."

이런 우공의 말을 듣고 깜짝 놀란 것은 두 산을 지키는 사신(蛇神)이었다. 산이 없어지면 큰일이라고 생각한 사신은 옥황상제(玉皇上帝)에게 우공의 일을 호소하였다. 그러자 우공의 끈기와 집념에 감동한 옥황상제는 역신(力神) 과아의 두 아들에게 명해 각각 두 산을 업어 태행산은 삭동(朔東), 왕옥산은 옹남(雍南) 땅에 옮겨 놓게 했다. 그래서 두 산이 있었던 기주(冀州)와 한수(漢水) 남쪽지역은 작은 언덕조차 없다고 한다.

그는 이 과문을 이미 백여 차례나 읽어 지금은 외우는 것이 유창하고 익숙할 정도가 되었습니다.

11. **摇头晃脑**(yáotóuhuàngnǎo)

머리를 흔들다. 자기 스스로 만족해 의기양양하다.

例句：他摇头晃脑地读着书，说是古文有韵律美，读起来琅琅上口。

그는 스스로 만족해 하며 의기양양하게 책을 읽고 있습니다. 말은 고문에 있는 운율미로 읽기에 또랑또랑 합니다.

12. **福如东海**(fúrúdōnghǎi)

복을 누리는 것이 동해 바다와도 같다(생일 등에서 축하하는 말).

例句：祝爷爷奶奶福如东海，寿比南山。

할아버지, 할머니가 복을 누리는 것이 동해 바다와도 같고 장수하는 것이 남산 같으시길 바랍니다.

13. **摇尾乞怜**(yáowěiqǐlián)

꼬리를 흔들어 동정을 구걸하다. 남에게 아첨해 동정을 구걸하다.

例句：他竟然像条狗一样在敌人面前摇尾乞怜。

그는 의외로 개처럼 적 앞에서 아첨하며 동정을 구걸하였다.

14. **愚昧无知**(yúmèiwúzhī)

어리석고 무지하다, 무지몽매하다.

例句：在偏远山村，有很多愚昧无知的村民还很迷信。

산간벽지에 사는 많은 무지한 촌민들에게는 아직도 미신이 강하다.

15. **愁眉苦脸**(chóuméikǔliǎn)

근심 어린 눈썹과 괴로운 얼굴 - 고통스러운 얼굴

例句：你怎么总是愁眉苦脸的，就没看你笑过。

당신은 어떻게 항상 고통스러운 얼굴입니까? 당신 웃는 것을 본 적이 없어요.

16. **满面春风**(mǎnmiànchūnfēng)

온 얼굴에 봄바람이 일다. - 만면에 웃음을 띄우다.

例句：怎么回事？昨天他还很倒霉的样子，今天就满面春风了？

어떻게 된 일이죠? 어제 그는 매우 불운한 모습이었는데 오늘은 온 얼굴에 봄바람이 일었네요?

17. **感情用事**(gǎnqíngyòngshì)

감정적으로 어떤 고려도 없이 일을 처리하다.

例句：你要理智一点，不要感情用事。

당신은 이성적이어야 합니다. 감정적으로 일을 처리하지 마세요!

18. **嫁祸于人**(jiàhuòyúrén)

화를 다른 사람에게 전가시키다, 죄과 등을 타인에게 덮어씌우다.

例句：他耍了一个花招，把这件事嫁祸于人，逃过了惩罚。

그는 한 가지 속임수로 이 일의 화를 다른 사람에게 전가시켜 처벌을 피했다.

19. **触景生情**(chùjǐngshēngqíng)

어떤 정경이나 정황에 부딪혀 감정이 생기다.

例句：她看戏看得触景生情，竟然哭了。

그녀는 연극을 보는데 어떤 정경에 감정이 생겨 뜻밖에도 울었습니다.

20. **罪魁祸首**(zuìkuíhuòshǒu)

두목, 괴수

例句：这次森林火灾的罪魁祸首竟然是一支小烟蒂。

이번 산림화재의 원인은 의외로 한 자루의 조그만 담뱃대였습니다.

21. **遥遥无期**(yáoyáowúqī)

기약 없이 아득하기만 하다.

例句：歌中这样唱道："总觉得毕业遥遥无期，转眼就各奔东西。"

노래 중에 이렇게 부릅니다. "졸업은 늘 기약이 없이 아득하게만 느껴지나 눈 깜짝할 사이에 어느덧 각기 제 갈 길로 가네!"

22. **满腹牢骚**(mǎnfùláosāo)

불평불만으로 가득하다.

例句：对上级的批评感到很委屈，他满腹牢骚。

상부의 비판에 대해 매우 억울하고 원망스러워 그는 불평불만으로 가득합니다.

23. **满腹经纶**(mǎnfùjīnglún)

마음 가득 경륜을 품었다. 학식이나 학문, 재능 등이 많고 뛰어나다.

例句：老教授满腹经纶，非常有学问。

나이든 교수님은 마음 가득 경륜을 품고 있으셔서 학문이 매우 깊으시다.

24. **摇摇欲坠**(yáoyáoyùzhuì)

흔들리며 무너지려 하다.

例句：（1）意大利比萨斜塔摇摇欲坠。

이탈리아 피사의 사탑은 흔들리며 무너지려 한다.

（2）清政府的腐朽统治摇摇欲坠。

청나라 정부의 부패한 통치가 흔들리며 무너지려 한다.

25. **暗箭伤人**(ànjiànshāngrén)

몰래 화살을 쏘아 사람을 상하게 하다. - 암암리에 중상모략을 하다. / 흉계를 꾸며 사람을 죽이다.

例句：这个人做事一点都不光明磊落，老是暗箭伤人。

이 사람은 일하는 것이 조금도 공명정대하지 않고 항상 암암리에 중상모략을 합니다.

十四画

1. **漫山遍野**(mànshānbiànyě)
온 산과 들에 가득하다. - 무수히 많다.
例句：春天来了，漫山遍野都开满了花。
봄이 왔습니다! 온 산과 들에 꽃이 활짝 피었습니다.

2. **滴水穿石**(dīshuǐchuānshí)
떨어지는 물방울이 돌을 뚫는다. - 미약한 힘이라도 끈기 있게 계속하면 성공할 수 있다.
例句：滴水穿石，我们要有恒心，要坚持不懈地努力。
떨어지는 물방울이 돌을 뚫듯 우리에게는 꾸준한 마음이 있어야 합니다. 끝까지 포기하지 않고 노력해야 합니다.

3. **慕名而来**(mùmíngérlái)
명성을 사모해 찾아오다.
例句：我是听过老师的大名，慕名而来拜师求学的。
나는 선생님(혹은 교수님)의 큰 명성을 들었습니다. 그 명성을 사모해 찾아온 것은 스승을 뵙고 학문을 탐구하기 위해서 입니다.

4. **察言观色**(cháyánguānsè)
다른 사람의 말투와 안색을 살피다. - 다른 사람의 눈치를 보다.
例句：他很会察言观色，看别人的脸色行事。
그는 다른 이의 눈치를 아주 잘 살펴 다른 사람의 표정을 보며 일을 한다.

5. **精明能干**(jīngmíngnénggàn)

일을 매우 세심하고 꼼꼼히 잘 처리하다.

例句：我们公司需要一位精明能干的财务总管。

우리 회사는 일을 세심하고 꼼꼼하게 잘 처리하는 재무 총 관리자 한 분이 필요합니다.

6. **精疲力尽**(jīngpílìjìn)

기진맥진하다.

例句：他一天工作了16个小时，累得精疲力尽。

그는 하루 16시간을 일해 기진맥진할 정도로 피곤합니다.

7. **精神焕发**(jīngshénhuànfā)

원기가 왕성하다, 정신을 분발하다.

例句：稍微打扮了一下后，他显得更加精神焕发。

조금 치장한 후 그는 더욱더 원기가 왕성하게 보였다.

8. **疑神疑鬼**(yíshényíguǐ)

신과 귀신을 의심하다. - 함부로 이것저것 의심하다.

例句：他做什么事总是疑神疑鬼的，生怕别人使坏。

그는 어떤 일을 할 때 항상 함부로 이것저것 의심하며 다른 사람이 흉계를 꾸밀까 두려워한다.

9. **嫣然一笑**(yānrányíxiào)

생긋 웃음짓다, 생글거리며 웃다.

例句：她在花丛中对我嫣然一笑。

그녀는 꽃 밭에서 나에게 생글거리며 웃습니다.

10. **嘘寒问暖**(xūhánwènnuǎn)

추울 때나 더울 때나 정성을 다해 보살피다. - 다른 이의 생활을 신경 써서 극진히 보살피다.

例句：他十分关心学生的健康，老是嘘寒问暖。

그는 학생의 건강에 매우 관심이 있어 항상 신경을 써서 극진히 보살핍니다.

11. **寥寥无几**(liáoliáowújǐ)

아주 적은 수, 아주 적다.

例句：真正能通过这次考试的人寥寥无几。

이번 시험을 진정으로 통과할 수 있는 사람은 아주 적다.

12. **赫赫有名**(hèhèyǒumíng)

이름이 혁혁하고 뛰어나다.

例句：他是这个领域赫赫有名的专家。

그는 이 영역에서 이름이 난 뛰어난 전문가입니다.

13. **聚精会神**(jùjīnghuìshén)

정신을 모으고 가다듬다, 집중하다.

例句：学生们都集中注意力，在聚精会神地听老师讲课。

학생들 모두가 주의를 집중해 선생님 수업을 듣는다.

14. **精雕细琢**(jīngdiāoxìzhuó)

꼼꼼하고 세심하게 다듬다(새기다).

例句：（1）精雕细琢的玉器闪闪发光。

꼼꼼하고 세심하게 다듬은 옥 그릇이 반짝이며 빛을 발합니다.

（2）诗的文字必须经过精雕细琢，千锤百炼。

시의 글자는 반드시 꼼꼼하고 세심히 다듬는 여러 차례의 수정을 거쳐야 합니다.

十五画

1. **鹤立鸡群**(hèlì jīqún) / **庸中佼佼**(yōngzhōngjiǎojiǎo)
   학이 무리 지어 있는 닭들 가운데 서 있다. - 군계일학
   例句：在今天聚会上，我朋友李强才貌出众，鹤立鸡群。
   오늘 모임에서 내 친구 李强은 재능과 용모가 다른 사람들보다 뛰어나 군계일학처럼 보였다.

2. **嬉皮笑脸**(xīpíxiàoliǎn)
   히죽히죽거리다.
   例句：不要总是对他嬉皮笑脸，要严肃一点。
   항상 그에 대해 히죽히죽거리지 말고 좀 진지해야 합니다.

3. **横冲直撞**(héngchōngzhízhuàng)
   제멋대로 날뛰다. - 좌충우돌
   例句：有的地方摩托车横冲直撞，行人非常危险。
   어떤 곳의 오토바이는 제멋대로 달려 행인들이 매우 위험합니다.

4. **震耳欲聋**(zhèněryùlóng)
   귀가 멀 정도로 소리가 크다.
   例句：（1）台下的掌声震耳欲聋。
   무대 아래의 박수소리가 귀가 멀 정도로 크게 들린다.
   （2）机器发出震耳欲聋的轰鸣声。
   기계가 귀가 멀 정도로 크고 요란스러운 소리를 낸다.

♧ 군계일학(群鷄一鶴)의 유래

서진(西晉)시기 세상에는 나가지 않고 대나무 숲에서 자연과 벗하며 사는 죽림칠현(竹林七賢) 가운데 혜소(嵇紹)라는 인물이 있었다. 위(魏)나라 사람 혜강(嵇康)의 아들인 그는 10살 때 부친이 억울한 누명으로 죽임을 당한 뒤 줄곧 홀어머니와 살고 있었다. 혜강은 죽기 전 아들 혜소에게 "앞으로 무슨 일을 당하면 죽림칠현 중 한 사람인 산도(山濤)에게 모든 일을 상의하라"는 유언을 남겼다.

세월이 흘러 벼슬길에 나가있던 산도는 서진의 황제 무제(武帝)에게 죽은 혜강의 아들 혜소를 천거하였다. 그는 황제에게 "『서경(書經)』에 아버지의 죄는 아들에게 미치지 않으며 아들의 죄는 그 아버지에게 미치지 않는다고 하였습니다. 비록 혜소는 죽은 혜강의 아들이나 그 지혜는 춘추시대 진나라의 대부 극결(隙缺)에 뒤지지 아니합니다. 그를 비서랑(秘書郎)으로 기용해 주십시오."라고 상주(上奏)하였다. 황제는 이런 산도의 청을 수락하고 오히려 비서랑보다 한 단계 높은 벼슬인 비서승(秘書丞)으로 혜소를 등용했다.

혜소가 처음 낙양(洛陽)으로 갔을 때 어떤 이가 죽림칠현 중 또 다른 한 사람인 왕융(王戎)에게 말했다. "어제 많은 사람들 속에서 혜소를 처음 바라보니 참 훌륭했습니다. 그의 드높은 혈기와 기개는 마치 무리지어 있는 닭들 가운데 한 마리의 고고한 학(群鷄一鶴)과 같았습니다." 이 말을 들은 왕융은 이렇게 대답했다. "그것은 자네가 그의 부친 혜강을 본 적이 없기 때문이네. 혜소의 아버지 혜강은 더욱 훌륭한 사람이었다네."

『진서(晉書)』의 기록에서 유래된 군계일학은 지금도 평범한 사람들 중의 뛰어난 사람을 말할 때 자주 쓰인다.

5. **摩肩接踵**(mójiānjiēzhǒng)

오고 가는 사람들로 붐비다.

例句：国庆节了，街上的行人摩肩接踵。

국경절(중국 정부 창립일)입니다. 거리에는 오고 가는 행인들로 붐빕니다.

6. **敷衍了事**(fūyǎnliǎoshì)

일을 적당히 얼버무리다.

例句：他干事不认真，总是敷衍了事。
그는 일하는 것이 성실치 않아 항상 일을 적당히 얼버무린다.

7. **熟能生巧**(shúnéngshēngqiǎo)
숙련되어 손에 익다. - 아주 능숙하다.
例句：俗话说“熟能生巧”，你多练习的话，就会越来越熟练的。
속말이 이르길 “숙련되어 손에 익다”라고 했습니다. 당신이 연습을 많이 한다면 점점 능숙해질 것입니다.

8. **震撼人心**(zhènhànrénxīn)
사람을 크게 감동시키다.
例句：北京申办奥运会成功真是震撼人心的消息。
베이징올림픽 개최신청에 성공한 것은 정말이지 사람들을 크게 감동시킨 소식이다.

十六画

1. **操之过急**(cāozhīguòjí)

   지나치게 성급히 일을 처리하다.

   例句：这种事情要慢慢来，不能一开始就操之过急。

   이런 일은 천천히 해야 합니다. 시작하자마자 성급히 일을 처리하면 안됩니다.

2. **赞不绝口**(zànbùjuékǒu)

   칭찬이 입에서 끊이질 않다, 칭찬이 자자하다.

   例句：外国游客对这里的美景赞不绝口。

   이곳 아름다운 경치에 대한 외국 여행객의 칭찬이 입에서 끊이질 않습니다.

3. **操纵自如**(cāozòngzìrú)

   자기 마음대로 조종하다.

   例句：他经过驾驶训练，现在已经能操纵自如了。

   그는 운전(조종) 연습과정을 거쳐 지금은 이미 자기 마음대로 운전(조종)을 할 수 있다.

十七画

1. **蹑手蹑脚**(nièshǒunièjiǎo)

   발소리를 죽여가며 조용히 걷다.

   例句：为了不吵醒父母，他蹑手蹑脚地走进去。

   부모님이 시끄러워 잠이 깨시지 않게 하려고 그는 발소리를 죽여가며 조용히 걸어갔다.

2. **繁荣昌盛**(fánróngchāngshèng)

   번영하고 번창하다.

   例句：祝愿祖国繁荣昌盛。

   조국이 번영하기를 축원합니다.

3. **鞠躬尽瘁**(jūgōngjìncuì)

   나라를 위해 모든 힘을 다하다.

   例句：总统为了治理国家，可以说是鞠躬尽瘁了。

   대통령이 국가를 잘 다스리기 위하는 것은 나라를 위해 모든 힘을 다하는 것이라 할 수 있다.

4. **糟糠之妻**(zāokāngzhīqī)

   조강지처 - 어렵고 가난했을 때부터 함께 했던 아내

   例句：古语云：糟糠之妻不下堂。

   옛말에 이르기를 조강지처는 내치지 않는다고 했다.

♧ 조강지처(糟糠之妻)의 유래

술지게미나 쌀겨 같은 험한 음식을 함께 먹은 아내, 즉 가난한 시절부터 함께 고생해 온 아내라는 말인 조강지처는 후한(後漢)을 세운 광무제(光武帝)의 신하 송홍(宋弘)의 이야기에서 유래되었다.

전한(前漢)을 찬탈한 왕망(王莽)을 멸하고 한나라를 부흥시킨 후한 광무제(光武帝)시기에는 많은 인재들이 조정에 나오게 되었다. 그중 감찰(監察)의 직무를 맡던 대사공(大司空 - 御史大夫) 송홍은 인품이 강직하고 온후했으며 외모도 뛰어난 인물로 광무제의 누이 호양공주(湖陽公主 - 당시 그녀는 미망인이었다)는 그런 그를 깊이 사모하고 있었다.

광무제는 누이 호양공주에게 자신의 신하 중 누구를 마음에 두고 있는지 물었고 누이가 인품과 외모를 함께 갖춘 송홍을 좋아하고 있음을 알았다.

어느 날 광무제는 호양공주를 병풍 뒤에 숨겨 놓은 채 송홍을 부른 후 그와 이런저런 이야기를 나누었다. 광무제는 송홍에게 "흔히들 귀해지면 천한 시절의 친구를 바꾸고 부유해지면 가난한 시절의 아내를 버린다고 하던데 세상의 인심은 모두 그런 것인가?"라고 말하며 은근히 그의 마음을 떠보았다. 그러자 송홍은 광무제에게 "신의 생각으로는 '가난하고 천할 때의 친구는 잊지 말아야 하며 (貧賤之交不可忘), 술 찌꺼기와 겨로 끼니를 이을 만큼 가난할 때 함께 고생하던 아내는 버리지 말아야 한다(糟糠之妻 不下堂)'라는 말은 옳다고 생각됩니다."라고 대답하였다. 이런 송홍의 말을 엿들은 호양공주는 크게 실망했고 결국 그를 단념했다고 전한다. 이 이야기는 역사서인 『후한서(後漢書)』 송홍전(宋弘專)에 기록되어 있다.

十八画

1. **翻山越岭**(fānshānyuèlǐng)

   산을 넘고 재를 넘다. - 곤란한 상황들을 극복하다.

   例句：为了拜师求学，他翻山越岭来到这里。

   스승을 뵙고 학문을 탐구하기 위해 그는 곤란한 상황을 극복하며 여기에 왔다.

2. **覆水难收**(fùshuǐnánshōu)

   엎질러진 물은 다시 주워 담을 수 없다.

   例句：（1）爱到尽头，覆水难收。

   사랑이 끝에 이르러 이미 엎질러진 물을 다시 주워 담을 수 없다.

   （2）事情都已经做了，覆水难收，我也没有办法。

   일은 이미 모두 했습니다. 엎질러진 물은 다시 주워 담을 수 없듯 나도 방법이 없어요.

3. **藕断丝连**(ǒuduànsīlián)

   연뿌리는 끊어져도 실은 계속 연결되다. - (남녀의 관계 등이) 끊어진 듯하나 아직 애정이나 미련이 남아 있다.

   例句：他们俩虽然都已经离婚了，但还是藕断丝连。

   그들 둘은 비록 이미 이혼했지만 아직도 애정이나 미련이 남아 있다.

二十一画

1. **黯然伤神**(ànránshāngshén)
   깜깜하다, 어둡다. / 실망하여 맥이 빠지다.
   例句：他为了儿子入学的事情而黯然伤神。
   그는 아들의 입학 일로 실망하여 맥이 빠졌다.

二十二画

1. **囊中之物**(nángzhōngzhīwù)

주머니 속에 있는 물건

例句：做这么简单的事情好比取囊中之物。

이렇게 간단한 일을 하는 것은 마치 주머니 속에 있는 물건을 꺼내는 것과도 같다.

비슷하거나 같은 뜻의 성어색인목록표

为所欲为(wéisuǒyùwéi) ☞ 为非作歹(wéifēizuòdǎi): 四画 108번
争分夺秒(zhēngfēnduómiǎo) ☞ 分秒必争(fēnmiǎobìzhēng) : 四画 121번
天理不容(tiānlǐbùróng) ☞ 天理难容(tiānlǐnánróng) : 四画 142번
不堪入耳(bùkānrùěr) ☞ 不堪入目(bùkānrùmù) : 四画 144번
司空见惯(sīkōngjiànguàn) ☞ 见惯不惊(jiànguànbùjīng) : 四画 146번
丰富多采(fēngfùduōcǎi) ☞ 丰富多彩(fēngfùduōcǎi) : 四画 151번
五光十色(wǔguāngshísè) ☞ 五颜六色(wǔyánliùsè) : 四画 159번
天悬地隔(tiānxuándìgé) ☞ 天壤之别(tiānrǎngzhībié): 四画 163번

光明正大(guāngmíngzhèngdà) ☞ 正大光明(zhèngdàguāngmíng) :五画 3번
生儿育女(shēngéryùnǚ) ☞ 生男育女(shēngnányùnǚ) : 五画 29번
东奔西跑(dōngbēnxīpǎo) ☞ 东奔西走(dōngbēnxīzǒu) : 五画 32번
虎踞龙盘(hǔjùlóngpán) ☞ 龙盘虎踞(lóngpánhǔjù) : 五画 48번
另眼相待(lìngyǎnxiāngdài) ☞ 另眼相看(lìngyǎnxiāngkàn) : 五画 50번

杀鸡吓猴(shājīxiàhóu), 杀鸡儆猴(shājījǐnghóu), 杀鸡给猴子看 (shājīgěihóuzikàn) ☞ 杀一儆百(shāyījǐngbǎi) : 六画 1번
丢三落四(diūsānlàsì) ☞ 丢三拉四(diūsānlāsì) : 六画 12번
问心无愧(wènxīnwúkuì) ☞ 扪心无愧(ménxīnwúkuì) : 六画 21번
同心同德(tóngxīntóngdé), 齐心协力(qíxīnxiélì) ☞ 同心协力 (tóngxīnxiélì): 六画 22번
体无完肤(tǐwúwánfū) ☞ 肌无完肤(jīwúwánfū) : 六画 27번
邪不压正(xiébúyāzhèng) ☞ 邪不胜正(xiébúshèngzhèng) : 六画 30번
名不符实(míngbùfúshí) ☞ 名不副实(míngbúfùshí) : 六画 35번
同生共死(tóngshēnggòngsǐ) ☞ 同甘共苦(tónggāngòngkǔ) : 六画 47번
自讨其苦(zìtǎoqíkǔ) ☞ 自讨苦吃(zìtǎokǔchī) : 六画 51번
万目睽睽(wànmùkuíkuí) ☞ 众目睽睽(zhòngmùkuíkuí) : 六画 54번
各有所长(gèyǒusuǒcháng) ☞ 各有千秋(gèyǒuqiānqiū) : 六画 56번
洋洋得意(yángyángdéyì) ☞ 扬扬得意(yángyángdéyì) : 六画 81번
吃里扒外(chīlǐpáwài) ☞ 吃里爬外(chīlǐpáwài) : 六画 105번
精忠报国(jīngzhōngbàoguó) ☞ 尽忠报国(jìnzhōngbàoguó) : 六画 118번

后悔莫及(hòuhuǐmòjí) ☞ 后悔无及(hòuhuǐwújí) : 六画 141번
后顾之患(hòugùzhīhuàn) ☞ 后顾之忧(hòugùzhīyōu) : 六画 142번
玉洁冰清(yùjiébīngqīng) ☞ 冰清玉洁(bīngqīngyùjié) : 六画 160번
转祸为福(zhuǎnhuòwéifú) ☞ 因祸得福(yīnhuòdéfú) : 六画 166번
名扬天下(míngyángtiānxià) ☞ 名满天下(míngmǎntiānxià) : 六画 175번

灵丹圣药(língdānshèngyào) ☞ 灵丹妙药(língdānmiàoyào) : 七画 42번
手无寸铁(shǒuwúcùntiě) ☞ 赤手空拳(chìshǒukōngquán) : 七画 46번
束手待毙(shùshǒudàibì), 坐以待毙(zuòyǐdàibì) ☞ 束手就擒(shùshǒujiùqín) : 七画 53번
品头论足(pǐntóulùnzú), 评头品足(píngtóupǐnzú) ☞ 评头论足(píngtóulùnzú) : 七画 69번
志在千里(zhìzàiqiānlǐ) ☞ 志在四方(zhìzàisìfāng) : 七画 86번
忍气吞声(rěnqìtūnshēng) ☞ 吞声忍气(tūnshēngrěnqì) : 七画 121번
冷嘲热讽(lěngcháorèfěng) ☞ 冷言冷语(lěngyánlěngyǔ) : 七画 123번
放虎归山(fànghǔguīshān) ☞ 纵虎归山(zònghǔguīshān) : 七画 136번
桑田沧海(sāngtiáncānghǎi) ☞ 沧海桑田(cānghǎisāngtián) 沧海桑田 : 七画 180번
心潮澎湃(xīncháopéngpài) ☞ 汹涌澎湃(xiōngyǒngpéngpài) : 七画 182번
含糊其词(hánhúqící) ☞ 含糊其辞(hánhúqící) : 七画 205번

蛇影杯弓(shéyǐngbēigōng) ☞ 杯弓蛇影(bēigōngshéyǐng) : 八画 9번
供过于求(gōngguòyúqiú) ☞ 供不应求(gōngbùyìngqiú) : 八画 24번
金玉之言(jīnyùzhīyán) ☞ 金玉良言(jīnyùliángyán) : 八画 47번
刮目相待(guāmùxiāngdài) ☞ 刮目相看(guāmùxiāngkàn) : 八画 52번
触目惊心(chùmùjīngxīn) ☞ 怵目惊心(chùmùjīngxīn) : 八画 53번
势在必得(shìzàibìděi) ☞ 势在必行(shìzàibìxíng) : 八画 63번
泣不成声(qìbùchéngshēng) ☞ 泪如雨下(lèirúyǔxià) : 八画 69번
乾坤一掷(qiánkūnyīzhì) ☞ 孤注一掷(gūzhùyīzhì) : 八画 95번
恋恋不舍(liànliànbùshě) ☞ 依依不舍(yīyībùshě) : 八画 98번
昏昏欲睡(hūnhunyùshuì) ☞ 昏昏沉沉(hūnhunchénchén) : 八画 108번

实话实说(shíhuàshíshuō) ☞ 实事求是(shíshìqiúshì) : 八画 111번
惜玉怜香(xīyùliánxiāng) ☞ 怜香惜玉(liánxiāngxīyù) : 八画 129번
贪心不足(tānxīnbùzú) ☞ 贪得无厌(tāndéwúyàn) : 八画 149번
全盘托出(quánpántuōchū) ☞ 和盘托出(hépántuōchū) : 八画 151번

闻风而动(wénfēngérdòng) ☞ 闻风而起(wénfēngérqǐ) : 九画 21번
春暖花开(chūnnuǎnhuākāi) ☞ 春光明媚(chūnguāngmíngmèi) : 九画 44번
是非好歹(shìfēihǎodǎi) ☞ 是非曲直(shìfēiqūzhí) : 九画 70 번
胆丧心寒(dǎnsàngxīnhán) ☞ 胆战心惊(dǎnzhànxīnjīng) : 九画 74번

趁人之危(chènrénzhīwēi) ☞ 乘人之危(chéngrénzhīwēi) :(十画 1 번)
莫明其妙(mòmíngqímiào) ☞ 莫名其妙(mòmíngqímiào) : 十画 27번
徒有其名(túyǒuqímíng), 徒有其表(túyǒuqíbiǎo) ☞ 徒有虚名(túyǒuxūmíng) : 十画 30번
息息相通(xīxīxiāngtōng) ☞ 息息相关(xīxīxiāngguān) : 十画 55번
趁虚而入(chènxūérrù) ☞ 乘虚而入(chéngxūérrù) : 十画 60번

李逵绣花(lǐkuíxiùhuā) ☞ 粗中有细(cūzhōngyǒuxì) : 十一画 9번
浑水摸鱼(húnshuǐmōyú) ☞ 混水摸鱼(húnshuǐmōyú): 十一画 13번
唯利是图(wéilìshìtú) ☞ 惟利是图(wéilìshìtú) : 十一画 18번
顿足捶胸(dùnzúchuíxiōng) ☞ 捶胸顿足(chuíxiōngdùnzú) : 十一画 30번

装聋作哑(zhuānglóngzuòyǎ) ☞ 装疯卖傻(zhuāngfēngmàishǎ) : 十二画 24번
朝思暮恋(zhāosīmùliàn) ☞ 朝思暮想(zhāosīmùxiǎng) : 十二画 25번
岸然道貌(ànrándàomào) ☞ 道貌岸然(dàomàoànrán) : 十二画 31번
罪不容诛(zuìbùróngzhū) ☞ 罪大恶极(zuìdàèjí) : 十三画 2번
庸中佼佼(yōngzhōngjiǎojiǎo) ☞ 鹤立鸡群(hèlìjīqún) : 十五画 1번

사자성어 유래 색인